Laurie Viera Rigler

Tribulations d'une fan de Jane Austen

Traduit de l'anglais (États-Unis) par Nolwenn Guilloud

Milady Romance

Milady est un label des éditions Bragelonne

Titre original : *Rude Awakenings of a Jane Austen Addict*

Suivi d'un extrait de : *Confessions of a Jane Austen Addict*

ISBN : 978-2-8112-1152-3

Bragelonne – Milady
60-62, rue d'Hauteville – 75010 Paris

E-mail : info@milady.fr
Site Internet : www.milady.fr

Remerciements

Je tiens tout d'abord à exprimer toute ma gratitude à ma meilleure amie et professeur, Aurelia Haslboeck, dont l'existence prouve que la magie habite ce monde ; sans son extraordinaire gentillesse et sa générosité, ce livre n'aurait jamais vu le jour. Merci, Aurelia, d'avoir bien voulu me relire et apporter ton regard critique sur les diverses versions successives de ce roman, d'avoir partagé tes inestimables connaissances en matière de narration, de toujours m'encourager à donner le meilleur de moi-même, et, par-dessus tout, merci d'être toujours présente à mes côtés.

Tout mon amour et ma reconnaissance à mon merveilleux mari, Thomas Rigler : mon roc, mon preux chevalier, mon gentleman à moi. Merci, Thomas, pour ton amour, ton empathie, tes conseils, tes encouragements et ton soutien sans faille. S'il existait un prix récompensant le compagnon le plus patient de tous les temps, tu le remporterais haut la main. Ta présence solaire est une véritable bénédiction, ainsi qu'une source constante d'inspiration. Je te remercie aussi d'avoir conçu pour moi le plus beau des sites Web.

Je suis aussi extrêmement reconnaissante à Marly Rusoff, agent de rêve au rire prompt et à la voix angélique, pour sa bonté, son amabilité, sa force et sa franchise. Merci du fond du cœur à son infatigable (et souvent hilarant) collègue, Michael Radulescu, qui – avec l'aide de Lizzy Kremer et de Laura West de chez David Higham Associates – a su trouver la maison d'édition idéale pour mon livre : Bloomsbury. Je n'oublie pas non plus la charmante associée de Marly et de Michael, Julie Mosow, ni les adorables Paula Breen, Anna Jarota, Brian Statt, et tout le monde chez Marly Rusoff & Associates.
Ma reconnaissance éternelle à l'équipe extraordinaire de Bloomsbury, et en particulier Helen Garnons-Williams, Erica Jarnes, Trâm-Anh Doan, Laura Brooke, Jude Drake, Alexandra Pringle, Alice Shortland et Penelope Beech, pour avoir cru en ce roman et son prédécesseur, *Confessions d'une fan de Jane Austen* ; sans oublier Holly MacDonald pour sa magnifique couverture. C'est pour moi une chance incroyable que de travailler main dans la main avec des personnes aussi fantastiques.
Le premier éditeur de *Tribulations d'une fan de Jane Austen* et du tome qui le précède en Amérique du Nord fut Dutton and Plume, et je ne remercierai jamais assez l'équipe d'exception avec qui j'ai collaboré en cette occasion. Certains membres sont toujours en place, d'autres s'en sont allés ou ont gravi les échelons. Mille mercis à l'éditrice de

Tribulations, Erika Imranyi, ainsi qu'à Susan Petersen Kennedy, Kathryn Court, Brian Tart, Trena Keating, Cherise Fisher, Lisa Johnson, Elizabeth Keenan, Mary Pomponio, Cristi Hall, Christine Ball, Amanda Walker, Carrie Swetonic, John Lawton, Patrick Nolan, Liza Cassity, Tala Oszkay, Marie Coolman, Amanda Tobier, Rachel Ekstrom, Jason Johnson, Monica Benalcazar, Lily Kosner et Sarah Muszynski.
Je suis sincèrement reconnaissante à Anita Artukovich, qui fut parmi les premières lectrices de ce roman, et dont l'enthousiasme a su me réconforter quand j'en avais le plus grand besoin. Un grand merci également à mes amies britanniques, Beth Shube et Jessica Sully, l'une pour avoir prêté sa voix à ma parodie de campagne présidentielle « Jane for President », l'autre pour avoir contrôlé et approuvé les « britishismes » du manuscrit ; à Roman Jakobi pour mes photos d'auteure ; à Deborah Zeitman pour sa contribution au choix du titre ; au docteur Irl Extein et à Lisa McGee, qui ont bien voulu répondre à mes questions dans le cadre de mes recherches ; à Lisa Daily, pour avoir fourni à mon personnage de précieux conseils en matière de relations amoureuses à travers son livre *Stop Getting Dumped!* ; à Tom Edgar, pour avoir programmé janeaustenaddict.com, à Scott Benoit pour le design, et à Livia Firth pour en avoir fait la promotion à Eco Age.
Toute mon affection et ma gratitude à ma mère, Sara Levine, ainsi qu'à mes sœurs, Cary Puma et

Felice Levine Simons, pour leur amour, leur soutien et la compréhension dont elles font preuve. Je voue également une profonde reconnaissance à mes très chers amis, qui m'encouragent, m'inspirent, et font même l'effort de venir assister à mes lectures publiques.
Je remercie aussi mes lecteurs du fond du cœur ; leurs questions, avis, mails, lettres, messages, tweets, publications sur mon mur Facebook ainsi que leurs contributions sur le forum de janeaustenaddict.com, sont autant de dons précieux. Je suis toujours très heureuse quand vous me faites part de votre opinion.
Je dois ensuite mes plus sincères remerciements aux bataillons de libraires et de bibliothécaires, qui se font un devoir de promouvoir l'amour du verbe et nous offrent un endroit où nous ressourcer et trouver l'inspiration. Sans les bibliobus et autres bibliothèques itinérantes de mon enfance, je n'écrirais peut-être pas aujourd'hui.
Je souhaite également remercier tous les auteurs qui participent à mes ateliers d'écriture et m'inspirent par leur créativité, leur ardeur à la tâche et leur bon conseil.
Toutes mes connaissances du quotidien au temps de Jane Austen me proviennent des travaux de nombreux érudits et passionnés de cette période, trop nombreux pour tous être cités ici. Parmi ces auteurs : Penelope Byrde, Sheryl Craig, Susannah Fullerton, Christina Hardyment, Maggie Lane, Deirdre LeFaye, Kirstin Olsen, Josephine Ross, Venetia Murray,

David Selwyn, Maggie Sullivan, E. S. Turner, et bien d'autres encore. Mes recherches auraient toutefois été incomplètes sans mon inoubliable visite de Bath en compagnie de l'inimitable Bill Haxworth, du Mayor's Corps of Honourary Guides. Quiconque s'intéresse à Jane Austen et aimerait en apprendre davantage à son sujet devrait également faire un tour au Jane Austen Centre de Bath. Et, bien entendu, tout auteur s'inspirant de Jane Austen se doit de lire *Persuasions*, la revue éditée par la Jane Austen Society of North America, dont je suis membre à vie.

J'aimerais ensuite exprimer toute mon admiration pour le talent et la générosité de toutes les personnes impliquées dans le projet *Sex and the Austen Girl*, la web-série de Babelgum, inspirée par mes deux romans. Je remercie chaleureusement les deux merveilleuses actrices, Arabella Field et Fay Masterson, car, sans leur dévouement, leur énergie et leurs incroyables talents d'improvisation, rien n'aurait été possible ; Amber J. Lawson, la productrice déléguée de Babelgum qui a permis le lancement de la série ; Brian Gerber et Thomas Rigler, producteurs délégués et coréalisateurs, pour avoir imaginé le scénario et insufflé de la vie dans chacun des épisodes ; Roman Jakobi, directeur de la photographie ; Deborah Zeitman, monteuse et photographe de plateau ; Dave « the Rave » Emmendorfer, magicien chargé des effets spéciaux ; Scott Benoit, graphiste ; Tim Kitz, ingénieur du son plateau ; Sigrid Trummer, pianiste ; Paul Haslinger, compositeur et interprète ; Ken Wales, chef électricien, et Trevor Crist, machiniste ; Alma Anguiano, coiffeuse et maquilleuse, Hazel Hartman, spécialiste de la coiffure période Régence, et Aurelialex, pour leurs huiles essentielles. Outre les équipes exceptionnelles déjà mentionnées chez Bloomsbury UK, Penguin Group et Marly Rusoff & Associates, je souhaite tout particulièrement remercier le personnel extraordinaire de Babelgum, dont Jake Bickford, Dana Block de MPRM, Jonah Goldstein, Gillian O'Brien et Lauren Pierce. Mille mercis à Joseph Cigliano, à Silvia Ryder, à The Sheppard et à Dan Zimbaldi. Et un merci tout particulier à Aurelia Haslboeck et à Arik Zander pour avoir fait germer l'idée de cette web-série.

Enfin, ma reconnaissance éternelle à Jane Austen, qui n'avait peut-être aucune patience pour les imbéciles, mais ne pouvait résister à l'envie d'en faire le portrait dans ses écrits.

Ce livre est dédié à tous ceux qui rêvent
d'une autre vie, d'une autre chance, d'un autre monde.
Puissent-ils trouver le bonheur au réveil.

Chapitre premier

Un son strident, telle une corne de brume, mais plus aigu, plus perçant, ébranle la maison. J'ouvre un œil, puis l'autre ; mes paupières semblent collées. Filtrant à travers l'interstice des rideaux, un mince rai de lumière perce l'obscurité.

Je plaque les mains sur mes oreilles, mais le mugissement persiste. De même que la douleur. J'ai l'impression qu'un régiment entier défile au pas derrière mes yeux.

— Barnes ?

Seul un filet rauque s'échappe de mes lèvres, trop faible pour être entendu par Barnes. Qu'importe ; elle aura sans aucun doute été réveillée par cette sonnerie insupportable. Il faudrait être à six pieds sous terre pour ne pas entendre un tel vacarme.

Pourquoi n'a-t-elle pas déjà fait quelque chose pour arrêter cette maudite alarme ? Je tâtonne derrière moi, à la recherche du cordon de la sonnette, mais ne rencontre que le mur nu. Curieux. Je vais devoir quitter le lit et aller chercher la servante moi-même.

Alors que je m'assois sur le rebord du matelas, mes pieds touchent immédiatement le sol, au lieu de pendre, comme à l'accoutumée, à quelques centimètres du plancher. La migraine aurait-elle le pouvoir de faire paraître un lit plus bas qu'il ne l'est ? Mes pires maux de tête s'annoncent habituellement par des lignes brisées lumineuses devant mes yeux ; toutefois, je n'ai encore jamais eu l'impression de tomber si bas. Tomber bien bas, effectivement. Je rirais presque de mon aisance avec les mots, ce matin, en dépit du triste état de ma tête. Ainsi que de mes tympans. Comme ce son est irritant ! Ne finira-t-il donc jamais ?

À l'endroit où je m'attends à trouver mon habituelle descente de lit, c'est le parquet nu que je sens sous la plante de mes pieds. Quant à mes pantoufles ? Disparues. Avançant à l'aveuglette, je me cogne soudain dans un haut bloc de bois ; par tous les… ! Je serre les dents afin de retenir un cri. Moi qui voulais simplement faire un bon mot, me voilà bien punie. Barnes a encore dû réarranger le mobilier. Néanmoins…

Des chiffres rouges brillent dans le noir, au-dessus du bloc de bois incriminé. 8 0 8. Par quel prodige… ? Les chiffres sont contenus dans une sorte de boîte, dont l'avant est froid et lisse sous mes doigts ; le dessus semble bosselé. Tandis que je palpe les renflements, la sonnerie stridente cesse. Oh, Dieu merci !

Quel bonheur que le silence ! Je me dirige vers le mince rayon de lumière afin d'ouvrir en grand les tentures ; le soleil ne manquera pas d'éclairer le mystère que constitue ce matin la disposition de ma chambre. Cependant, je m'aperçois que les épais pans de velours accrochés à ma fenêtre depuis cinq années au moins ont laissé place à des rideaux de grosse toile. Il est possible que Barnes soit venue faire l'échange tôt ce matin, afin de battre les draperies de velours. D'abord le réagencement des meubles, puis cela… Je ne l'ai jamais connue aussi incohérente dans ses tâches domestiques.

Tremblant inexplicablement, je me saisis des bords des tentures de toile grossière et les ouvre d'un geste large.

Il y a des barreaux à ma fenêtre.

Je ne puis retenir une exclamation. Cela n'est pas… Cela ne peut être ma fenêtre. Et, en effet, faisant volte-face pour embrasser la pièce du regard, je constate enfin qu'il ne s'agit pas de ma chambre. Le sang battant à mes tempes, j'étudie la haute commode dépouillée de tout ornement, le lit bas dépourvu de courtines, la boîte aux chiffres lumineux sur le meuble. Ni cheminée de marbre rose, ni armoire, ni coiffeuse. Au lieu de cela, je découvre une table basse, supportant un grand cadre rectangulaire dont l'avant semble presque entièrement fait de verre ; le reste est constitué d'un matériau lisse et brillant de couleur grise.

Mes genoux tremblent, mes jambes se dérobent sous moi. Je dois regagner le lit. M'asseoir une minute me fera le plus grand bien.

Tandis que je m'enfonce dans les draps enchevêtrés, la boîte de verre s'anime dans un bruit de tonnerre.

Je bondis, les mains crispées sur les couvertures : de minuscules silhouettes parlent et dansent à l'intérieur du cadre. Qui sont ces gens ? Est-ce une sorte de fenêtre ? Les personnes que je distingue sont de taille réduite, et se trouvent sans doute à quelque distance de là. Pourtant, je perçois leurs traits et leur conversation aussi clairement que s'ils étaient dans la pièce. Comment cela est-il possible ?

— Je me souviens de vous avoir entendu dire un jour que vous ne pardonniez jamais, dit la jeune personne de la boîte à son partenaire de danse. Qu'une fois que vous aviez conçu un ressentiment, il était implacable. Je suppose que vous ne concevez pas un ressentiment à la légère ?

— En effet, répond son cavalier.

— Et vous ne vous laissez jamais aveugler par les préjugés ?

— J'espère que non… Puis-je vous demander à quoi riment ces questions ?

— Simplement à éclairer votre caractère, raille la jolie jeune femme. Je voudrais mieux le comprendre.

Ces paroles me sont familières… Bien entendu, je me rappelle les avoir lues ! Il s'agit de la scène du bal de Netherfield, tirée de mon livre favori, *Orgueil et Préjugés*, et ces deux jeunes gens sont Mr Darcy et Miss Elizabeth Bennet. Dire qu'Elizabeth et Darcy sont de véritables personnes, et que je suis en train de les observer, en ce moment même, à travers une vitre ! C'est un phénomène que je ne m'explique pas ; pas plus que le fait que je les discerne si nettement en dépit de la distance qui nous sépare.

Je devrais m'adresser à cette jeune dame, peut-être saura-t-elle m'aider à résoudre ce mystère.

— Je vous prie de m'excuser, Miss Bennet. Nous n'avons point encore été présentées, mais il semblerait que nous soyons voisines, et vous me voyez perdue. M'entendez-vous ?

Aucune des personnes présentes de l'autre côté de la vitre ne donne l'air de m'avoir remarquée, bien que j'entende leurs conversations comme si elles étaient à mes côtés.

Je tends la main en direction de la vitre et touche la surface dure et luisante. Je frappe contre le verre afin de capter l'attention de quelqu'un à l'intérieur du cadre, en vain. Alors j'approche mon visage, pour mieux regarder, mais, à mon grand étonnement, les gens me paraissent anormalement aplatis, beaucoup moins réels. Comme cela est curieux !

Ce n'est cependant pas le plus déconcertant. En effet, quelle n'est pas ma surprise de découvrir que ma voix n'est, en réalité, pas la mienne du tout !

— Miss Bennet ?

Je n'attends plus que celle-ci me réponde, mais je répète son nom, m'émerveillant du ton et de l'accent qui s'échappent de ma gorge. Cette voix inconnue est teintée d'un accent proche de celui de Bristol ;

on croirait presque le capitaine Stevens lorsqu'il singeait les habitants des Amériques. Combien ma mère serait scandalisée de m'entendre ainsi parler comme l'une de ces sauvages d'Américaines ! Cette simple idée me réjouit.

Je jette un regard à l'étrange pièce, puis pose de nouveau les yeux sur la vitre, derrière laquelle les personnages d'*Orgueil et Préjugés* poursuivent leur discussion comme si je n'existais pas. Soudain, tout s'éclaire : je nage en plein rêve, bien entendu ! Cela ne ressemble à aucun de mes songes habituels, où j'ai conscience d'être plongée dans un monde onirique, mais ce n'en est pas moins un. Quel soulagement de savoir que je n'ai pas à découvrir quel est cet endroit ni à retrouver le chemin de ma propre chambre : il suffit que je me réveille.

En attendant, je peux toujours passer le temps en partant à la recherche de Barnes ; il ne fait nul doute que cette vision prodigieuse de Lizzy et de Darcy dansant dans le rectangle vitré la ravira autant que moi.

Je vais enfiler ma robe de chambre et explorer les lieux. Où peuvent bien être rangées les robes d'intérieur ? J'ouvre une porte, révélant une garde-robe longue d'environ six pieds, dont je ne reconnais aucune pièce. J'en tire tout de même un long vêtement vaporeux muni d'une ceinture ; voilà qui devrait faire l'affaire. Si seulement j'avais un miroir…

Ah, en voilà un, à l'intérieur de la porte de cette vaste armoire. J'ouvre largement le battant et aperçois dans la glace une jeune femme de petite taille aux cheveux clairs. Elle et moi exclamons notre surprise à l'unisson. Je me retourne vivement, car l'inconnue ne peut qu'être derrière moi, mais la pièce est vide. À l'exception de Miss Bennet et de Mr Darcy, bien sûr.

Lorsque je fais de nouveau face au miroir, la vérité me saute soudain aux yeux : il s'agit de mon propre reflet.

Chapitre 2

La personne qui me fait face m'est inconnue. Observant l'image que me renvoie le miroir, je caresse la chevelure blonde striée de châtain qui tombe sur mes épaules ; elle est soyeuse sous mes doigts. La jeune femme imite chacun de mes gestes, tandis que je palpe les cuisses rondes des jambes petites mais bien faites qui remplacent les miennes. Le haut de mon corps est couvert d'un vêtement à courtes manches, dont le bas arrive juste en haut de mes jambes entièrement nues – je n'avais encore jamais dormi dans un tel appareil ! Voilà qui est fort indécent ; je souris en pensant à ce que ma mère dirait si elle me voyait ainsi vêtue. Jouant machinalement avec l'ourlet, j'aperçois alors de jolis petits pieds aux ongles bleu azur, et mes genoux manquent de nouveau de flancher.

Cesse de jouer les timorées ! Je prends une profonde inspiration et, baissant les yeux sur mes pieds, je ris. Après tout, ce n'est qu'un songe ; pourquoi mes orteils ne pourraient-ils pas être de l'une ou de l'autre couleur de l'arc-en-ciel ? N'ai-je pas toujours rêvé d'être petite et mieux en chair, avec davantage de formes, plutôt qu'une créature maigre aux grandes jambes, qui ne remplit pas ses robes comme elle le voudrait ? N'ai-je pas toujours été envieuse des boucles dorées de ma sœur, Clara ? À présent, celle-ci n'est plus la seule des filles Mansfield à avoir les cheveux blonds.

Je ne suis néanmoins pas certaine de vouloir que ce rêve se prolonge trop longtemps. Car s'imaginer être une autre personne et bel et bien être quelqu'un d'autre sont deux choses fort différentes. J'ai conscience que ce ne peut être réel, pourtant j'en viens à douter.

Deux petits coups secs résonnent de l'autre côté de la porte, suivis du bruit d'une clé qui tourne dans la serrure et d'une voix d'homme :

— Courtney ?

Je ramasse avec précipitation la robe de chambre, qui m'est tombée des mains sans que je m'en rende compte, et noue fermement la ceinture autour de ma taille.

— Tu es réveillée ? me demande la voix.

Quoique tremblant de tout mon corps, je tiens à rester maîtresse de moi-même.

— Et qui êtes-vous, monsieur, je vous prie ?

Qui qu'il soit, l'homme passe la tête dans l'entrebâillement, me laissant entrevoir un doux sourire ainsi qu'une paire de lunettes. En dépit de ma toilette légère, je ne me sens nullement menacée par cet inconnu aux boucles de chérubin. À son pantalon de toile grossière, à sa chemise sans col à manches courtes, à ses gros souliers et à son absence de redingote, je le devine plutôt domestique ou ouvrier que gentleman ; pourtant, il ne m'inspire aucune crainte.

Avec un sourire, il s'incline maladroitement.

— Votre humble serviteur, madame. Votre petit déjeuner est prêt, café et œufs, comme promis, déclare-t-il en m'invitant à le suivre dans la pièce attenante.

— Je serai là sans tarder, dis-je en refermant la porte.

Mon estomac gronde à l'idée du repas qui m'attend, aussi n'ai-je pas l'intention de converser plus longtemps avec un domestique mal accoutré, en particulier alors que je suis si peu vêtue.

Je l'entends rire dans l'autre pièce :

— Il ne te manque plus que l'accent anglais pour parler exactement comme les acteurs d'*Orgueil et Préjugés* ! Je parie que tu viens de le regarder. Pour la énième fois !

Je jette un coup d'œil à la boîte vitrée ; à l'intérieur, les personnes continuent de discuter et de vaquer à leurs occupations, sans se soucier de moi. Des acteurs… Cela expliquerait qu'ils ne m'aient pas répondu lorsque je les ai interpellés. Rien de plus normal : jouer la comédie nécessite énormément de concentration. Je suis toutefois étonnée de ne pas avoir entendu plus tôt qu'*Orgueil et Préjugés* se jouait au théâtre… Quelle sotte je fais ! Bien sûr que je n'en ai pas entendu parler : il s'agit d'un rêve ! Et quoi de plus naturel que de rêver de voir sur scène une histoire que j'affectionne autant ?

Comment m'habiller ? Il y a là bien plus de linge que dans mon armoire, mais il semblerait que bon nombre de ces vêtements se trouvent être des pantalons – se pourrait-il que je sois dans la chambre du domestique ? Je rougis à l'idée de m'être réveillée dans la chambre d'un homme. Allons, cesse donc d'être si prude ! Je n'ai pas le temps de me préoccuper de telles vétilles : je dois m'occuper de ma toilette.

Ah, oui. Voici enfin des morceaux d'étoffes fines qui ressemblent à des robes. Je me rends cependant vite compte de mon erreur : toutes ces tenues m'arrivent, au mieux, sous le genou ; au pire, bien au-dessus.

Je me trouve fort effrontée, dans ce rêve. Oh, il semblerait que je voie enfin quelque chose d'une longueur convenable, là, tout au fond du placard. Je dégage alors de la housse transparente qui la recouvre une robe de pure soie blanche au corsage brodé de perles. Un peu trop raffinée à mon goût, surtout pour le matin, et en un tel lieu. La longueur est idéale, mais elle ne comporte, en guise de manches, que deux fines bandes de tissu. Je devrai m'en contenter. J'ôte la chemise de nuit et enfile la robe blanche. Le dos se compose d'une multitude de boucles et de perles minuscules ; il me faudra sans aucun doute de l'aide pour la fermer.

Je hèle l'homme aux cheveux bouclés à travers la porte :

— Auriez-vous l'amabilité de m'envoyer quelqu'un pour aider à ma toilette ?

De nouveau cette étrange voix. C'est extrêmement curieux.

— À votre service, Milady, me répond le domestique.

À ma grande surprise, celui-ci a l'audace d'ouvrir la porte et de venir à moi. Reculant vivement, je viens plaquer mon dos découvert contre le mur et, serrant mes bras nus contre moi, le réprimande avec toute l'autorité dont je suis encore capable.

— Faire irruption dans la chambre d'une dame sans sa permission est fort inconvenant.

Debout au milieu de la pièce, il se contente de me regarder bouche bée.

Je sens le rouge me monter aux joues.

— Auriez-vous perdu votre langue, monsieur ?

— Je… Que fais-tu avec cette robe ? me demande-t-il d'une voix douce.

Derrière ses lunettes, son regard est bon, sans malice.

— J'essaie simplement de trouver quelque chose de convenable à porter. Et j'ajouterai que la tâche est loin d'être aisée. À présent, laissez-moi et envoyez-moi une femme de chambre.

L'homme porte alors la main à mon front. Les tempes douloureuses, je tressaille.

— Tu n'as pas l'air d'avoir de température. La douleur n'a pas empiré, si ? m'interroge-t-il, l'air inquiet.

— Ce n'est qu'une simple migraine. Si seulement j'avais mon vinaigre aromatique, je serais remise en un clin d'œil.

— Je n'appellerais pas ça une migraine, tu t'es quand même cogné la tête au fond d'une piscine. Tu es sûre que tout va bien, Courtney ?

— Il est suffisamment pénible de ne pas reconnaître ma voix ; serait-il trop demander que l'on s'adresse à moi par mon propre nom ?

— Là, assieds-toi une minute. Tu commences à me faire peur.

Non sans m'être couvert les épaules de la robe de chambre, je permets au jeune homme de me reconduire jusqu'au lit. Ses intentions ne semblent pas mauvaises, et, en vérité, quel mal pourrait-il me faire ? Je suis toutefois soulagée de constater qu'il ne donne pas signe de vouloir m'y rejoindre ; bien au contraire, il se précipite hors de la pièce. Je m'adosse au mur, qui dégage une agréable fraîcheur ; ma tête me fait atrocement mal. Bien que les personnages dans la boîte continuent de jouer *Orgueil et Préjugés*, ce qui est assurément plus efficace contre ma migraine que tous les vinaigres aromatiques du monde, je n'ai aucun désir de rester ici plus longtemps.

Le jeune domestique est bientôt de retour dans la chambre avec un verre d'eau, qu'il dépose sur la table basse à côté du lit, ainsi qu'un verre blanc opaque et chaud au toucher, qu'il me met de force entre les mains. Non, pas un verre ; on dirait que le gobelet est fait de papier. Comme c'est étrange ! Je renifle le parfum du café fumant à l'intérieur avant de me risquer à le goûter. Le breuvage à l'arôme riche et fort est recouvert d'une pellicule de lait mousseux.

— Dans ce cas, dis-moi comment tu t'appelles, me lance le jeune homme.

— Vous prenez donc cela pour un jeu, n'est-ce pas ? Très bien, comme vous voudrez. Mon nom est Miss Mansfield. Et vous, qui êtes-vous, sinon le jeune homme le plus impertinent que j'aie jamais rencontré ?

Son large sourire me révèle deux rangées de dents d'une blancheur inhabituelle.

— J'aurais dû me douter que tu me faisais marcher. Tu n'as pas pu résister, n'est-ce pas ? Tu sais que je goberais n'importe quoi ! Tu pourrais quand même avoir un peu plus de compassion, après la frayeur que tu m'as faite hier soir.

Son menton présente une adorable fossette, tout comme Edgeworth. Oh, pourvu qu'il n'ait rien d'autre de commun avec lui…

Je sirote avec délices le café brûlant ; il n'y a rien de plus revigorant. D'ailleurs, les élancements dans mon crâne ont presque disparu.

— Et auriez-vous l'obligeance de m'éclairer sur les événements d'hier soir, monsieur… ? À moins que vous ne comptiez garder l'anonymat ?

Son sourire confiant s'évanouit, et il affiche maintenant la même sévérité qu'un juge. Je l'avertis alors :

— Si c'est pour prendre la mouche, je vous saurai gré de prendre congé et de faire venir la bonne.

— Courtney, tu m'inquiètes. Dis-moi que tu te souviens de ce qui s'est passé hier soir !

— Dieu, que vous êtes assommant !

— Tu es allée faire quelques longueurs, tu te rappelles ? Attends…

Le voilà qui quitte la pièce au pas de course et revient aussitôt avec dans les mains quelque chose ressemblant à une pièce d'étoffe bleue. Lorsqu'il la déplie devant moi, je découvre une sorte de corset souple, en partie fermé dans le bas.

— Ça te revient ? Tu portais ce maillot de bain.

Je ne peux contenir un éclat de rire ; comment se fâcher face à un tel personnage ?

— Que vous êtes drôle ! Aucune femme respectable ne s'aventurerait au-dehors dans un tel costume, si je puis appeler ainsi cette chose minuscule.

Maintenant qu'il l'agite de nouveau sous mes yeux, je remarque l'étrange texture soyeuse du bout de toile.

— Courtney, écoute-moi ! Tu es allée nager et tu t'es cogné la tête au fond de la piscine. Une ambulance a été appelée, et tu as demandé aux infirmières de l'hôpital de me contacter.

Son regard se fait suppliant.

— Tu ne te rappelles vraiment rien ?

Je soupire ; toute cette histoire commence à me lasser.

— Si vous ne voulez pas partir, monsieur, c'est moi qui le fais. Je vous souhaite bien le bonjour.

Désignant l'ensemble de la pièce ainsi que le jeune homme, j'ordonne enfin :

— Que tout ceci prenne fin. Immédiatement.

Puis je ferme résolument les yeux.

Lorsque je les rouvre, le domestique aux cheveux bouclés se tient toujours au pied du lit.

— Vous n'êtes pas réel, dis-je, m'efforçant de paraître assurée, malgré l'appréhension qui me ronge à présent l'estomac. Il suffit que je me réveille !

Toutefois, la chambre inconnue s'obstine à ne pas disparaître. Comment cela se peut-il ? Habituellement, si l'un de mes rêves ne m'est pas agréable, je n'ai qu'à me forcer à ouvrir les yeux, et je quitte le monde des songes. Dans l'instant.

Comment se fait-il que je sois toujours là ? La seule explication possible serait que…

— Courtney…, tu es déjà réveillée.

Je me raccroche aux draps comme à une bouée de sauvetage avec l'impression qu'un gouffre s'ouvre sous moi. C'est absolument impossible ! Il me faut un moment pour démêler tout cela.

Voici ce que je sais avec certitude : quand je rêve de choses plaisantes, je me réveille presque toujours avant que je le veuille. En revanche, en cas de cauchemar, je n'ai qu'à me commander de sortir du sommeil pour que tout ne soit plus qu'un mauvais souvenir. Cette fois pourtant, je ne me suis pas réveillée et je suis encore coincée ici. Je ne comprends pas. Il y a bien une autre possibilité, mais je ne peux croire…

— Courtney ?

— Qu'avez-vous dit ?

— Tu es parfaitement réveillée.

Chapitre 3

Je vois bien que je ne dors point. Mais comment puis-je être à la fois éveillée et dans un corps qui n'est pas le mien ?

Lorsque je recouvre enfin la voix, les mots sortent avec peine.

— Où suis-je donc ?

— Ne t'inquiète pas. Tu te sentiras bientôt mieux.

— Mais quel est cet endroit ?

— Ton appartement, évidemment, me répond-il, les yeux écarquillés.

— Et pourrais-je savoir où se situe cet appartement ?

S'asseyant à mes côtés sur le lit, il me prend alors la main.

— L.A.

— J'ai peur de ne pas avoir compris.

— Nous sommes à Los Angeles. En Californie. Aux États-Unis. En Amérique… Mon Dieu, faites que ce ne soit rien de grave !

Je dégage vivement ma main de son étreinte.

— Comment ? Ma mère m'a-t-elle fait droguer et transporter aux Amériques ? Dieu sait si elle m'en a souvent menacée, prétextant que c'était le sort que méritaient les filles qui commettaient aussi souvent que moi l'outrage de désobéir à leurs parents. Cependant, cela remonte à mon enfance, et ce n'étaient là que des menaces en l'air, mon professeur d'histoire m'ayant assuré que tel châtiment n'avait jamais eu cours, et… Non ! Cela est impossible.

— Courtney, je ne comprends pas un mot de ce que tu me racontes.

De nouveau sur pied, le jeune homme entreprend de faire les cent pas et tire de sa poche un petit objet lisse, de forme rectangulaire.

— Veux-tu que j'appelle ta mère ? Ou bien Anna ? Paula ? Dis-moi quoi faire, Courtney !

Sans le vouloir, je m'esclaffe bruyamment ; de toute évidence, j'ai perdu le contrôle de mes nerfs.

— Au diable ces noms dont je n'ai que faire !

Grand Dieu. Ma voix se brise, on croirait une grenouille. Je ne parviens pas à m'arrêter de rire.

— Je m'appelle Jane ! Jane Mansfield.

Mon interlocuteur pâlit.

— Mais bien sûr. Jayne Mansfield, grande légende du cinéma. Ne bouge pas, j'appelle Anna.

Un dernier éclat de rire meurt dans ma gorge, et une boule se forme dans mon ventre.

L'inconnu parle maintenant tout seul. Qu'il a l'air grotesque, à tenir cette curieuse chose contre son oreille ! Comment traiter avec sérieux la fâcheuse situation dans laquelle je me trouve, quand je dois faire face à un homme adulte parlant dans un objet que je ne puis identifier, mimant une conversation avec une autre personne alors que nous ne sommes que tous les deux dans la chambre ? Il a véritablement l'air cocasse, gesticulant et s'exprimant avec une emphase toute théâtrale. Peut-être est-il en réalité un acteur, et non un domestique comme je le croyais.

— … Non, Anna. Si je la ramène aux urgences, ils voudront sans doute la garder… Non, je ne suis pas d'accord…

Ah. Son interlocutrice imaginaire a même un nom.

Très bien. Voici donc les faits : je suis éveillée ; mon corps et ma voix ne sont pas ceux que je connais. Et l'homme s'adresse à moi par un prénom qui n'est pas le mien : Courtney. Malgré la chaleur qui règne dans la pièce, je frémis. Il est hors de question que je cède à la panique. Je saurai rester maître de moi-même. En dépit de l'absurdité de la situation, je conserve l'esprit clair et rationnel. J'ai peut-être changé d'apparence, mais je sais qui je suis.

Le jeune homme continue d'arpenter la pièce tout en causant avec Anna, la femme imaginaire. Se pourrait-il que je me trouve… ? Dieu du ciel, non ! Pas à l'asile d'aliénés ! Non. Cela ne se peut. L'endroit est beaucoup trop propre et en ordre.

— Non, Anna…

Il me jette un regard, puis baisse les yeux sur le sol.

— D'accord, amène-la. Et non, il n'est pas question que je m'en aille. Si Paula ne veut pas me voir, c'est son problème…

Comment suis-je arrivée ici ? Et où suis-je précisément ?

Voyons ce que je me rappelle d'hier soir… Rien. Un grand trou noir. En revanche, je me souviens parfaitement de ma sortie à cheval, le matin. Je me rappelle le saut de Belle par-dessus un arbre couché, la sensation dans mon estomac tandis que nous retombions sans encombre de l'autre côté ; bravo, ma fille ! Le galop à travers les bois, les mottes de terre et la poussière soulevée par les sabots de ma jument. Une clairière parsemée de fleurs bleues, puis de nouveau une mer d'arbres… Les branches qui craquent et fouettent l'air, mon bonnet qui s'accroche… Je jette un coup d'œil rapide derrière moi, puis me retourne. Belle se braque, je sens ses muscles se raidir. Je suis projetée dans les airs.

Puis plus rien.

— Courtney ?

Chapitre 4

Mon ange bouclé me regarde fixement. Est-il possible que j'aie trouvé la mort lors de ma chute et sois au paradis ?

— Anna et Paula ne vont pas tarder à arriver. Tu es sûre que tu ne veux pas parler à ta mère ?

Mon cœur bondit.

— Est-elle ici, elle aussi ?

— Non, bien sûr. Mais je peux l'appeler, si tu veux, me dit-il en me montrant l'objet auquel il parlait quelques minutes plus tôt.

Cet endroit ne peut être le paradis, car un ange n'offrirait jamais d'y faire venir ma mère. À moins qu'il ne me propose en réalité de la placer dans cette petite boîte. Voilà qui serait commode. De nouveau, je glousse, ce qui n'est guère convenable pour une jeune fille.

— Je vous remercie, ce ne sera pas nécessaire.

L'air soulagé, il me gratifie d'un petit sourire timide.

— Tu as raison, ce n'est sans doute pas une très bonne idée.

— Et la femme de chambre que je vous ai demandée ? Pour m'aider ?

Afin de mieux me faire comprendre, j'attire son attention sur la robe blanche à demi enfilée, mes épaules et mon dos seulement couverts de la robe de chambre.

Il m'observe quelques instants, l'air grave, puis enfonce les mains dans ses poches.

— Anna et Paula seront bientôt là. En attendant je… j'ai besoin de boire un coup d'eau. Tu veux que je te serve ton petit déjeuner ? s'enquiert-il en se dirigeant vers la pièce voisine.

L'idée de manger me lève le cœur.

— Non, merci. Et vous serez bien aimable de refermer la porte derrière vous.

La situation a beau être extraordinaire, je ne peux en toute décence laisser cet inconnu aller et venir à sa guise dans ma chambre – ou du moins la chambre dans laquelle je me suis réveillée – plus longtemps.

Je porte de nouveau le regard sur la pièce de théâtre qui se joue dans la petite fenêtre. Je ne peux qu'être morte. Cette idée me semble beaucoup plus rationnelle que celle de me trouver comme par enchantement dans un autre pays et, plus insensé encore, dans un autre corps. Ou bien est-ce ainsi lorsque l'on passe de vie à trépas ?

Assister à une représentation perpétuelle d'*Orgueil et Préjugés* depuis ma chambre, et voir les personnages de mon roman favori de si près que je pourrais presque les toucher, comme des amis, est bel et bien mon idée du paradis. Et il y a cet homme à la chevelure d'ange, qui prend soin de moi après mon accident avec tant de douceur, tant de tendresse, que je suis incapable de me sentir menacée.

Certes, ce n'est pas le paradis de Mr Grant, avec ses chœurs d'anges, ni l'enfer qu'il décrit dans ses sermons du dimanche, faisant trembler les enfants sur les bancs de l'église. D'ailleurs, que saurait-il du paradis ? En dépit de ses discours prêchant la vertu, sa manière de me regarder chaque dimanche me donnait l'impression d'être salie.

— Courtney ?

Je me trouve maintenant en présence de deux jeunes dames : Paula et Anna, je présume. Elles se tiennent toutes deux au pied du lit, mais je ne saurais dire qui est qui…

L'une a de longs cheveux châtain clair, entremêlés de mèches roses et bleues ; des nuances éclatantes dont je n'imaginais même pas l'existence, encore moins dans une chevelure. Cela me choque d'ailleurs davantage que la couleur des ongles de mes pieds. Le plus scandaleux est encore la façon dont elles sont vêtues : chacune porte un corsage ajusté sans manches, des jupes qui leur arrivent à mi-cuisse, et leurs chaussures ne sont rien de plus que des cordons de cuir attachés à une semelle et exposent presque entièrement leurs pieds. Leurs orteils sont également colorés.

Celle aux mèches roses et bleues prend la parole.

— Ça va, ma belle ? Qu'est-ce que tu fous dans cette robe ?

Malgré le caractère grossier de la familiarité avec laquelle elle s'adresse à moi, ses manières sont amènes, et sa voix voilée me rappelle Mary.

Je lui souris.

— Nous sommes-nous déjà rencontrées ?

Elle est à dire vrai très jolie, si l'on ne tient pas compte de sa chevelure bigarrée. Elle me scrute de ses grands yeux bruns en amande. Ses lèvres charnues, teintées d'une sorte de vieux rose chatoyant, s'étirent curieusement, comme si elle ne savait pas si elle devait sourire ou non.

— C'est une blague, hein ? Parce que l'autre Judas, là, n'a pas l'air de savoir si c'est du lard ou du cochon, déclare-t-elle en désignant du menton l'homme qui pénètre de nouveau dans la pièce. Et, même si ça me fait mal de l'admettre, j'avoue que je ne le sais pas plus que lui, à moins que…

Elle se penche alors pour murmurer quelque chose à l'oreille de l'autre femme, dont les cheveux bruns lustrés sont coupés au niveau du menton et forment un épais rideau sur son front. Toutes deux échangent un regard inquiet, puis la jeune femme brune hausse les épaules.

Son amie à la chevelure de paon se tourne de nouveau vers moi.

— Pitié, dis-moi que tu n'as pas décidé de revoir un certain ex dont je tairai le nom et, plus important encore, que tu n'as rien pris qu'il t'aurait offert… Quelque chose qui t'aurait donné envie de te coucher et qui aurait réveillé la Miss Havisham en toi, peut-être ? Parce que si jamais tu as pris quoi que ce soit et, pire encore, si tu as revu ce coureur de jupons de mes deux, Courtney, je t'assure que…

Le jeune homme s'interpose.

— Jamais elle n'aurait cherché à le revoir. Jamais.

Son regard cherche le mien.

— J'ai raison, n'est-ce pas ?

Ma parole, ils ont tous perdu la tête.

— Qui donc ?

— Frank, s'écrient-ils tous en chœur.

La jeune femme brune esquisse un sourire d'encouragement :

— Tu ne l'as pas contacté, n'est-ce pas ?

— Qui est ce Frank ?

— Tu vois, Paula ? lance le chérubin à l'adresse du paon. Je te l'avais bien dit.

— Bravo, t'es la meilleure, Courtney !

— Bon, déclare celle qui, par élimination, doit être Anna, nous avons au moins la certitude que tu n'es pas sous l'influence d'un quelconque psychotrope. Deuxièmement, il ne faut pas oublier que tu t'es cogné la tête.

Désignant le gentilhomme bouclé d'un mouvement de tête, elle ajoute d'un air dédaigneux :

— Si seulement ton « ami » Wes avait bien voulu nous prévenir hier soir au lieu de nous appeler il y a tout juste une demi-heure, Paula et moi serions venues nous occuper de toi. Mais tout cela ne nous dit pas ce que tu fais dans cette, cette…

— Allez, vas-y. Crache… Cette robe de mariée. Qui, soit dit en passant, devrait être en train de pourrir au fond d'une benne à ordures, de traîner à moitié déchiquetée sous les pneus de ta voiture, ou être partie en fumée depuis longtemps. Tout sauf être pendue dans ton armoire, et encore moins portée.

— Ou elle pourrait tout simplement en faire don aux bonnes œuvres. Pourquoi la jeter alors qu'elle pourrait encore servir à quelqu'un ?

Paula lève les yeux au ciel.

— Franchement, Anna…

Une robe de mariée ? Je baisse les yeux sur l'imposante jupe blanche et son corsage orné de perles.

— Certes, elle est un peu chargée, et je n'ai aucunement l'intention de me marier, mais ce n'est pas grand-chose en comparaison de… tout ceci. Cette voix. Ce corps. Cet endroit. En quoi ma tenue vous importerait-elle ?

— Pardon ? bredouille Paula, les mains sur les hanches. Je te signale que nous sommes tes meilleures amies, et tu te comportes comme une parfaite détraquée.

— Ce n'est pas parce que j'ai cherché à me vêtir d'une robe de longueur convenable que j'ai perdu l'esprit. Mon identité, mon corps, ma voix, oui. Mais pas la tête.

Paula se tourne alors vers Wes.

— Je t'avais bien dit qu'il fallait qu'elle voie un docteur. N'est-ce pas, Anna ?

— Ma chérie, nous devrions peut-être t'emmener consulter un médecin, me dit cette dernière avec un regard compatissant.

— Tu dis avoir perdu ton identité, alors qui es-tu réellement ? demande Paula en reportant son attention sur moi.

— Je me nomme Miss Mansfield. Jane Mansfield. Mon père possède un domaine dans le Somerset.

— C'est encore pire que je ne le croyais, souffle-t-elle à Anna. Allez, viens, toi, déclare-t-elle en me prenant par la main pour me tirer du lit. Je t'emmène chez un docteur. Anna, trouve-lui quelque chose à se mettre.

Wes – nom que je trouve étonnamment charmant – les arrête d'une main, l'air sévère.

— On oublie les psys, OK ? Ils ne feront que la bourrer de cachetons, et elle finira par véritablement oublier qui elle est.

— D'où te vient ce soudain intérêt pour son bien-être ? crache-t-elle en repoussant une mèche rose vif de son visage. C'était quand tu as découvert que Frank fricotait ailleurs qu'il aurait fallu t'inquiéter !

— Tu ne sais pas de quoi tu parles, Paula.

Celle-ci lui tourne aussitôt le dos pour dégainer un petit objet plat et brillant sur lequel elle pianote, avant de se mettre à parler dans le vide, tout comme Wes un peu plus tôt.

— Suzanne ? C'est Paula. J'ai une petite urgence, là.

Sur ce, elle quitte la pièce, et je ne puis entendre la suite.

Après avoir fouillé un moment dans les tiroirs et la penderie, Anna me tend une minuscule robe ainsi qu'une ridicule paire de sandales.

— Vous plaisantez certainement. Vous n'imaginez tout de même pas que je vais me montrer en public avec les jambes et les bras découverts ?

Avec un soupir, Anna se remet à fourrager dans les vêtements et en tire une culotte grise accompagnée d'un corsage blanc à manches courtes, fermé à l'avant par une rangée de boutons.

Tenant le pantalon à bout de bras, je m'exclame :

— Quelle fabuleuse idée ! Moi qui ai toujours rêvé d'en porter afin de monter Belle à califourchon. Cela m'a toujours paru la façon la plus pratique et la plus confortable de chevaucher.

Une triste pensée me traverse l'esprit : Belle a-t-elle été blessée dans la chute ? Aurait-on à la… Oh, par pitié, faites que cette douce créature n'ait rien !

La lèvre inférieure d'Anna tremble.

— Courtney, tu me fais peur…

Du revers de la main, j'essuie la larme qui roule sur ma joue, et je me rends compte que j'ai laissé tomber le pantalon sur le sol.

— Ne vous alarmez pas, dis-je en le ramassant. Je ne fais qu'émettre une remarque concernant les avantages de l'habillement masculin.

Anna cherche le regard de Wes, qui se contente de hausser les épaules. Paula fait de nouveau irruption dans la pièce, rejetant une mèche colorée en arrière.

— Ma cousine Suzanne, qui est une psychopharmacologue réputée, a accepté de nous recevoir entre deux patients.

— Un nom bien ronflant pour un autre dealer hors de prix, rétorque l'homme avec un regard noir.

Paula fait mine de ne pas avoir entendu.

— Il faut que l'on parte tout de suite. Ce n'est pas très loin, juste à côté du Huntington Hospital.

J'ignore comment je vais enfiler ce joli pantalon s'ils ne cessent de se quereller.

— Vous serez bien aimables de porter votre dispute dehors afin que je puisse m'habiller, dis-je en agitant la culotte en l'air. Et d'ailleurs vos éclats de voix me donnent la migraine.

— Désolé, s'excuse Wes en prenant la direction de la porte.

Puis, se retournant vers Paula :

— Tout ce que je veux dire, c'est que ces gens ont tendance à prescrire des médicaments à tort et à travers. Ce n'est pas parce que quelqu'un traverse une période difficile ou connaît une peine de cœur que...

— Ou reste traîner au lit en robe de mariée en prétendant être quelqu'un d'autre ? Même toi, tu ne peux pas nier que son cas nous dépasse ! Et puis qu'est-ce que tu fais encore là, de toute façon ?

— Courtney m'a demandé de rester avec elle, affirme Wes en posant le regard sur moi. Mais si elle préfère que je m'en aille…

Si je préfère qu'il s'en aille… Mes joues s'enflamment tandis que ces mots me transportent dans la bibliothèque du manoir Mansfield, devant les portes vitrées ouvertes sur le jardin.

— Si vous préférez que je m'en aille, dit Edgeworth, je me plierai à vos désirs. Mais, je vous en conjure, dites-moi ce que j'ai fait pour mériter ainsi votre dédain.

Comment ose-t-il encore feindre l'innocence ?

— Monsieur, je ne vois aucun besoin de vous dire ce que vous savez déjà. Maintenant, laissez-moi.

Le visage drainé de sa couleur, il a fermé les yeux et baissé la tête, comme si toute vie l'avait déserté.

— Qu'est-ce que tu racontes, Courtney ?

En face de moi se trouve Wes, et non Edgeworth. Son regard est doux derrière ses lunettes.

— Sortez immédiatement de ma chambre. Je n'ai pas pour habitude de me justifier, encore moins auprès d'un homme qui n'est rien pour moi.

Mon interlocuteur cligne des yeux, visiblement abasourdi par la force de ma réaction, et, l'espace d'un instant, je regrette presque mes paroles.

Cependant, il tourne les talons et quitte la pièce d'un pas lourd.

— Bien envoyé ! me lance Paula en levant le pouce, avant de disparaître à la suite de Wes.

Pendant qu'ils poursuivent leur querelle dans la pièce voisine, Anna m'aide à ôter la robe blanche, la range, puis sort deux minuscules vêtements d'un tiroir.

— Il y a quelque chose que je ne saisis pas, dit-elle. Tu disais il y a quelques semaines encore que tu ne voulais plus rien avoir à faire avec Wes.

— Je n'avais jamais vu cet homme avant ce matin.

— Tu te fiches de moi ? s'étonne-t-elle, les yeux arrondis.

— Je ne comprends pas du tout de quoi vous me parlez ; tout cela ne me concerne en rien.

— Ma pauvre chérie… Tu n'as pas besoin de me vouvoyer, tu sais. Ne t'inquiète pas : la cousine de Paula saura quoi faire. Et si tu t'habillais, maintenant ? m'encourage-t-elle en désignant les deux curieuses pièces d'étoffe qu'elle a disposées sur le lit.

L'une est d'un rose vif et comporte trois grandes ouvertures, tandis que l'autre est composé de deux morceaux de tissu jaune pâle en forme de coupe, ornés de dentelles et de broderies et reliés entre eux par des lanières. Anna me tend cette dernière, que je retourne alors pour l'examiner sous toutes ses coutures. Ah. Les deux parties concaves s'emboîtent, et… oui, ce doit être cela. Je les place sur le haut de mon crâne, puis tente de nouer les rubans sous mon menton.

D'abord bouche bée, Anna se met à glousser et m'arrache le petit bonnet de la tête.

— À ce rythme, nous n'irons nulle part !

Dépliant le couvre-chef, elle le plaque contre ma poitrine ; c'est alors que je comprends qu'il ne s'agit absolument pas d'un bonnet mais d'une chose qui doit tenir le rôle de corps à baleines sous le corsage qu'elle m'a choisi. Je n'ai pas la moindre idée de la manière dont il faut s'y prendre pour le lacer, et je présume que cela se remarque à mon expression et à ma posture, car Anna prend sur elle de décroiser les bras que j'ai portés à ma poitrine afin de les passer dans chacune des boucles formées par les rubans. Une fois les deux pièces d'étoffe moulées ajustées contre mon torse, elle attache la lanière la plus large dans mon dos. Je suis étonnée du soutien qu'offre le vêtement, et quel confort en comparaison du busc de mon corset, qui me force à me tenir droite comme un I !

— Au moins, tu n'as pas appelé Frank, reprend Anna. C'est déjà ça.

Puis elle se saisit du morceau de tissu rose.

— Tu ne vas pas réussir à t'habiller toute seule, n'est-ce pas ?

Elle me rassoit sur le lit, retire le drap dans lequel j'ai enveloppé le bas de mon corps et fait passer chacune de mes jambes dans un trou du bout de tissu, avant de m'en couvrir les reins. Parmi les élégantes aux mœurs les plus légères, certaines portent parfois des pantalons sous leurs jupons, mais les culottes de ce genre sont assurément plus longues que cette chose minuscule.

Je peux me débrouiller avec le reste. Je boutonne le caraco, puis enfile le pantalon, dont la fermeture me paraît particulièrement étrange : en lieu et place de boutons se trouve un mécanisme qui se ferme lorsqu'on le tire vers le haut et s'ouvre lorsqu'on l'abaisse.

Dans la pièce voisine, les cris ont laissé place à des sifflements hargneux, régulièrement entrecoupés d'éclats : « De quel droit... ? » ou « Tu ne sais pas de quoi tu parles ! »

— Puisque c'est comme ça, je vous accompagne ! finit par éructer Wes.

Et la querelle reprend de plus belle à mi-voix.

Tout en rentrant le corsage dans mon pantalon – vêtement ma foi fort confortable –, je lève les yeux au ciel et demande à Anna :

— Cesseront-ils bientôt de se chamailler ?

La jeune femme, qui me regardait jusqu'alors les lèvres pincées et une ride soucieuse au milieu du front, se détend et m'adresse alors un large sourire. Elle aussi est très jolie, avec ses dents blanches et la légère fossette au coin de sa joue.

— Au cas où tu ne l'aurais pas remarqué, Paula n'est pas du genre à pardonner facilement.

— Que lui a-t-il donc fait ?

De nouveau, elle fronce les sourcils, plus du tout amusée. Sur le point d'ouvrir la bouche, elle semble aussitôt se raviser. La porte s'ouvre, et Paula fait une entrée théâtrale, sa chevelure multicolore volant autour de ses épaules.

— Parfait, déclare-t-elle en me détaillant rapidement de la tête aux pieds. Maintenant, il faut y aller. Sinon, nous allons manquer Suzanne.

Portant la main à mes cheveux, je note qu'outre leur curieuse mise les jeunes femmes sont toutes deux tête nue.

— Et mon bonnet ? dis-je en les interrogeant du regard.

Anna ouvre de grands yeux, comme saisie d'effroi, mais Paula vient simplement me prendre par le bras.

— Allez, en route ! s'exclame-t-elle en me poussant hors de la chambre.

Non seulement ces culottes pour femmes sont fort agréables à porter, mais ne pas être contrainte de porter un couvre-chef chaud et ajusté est un véritable bonheur. Paula me guide jusqu'à une pièce plus petite que la chambre à coucher, qui semblerait être la salle à manger des domestiques. Derrière un paravent partiellement déployé, j'aperçois un canapé orangé devant lequel est placée une longue table basse, ainsi qu'un large fauteuil surmonté d'un tas de vêtements non pliés. Ce ne pouvait tout de même pas être toute l'étendue de la maison ; où était donc le reste ? Là, à côté d'un haut objet rectangulaire debout contre le mur, une autre porte est entrouverte. Je m'en approche, et…

— Courtney ? Nous allons être en retard.

— Enfin, Paula…, laisse-la aller aux toilettes ! s'insurge Anna.

— Aux toilettes ?

Sans prêter attention au regard interrogateur de Wes, je pousse le battant et me glisse à l'intérieur. J'en ai assez que l'on m'observe. Pourtant, c'est à mon tour de regarder fixement la personne qui me fait face. Mon reflet dans le miroir. Je sais que cette jeune femme blonde est censée être moi, mais elle m'est parfaitement inconnue.

Elle remplit son corsage blanc très correctement, et la manière dont la ceinture du pantalon repose sur ses hanches rondes met en valeur la finesse de sa taille. Oh, si ma mère me voyait dans cet appareil… J'imagine aisément sa mine outrée face à une attitude aussi scandaleuse, son regard bleu glacial, accompagné d'un impérieux : « Veuillez aller vous changer séance tenante. » C'était sur ce ton qu'elle m'avait interpellée lorsque j'avais commis l'affront de revêtir ma robe jaune pour un dîner auquel nous avions convié Edgeworth, au lieu de la bleu pâle qu'elle avait choisie pour moi.

La femme dans le miroir me sourit.

Un léger bruit d'eau attire soudain mon attention : sous le miroir s'étire un tuyau de métal luisant recourbé, d'où s'échappent des gouttes à intervalles réguliers. Du bout des doigts, j'explore les contours bombés du tube, qui émerge d'un conduit plus épais, surmonté d'une… Un levier de pompe ? Se peut-il qu'une habitation si humble bénéficie de l'eau courante ? En effet, le mécanisme de robinet se soulève, laissant échapper d'abord un filet d'eau, puis un puissant flot. Nul grincement ni trépidation ; ni cadavre d'insecte ni aucun relent sulfureux ou autre coloration brune. Seulement l'eau claire et fraîche, et…, grand Dieu, quand je tourne la poignée vers la gauche, l'eau se réchauffe, jusqu'à devenir brûlante ! Quel est ce miracle ? Je fais pivoter le mécanisme de manière à parvenir à la température idéale puis plonge les mains sous ce délicieux torrent pour m'asperger le visage et goûter à la sensation rafraîchissante de l'eau sur ma peau. Lorsque je relève la tête, le reflet dans le miroir me renvoie mon ravissement. Je gagerais qu'aucune résidence de Londres ne reçoit une eau aussi pure que celle-ci. Et il est certain que pas une n'a la possibilité d'obtenir de l'eau chaude, à moins de la faire chauffer sur le feu.

Si seulement il y avait du savon… Ah, voilà. Devant moi, une bouteille transparente beaucoup trop légère pour être faite de verre et s'écrasant sous la pression de mes doigts porte une étiquette indiquant « savon liquide parfumé au géranium ». Le système de pompe au sommet relâche un filet d'un liquide nacré que je n'ai aucun mal à faire mousser entre mes mains mouillées. Je me sers ensuite de ce produit à l'odeur délicate pour me laver le visage. Quel bonheur d'être propre et de sentir bon !

On frappe un petit coup à la porte.

— C'est moi, entends-je avant de voir entrer Paula.

De toute évidence, une porte fermée ne signifie rien à personne, dans cette maison.

— Je me suis dit qu'il valait mieux que j'y aille aussi, au cas où on se retrouverait coincés dans les bouchons, m'explique-t-elle tandis qu'elle relève le couvercle d'un haut cylindre immaculé, révélant une sorte de plaque blanche en forme de fer à cheval, posée sur un récipient plein d'eau.

Elle remonte sa jupe, baisse la culotte sans jambes – du même type que la mienne, mais bleue – qu'elle porte dessous, puis s'assoit sur la cuvette pour se soulager. M'apprêtant à m'élever contre des manières si vulgaires, je suis tellement fascinée par ce qu'elle entreprend ensuite que je m'en trouve muette et ne puis qu'observer en silence. Après avoir arraché un morceau de papier souple et fin à un rouleau fixé au mur et l'avoir utilisé pour s'essuyer, elle réajuste sa mise et actionne un levier au-dessus de la cuvette, faisant disparaître le tout dans un grand bouillon d'eau.

— J'allais oublier…, reprend-elle en attrapant une boîte bleue, dont elle sort un petit objet allongé enveloppé de papier. Je t'en pique un, je sens que mes règles ne vont pas tarder.

La voilà qui baisse de nouveau ses culottes et relève sa jupe, puis, déchirant la papillote, insère le tube blanc à l'intérieur de son corps !

— Quelque chose ne va pas ? poursuit-elle, l'air inquiet. Excuse-moi, question idiote. Bien sûr que ça ne va pas. Mais, ça y est, tu as fini ? On peut y aller ?

— Je… C'est-à-dire… Si vous vouliez bien…

Je désigne la cuvette de porcelaine.

— Je ne serai pas longue.

— Dépêche-toi alors, insiste-t-elle avant de me laisser seule face au dispositif.

L'installation est mille fois plus spectaculaire que le cabinet d'aisances de la résidence londonienne de Miss Allen, mais également bien plus confortable. Et ce papier souple et doux est infiniment plus agréable que les feuilles auxquelles je suis habituée.

Lorsque j'émerge de la salle de bains, tous les regards se tournent vers moi. Paula me saisit par le bras et, tandis qu'elle m'entraîne en direction d'une nouvelle porte, j'aperçois une autre image représentant avec un réalisme incroyable les deux acteurs d'*Orgueil et Préjugés* ; en dessous se déploie un calendrier sur lequel est inscrit le nombre 2009.

— Deux mille neuf ? m'entends-je prononcer, de cette voix étrange, avant même d'avoir conscience d'avoir ouvert la bouche. Deux mille neuf ?

Je dégage mon bras de l'étreinte de Paula et scrute l'expression des trois inconnus qui me font face.

— Est-ce une plaisanterie ?

Si c'en est effectivement une, elle n'a pas l'air de les amuser. Soudain prise de faiblesse, je dois me raccrocher au dossier de l'une des chaises.

Chapitre 5

— Courtney, nous allons finir par être en retard, me réprimande Paula en me prenant par la main.

— En retard ? Plus tard encore que 2009 ? N'est-ce pas déjà assez tard ?

— Courtney, ma chérie, souffle Anna tout en me caressant le bras, nous en parlerons en chemin, d'accord ?

Tout à coup, un grand vacarme résonne : de la musique, il me semble ; toutefois, je n'avais encore jamais rien entendu de tel. Une voix masculine semble chanter – hurler, presque – quelque chose comme : *« Loving you »*, sur un fond d'envolées instrumentales plaintives. Un orchestre doit être installé dehors, mais je ne puis imaginer comment les musiciens arrivent à générer un tel volume.

Paula frappe du pied avec agacement.

— Encore cet abruti ! vocifère-t-elle.

C'est du moins ce que je crois comprendre, car sa voix est noyée dans tout ce tintamarre.

— Allons-nous-en, crie à son tour Wes.

Je laisse alors la jeune femme aux cheveux colorés me guider à l'extérieur tandis qu'Anna nous tient la porte.

Comme nous dévalons l'escalier, le son m'apparaît plus étouffé, bien que tout aussi fort.

— C'est dingue, ça, fulmine Paula. Quand ce n'est pas l'autre Chostakovitch en dessous qui décide de nous jouer le meilleur des années 1980, c'est le doux bruit des hélicos de la police de Los Angeles au-dessus de nos têtes.

— Tu oublies les coups de feu par-ci, par-là, renchérit son amie.

— Quand te décideras-tu enfin à quitter ce trou à rats, Courtney ?

— J'irai toucher deux mots au voisin plus tard, promet Wes.

J'intercepte son regard.

— Sommes-nous réellement en 2009 ?

Le jeune homme écarquille les yeux et blêmit.

— Cela signifie donc que je ne suis plus, car personne ne peut vivre aussi longtemps. Oh, Seigneur ! Et Belle, est-elle morte, elle aussi ?

Brusquement, plus rien ne m'importe : ni les canalisations qui produisent de l'eau chaude, ni les ingénieux lieux d'aisances, ni mon joli corps et mes cheveux blonds. Mon seul désir serait d'être vivante et de retrouver ma vie, loin de cet endroit étrange, quel qu'il soit – enfer, paradis, peu m'importe.

— Courtney, tu n'es pas morte, m'assure Wes. Dieu merci, tu n'as fait que t'assommer.

— C'est pour cela que tu ne sais plus trop où tu en es, précise Paula avant de me faire sortir.

En débouchant sur la rue, je ne peux réprimer un petit cri de surprise.

— Quel est cet endroit ?

La façade du bâtiment est couverte de gribouillis noirs et rouges indéchiffrables. Le trottoir sur lequel nous marchons est dur, des touffes d'herbe jaillissent des fissures qui s'ouvrent çà et là dans le revêtement brun.

De hauts poteaux de bois s'élèvent le long de la route, reliés entre eux par une corde noire. Mais le plus étonnant reste ces imposants engins montés sur roues, qui étincellent de chaque côté de la rue et se présentent sous diverses formes et coloris : noir, blanc, argent, rouge… L'un crache soudain un nuage de fumée avant de se mettre en mouvement avec un grondement assourdissant. Quel genre d'attelage avance sans chevaux pour le tirer ni personne pour tenir les rênes ?

— Aïe, tu me fais mal, s'écrie Paula.

Sans m'en rendre compte, je me suis agrippée avec force à son bras. Je relâche mon étreinte et pointe un doigt en direction de l'équipage qui s'éloigne rapidement.

— Qu'est-ce que cela ?

— Oui, hein !... On se demande, franchement. Encore une de ces grosses bagnoles hybrides. Je te jure... Ça ne vaut pas mon bébé. Presque aussi économique qu'une Prius !

Elle s'arrête à hauteur d'un véhicule plus court, aux courbes plus douces que la « grosse bagnole » qui vient de disparaître. Celui-ci est bleu clair avec un toit noir. Paula plonge la main dans sa pochette et en sort un petit objet, qu'elle dirige vers l'engin. Ouvrant ce qui semble être la porte, elle me fait signe de grimper à l'intérieur.

— Vous n'êtes pas sérieuse ?

— Monte devant, si tu préfères.

— Je ne suis pas certaine de vouloir monter dans cette... chose du tout.

— Depuis quand tu n'aimes plus ma voiture ?

L'engin éveille en réalité ma curiosité ; aussi, je m'installe à l'arrière sur la banquette, placée dans le sens de la marche ; elle est infiniment plus confortable que celle d'une berline. Wes s'assoit à côté de moi. Paula et Anna prennent place à l'avant en entrant chacune par une autre porte. En revanche, au lieu de nous faire face, elles aussi sont tournées vers la route. Paula insère l'objet avec lequel elle a ouvert la portière dans une fente placée derrière une sorte de gouvernail à hauteur de sa poitrine, et la machine laisse échapper un ronflement infernal. La jeune femme tourne le gouvernail, et la voiture se met en marche !

Nous avançons avec toute la vélocité d'une diligence lancée à pleine vitesse, mais sans l'aide de chevaux !

Très rapidement, cependant, nous roulons plus vite qu'aucun attelage, et nous nous trouvons bientôt entourés d'une multitude d'autres voitures de toutes formes, tailles et couleurs. Le flot accélère, accélère, jusqu'à ce que nous parvenions à une vaste portion de route, découpée dans sa longueur par de longs rubans peints sur le sol, chaque section grouillant de ces étranges véhicules, qui semblent avoir le diable aux trousses. Sans m'en rendre compte, je me suis agrippée à Wes d'une main, l'autre étant fermement crispée sur la poignée de la portière.

— S'il vous plaît… pas… pas trop vite, je…

— Est-ce que tout va bien ? s'enquiert Wes.

— Je vous en supplie…, pouvez-vous ralentir ?

Les mots peinent à sortir. L'air me manque. Toutes ces voitures filant à tombeau ouvert sur cette route sans fin, se faisant la course au son de ce qui me rappelle des coups de corne de brume… Un énorme monstre anguleux dépasse le véhicule de Paula dans un grand rugissement pour immédiatement se rabattre devant elle, et nous échappons de peu à la collision. L'enfer. C'est l'enfer, j'en suis désormais convaincue. Qu'ai-je fait pour le mériter ? De l'air, de l'air ! Il me faut de l'air !

— Elle nous fait une crise de panique ! s'écrie Wes.

Paula croise mon regard dans le miroir fixé au plafond.

— Veux-tu que je me range sur le côté ? Tu es malade ?

— Courtney ?

Impossible de leur répondre pour le moment ; je me force à respirer plus calmement jusqu'à être capable de prendre une vraie, longue inspiration.

— Bien sûr que non. Je suis peut-être morte de peur, mais je ne suis pas l'une de ces demoiselles aux nerfs fragiles qui nécessitent l'attention d'un médecin à la moindre contrariété.

S'appuyant contre le dossier de son siège, Anna se tourne face à moi.

— Tu es en parfaite sécurité, Courtney chérie, je te le promets.

Puis, dardant un regard sévère sur son amie :

— Enfin, Paula, tu te crois sur un circuit, à changer de file comme ça ? Mollo sur la pédale d'accélérateur, OK ?

— Tu te fiches de moi, je fais à peine du soixante-dix ! De toute façon, même si je le voulais, je ne pourrais pas aller plus vite avec toute cette circulation.

Wes se contente de m'adresser un petit signe de tête rassurant en me tapotant la main. Dans la voiture blanche que j'aperçois par la vitre, derrière lui, sont assis de jeunes enfants. Voyant que je les regarde, ils me sourient et me saluent. L'un d'eux, un garçonnet d'environ six ans étire sa bouche en une grimace grotesque, tandis que l'autre le chahute en riant.

Je sens moi aussi un sourire poindre au coin de mes lèvres et décrispe les doigts que j'avais involontairement enfoncés dans le bras de Wes. Mon estomac a cessé de se soulever ; de chaque côté de nous, les voitures, les arbres et les habitations se mélangent et se brouillent, et je m'abandonne enfin à la vitesse, aux couleurs, ainsi qu'au vent frais qui pénètre par la vitre à présent partiellement abaissée à côté de moi. Si c'est là le paradis, qu'ai-je à craindre, puisque je voyage aux côtés d'anges ?

Les boutiques, maisons et autres édifices devant lesquels nous passons à toute allure se présentent sous différentes formes et couleurs, tout comme les gens qui déambulent devant. Certains bâtiments sont si hauts et comportent de si nombreux carreaux que l'impôt sur les fenêtres doit dépasser l'entendement. Certaines de ces constructions sont décrépies et marquées par la fumée, d'autres rutilent. Aucune uniformité dans le style.

Ici et là, la brique et les linteaux d'une bâtisse me rappellent les maisons londoniennes ; toutefois, la majorité des façades demeurent dépourvues de toutes fioritures, à l'exception ici et là de grands panneaux rectangulaires verts et rouges, de fresques représentant fleurs et animaux fantaisistes, de mosaïques géantes ou encore d'énormes lettres serpentines sculptées dans ce qui semble être du verre… Autant d'ornements que je n'aurais jamais osé imaginer, même dans mes rêves les plus fous ; on croirait presque qu'un enfant règne sur la ville, donnant libre cours à sa créativité, sans se soucier d'une quelconque harmonie artistique.

Et que dire des arbres ! Hauts et minces, les troncs sont zébrés de motifs géométriques et coiffés d'un bouquet d'immenses feuilles en pointe.

À peine ai-je le temps de m'émerveiller de cette curieuse végétation qu'elle est remplacée par de colossales structures, sortes d'armatures de métal plantées sur quatre pieds et reliées les unes aux autres par de longues cordes dont la fonction reste pour moi un mystère.

Est-ce donc à cela que ressemble le monde en 2009 ?

Sentant les regards se tourner vers moi, je m'aperçois que j'ai parlé tout haut. Paula m'observe dans le miroir, sourcils froncés. Anna et Wes échangent un coup d'œil, puis hochent la tête.

La pitié que je lis dans leurs yeux est plus que je ne peux supporter. Je préfère clore les paupières et savourer l'air sur mon visage. Soit je suis morte – ou folle –, soit j'ai de quelque manière été projetée dans le futur, dans le corps d'une autre personne.

Se pourrait-il que ce soit là ce dont parlait la Société des études asiatiques dans leur essai traitant des croyances hindoues, vis-à-vis de la transmigration des âmes ? Mais cela supposait, si j'avais bien compris, le transfert de l'âme du défunt dans l'enveloppe charnelle d'un nouveau-né. Pourtant, c'est dans un corps adulte que je me suis éveillée.

Si mon âme avait transmigré, toutes les personnes de ma connaissance étaient décédées depuis longtemps. Si cher papa, ne vous reverrai-je donc jamais ? Ma très chère Mary, si ceci est effectivement l'an 2009, jamais plus je ne poserai les yeux sur votre doux visage ni sur celui de votre frère. À cet instant, je ne ressens plus la moindre rancœur envers Charles Edgeworth, car voilà au moins un siècle et demi qu'il repose dans sa dernière demeure. Ma chère mère, je ne fus jamais pour vous ce que furent ma sœur et mon frère ; néanmoins, vous êtes la seule mère que j'ai connue. Et vous aussi avez disparu. Mes yeux s'emplissent de larmes brûlantes. Et Barnes…, ma très chère Barnes, si bonne, si fidèle… Qui vous pleurera, à présent, sinon moi ?

La main de Wes sur mon bras me tire de mes pensées ; son regard bleu-gris n'est que gentillesse. Anna se penche par-dessus le dossier de son fauteuil et essuie mes larmes à l'aide d'un morceau d'étoffe d'une douceur extraordinaire.

— Nous sommes bientôt arrivés, nous annonce Paula.

J'ai peut-être perdu l'esprit, ou même la vie, et je n'exclus pas non plus la possibilité d'être une âme transmigrée ; toutefois, je suis bien déterminée à garder le contrôle de mes émotions. Je me force donc à sourire afin de le prouver à mes compagnons de voyage, et tous trois semblent soulagés.

Enfin, Paula quitte cette route exceptionnellement large et apparemment infinie pour un chemin plus étroit où la circulation se fait moins rapide, et nous ne tardons pas à arriver en vue d'un édifice aux proportions gigantesques comportant des centaines de fenêtres.

Nous faisons halte et descendons au pied du bâtiment, au cœur d'un vaste entrepôt à ciel ouvert, où sont parquées une multitude d'autres voitures.

— Je me sens déjà mieux, nous confie notre conductrice en nous indiquant la direction à prendre.

Je m'esclaffe soudain, saisie d'un fou rire qui me secoue tout entière et me prive bientôt de souffle.

Wes, Paula et Anna n'ont en revanche pas l'air de partager mon hilarité.

— Ce n'est pas vrai, gémit Anna.

— Tu es sûre que ça va ? s'inquiète Wes.

Aux éclats de rire incontrôlables succèdent gloussements et grognements parfaitement indignes d'une dame, et, enfin, je parviens à répondre :

— Oh, tout à fait ! Tout comme Paula, je me sens déjà beaucoup mieux. Nous venons de battre à la course des milliers de voitures, pour en trouver des milliers d'autres à l'arrivée, et je découvre tout juste que toutes les personnes que j'ai jamais connues se sont éteintes il y a de cela cent cinquante ans au moins. Pourquoi n'irais-je pas bien ?

J'embrasse du regard le champ de véhicules, l'imposant bâtiment aux vitres étincelantes.

— S'ils sont tous morts, je ne peux que l'être moi aussi.

— Est-ce vraiment ce que tu ressens ? me demande Anna, une lueur d'angoisse dans le regard. Parce que je t'assure que tu es bien vivante. Tu as toute ta vie devant toi. Je sais que, pour toi, le futur est difficile à envisager pour le moment, mais tout finira par rentrer dans l'ordre, tu verras.

Comme je m'apprête à répondre, je suis distraite par l'apparition d'un couple de papillons blancs dansant entre nous. Puis, tout aussi brusquement qu'ils sont apparus, les voilà remplacés par un congénère orange tacheté de noir, qui vient se poser sur mon bras et semble m'observer. Je n'ose pousser l'exclamation de ravissement qui me vient aux lèvres, de peur de l'effrayer. Doucement, j'approche ma main, mais Wes arrête mon geste.

— Ses ailes sont trop fragiles, il ne faut pas les toucher.

J'ai déjà entendu ces mots… Je me rappelle ce moment, ce moment précis. Mais comment est-ce possible ?

Soudain, tout se précipite : le papillon prend son envol, le soleil perce à travers un nuage, et la sensation de picotement qui s'éveille à l'endroit où se trouvait l'insecte quelques instants plus tôt, la chaleur du rayon de soleil qui me caresse le visage, les effluves de cédrat qui se dégagent de Wes, et le contact de sa peau contre la mienne sont les sensations les plus réelles, et les plus vives, que j'ai eu l'occasion de ressentir.

Je prends alors conscience que je suis bien vivante ; plus vivante que jamais. Incroyablement et incontestablement vivante. Dans ce corps qui n'est pas le mien, parmi ces gens que je ne connais pas, en cette époque, en ces contrées autrefois lointaines. Il ne sert à rien de le nier, c'est la réalité. Voilà un instant je parcourais les bois sur le dos de Belle, la seconde d'après je me réveillais là.

Je devrais être terrifiée. Je devrais douter de ma raison. Mais je souris. À Wes. À Paula. À Anna.

Cette dernière me presse affectueusement le bras.

— Je suis d'avis qu'il ne tient qu'à nous de créer notre propre paradis ici-bas.

Paula écarte son amie et me dirige vers l'entrée.

— Anna, lâche-la avec tes conneries new age, ce n'est vraiment pas le moment.

Constatant l'embarras de la jeune femme, je tente de la rassurer.

— J'aime assez cette idée.

— Figure-toi que j'ai lu cela dans un bouquin, rétorque-t-elle alors d'un air pincé à l'adresse de Paula. Un bouquin plutôt réputé. Il est resté vingt semaines dans la liste des best-sellers du *New York Times*.

— Allez, nous y sommes presque, me dit l'autre en l'ignorant ostensiblement.

Cela ne semble toutefois pas décourager Anna, qui poursuit :

— « Il y a plus de choses sur la terre et dans le ciel, Horatio, qu'il n'en est rêvé dans votre philosophie. »

La jeune femme aux mèches roses et bleues lève les yeux au ciel.

— Quand elle n'est pas en train de nous recracher les sagesses d'un type louche se prétendant « maître ascensionné », elle nous ressort son master en études théâtrales…

Je souris à Anna.

— Je dois moi-même avouer un certain intérêt pour l'œuvre de Shakespeare.

Nous atteignons le porche de l'édifice, et Wes nous ouvre l'immense porte de verre ; jamais encore je n'avais vu une vitre aussi haute et aussi large. Tous trois m'entraînent ensuite dans une minuscule pièce carrée, dont les portes s'ouvrent et se ferment tour à tour comme par enchantement, semblant chaque fois disparaître à l'intérieur même du mur.

Paula presse l'un des nombreux cercles marqués d'un numéro, qui ornent le mur, près des portes à présent closes, et le sol trépide légèrement sous nos pieds. Après quelques instants, les portes sont de nouveau aspirées par le mur, et devant nous s'étend une salle tout autre que celle que nous venons de quitter.

Je comprends subitement que la petite cabine dans laquelle nous nous trouvons s'est en réalité déplacée ! Du rez-de-chaussée, nous sommes grimpés dans les étages. Nous sommes-nous littéralement envolés ? Me sentant de nouveau gagnée par le rire, je tâche de garder contenance. Comment mes compagnons peuvent-ils afficher une mine si sérieuse dans un moyen de transport aussi extraordinaire ? Il faut croire que de tels miracles sont monnaie courante en 2009.

Au bout d'un court corridor au carrelage en damier, Paula nous fait signe de nous asseoir sur une rangée de chaises orange, dont la forme curieuse semble moulée dans un matériau solide. Après être allée parler à une surveillante assise derrière un mur vitré, elle finit par nous rejoindre. Un homme à qui je donnerais environ trente ans, les cheveux fous et le teint aussi terne que son habit, s'installe sur l'une des chaises alignées devant nous et se retourne aussitôt, rivant sur moi ses yeux cerclés de lunettes.

— Êtes-vous à la recherche de la vérité ? Êtes-vous à la recherche de la vérité ? La vérité ? La vérité ? Êtes-vous à la recherche de la vérité ? Êtes-vous à la recherche de la vérité ?

Inlassablement, il déverse sur moi son flot de propos sans queue ni tête, semblant plus agité à chaque interrogation. Le gris de ses joues vire progressivement au rose, puis à l'écarlate, et Paula demande vivement à la femme derrière la vitre d'intervenir. De sa voix la plus douce, Wes tente de ramener le lunatique à la raison, tandis qu'Anna m'agrippe le bras, le visage figé dans une expression de terreur. Mais l'homme continue de braquer les yeux sur moi, la monture noire de ses lunettes étincelant par intermittence à la lumière de la salle.

La lumière… Oui, la lumière : un autre mystère. Nulle part je n'aperçois de chandelle ; pourtant, une lumière brille derrière le panneau de verre au plafond, la lampe placée au bout de la rangée de chaises émet un doux halo, et, derrière son mur transparent, la surveillante est elle aussi éclairée comme par magie.

— Êtes-vous à la recherche de la vérité ? La vérité ?

Plongeant enfin le regard dans celui de cet homme torturé, je me lève et déclare :

— En effet. Personne ne souhaite plus ardemment que moi découvrir la vérité.

Chapitre 6

Le lunatique s'interrompt brutalement, ouvrant de grands yeux ronds derrière ses lunettes. Lentement, le O surpris de sa bouche s'étire en un large sourire.

— Dieu vous garde, murmure-t-il. Dieu vous garde.

— Mademoiselle Stone ?

Une jolie Chinoise portant un corsage rose et un pantalon assorti s'adresse à moi. Suis-je supposée répondre au nom de « mademoiselle Stone » ?

Me tournant pour interroger Anna du regard, je la vois qui acquiesce en me montrant du doigt.

— Mademoiselle Stone, le docteur Menziger va vous recevoir.

L'anglais de cette femme est irréprochable, bien que son accent ne soit pas celui de mon pays natal.

Wes se dresse de toute sa hauteur et pose une main délicate sur mon bras.

— Tu es sûre que c'est ce que tu veux ?

Paula le gratifie d'un regard assassin avant de me saisir par le coude.

— Elle a besoin d'aide, imbécile.

Un homme d'âge mûr en manteau gris et une femme vêtue d'une modeste robe bleu nuit lui tombant au mollet s'avancent dans notre direction, soutenant un jeune homme qui ne doit pas avoir plus de seize ans. Une partie de ses longs cheveux brun sombre retombant sur son visage, le reste ébouriffé, comme un enfant que l'on aurait tiré de son lit, et les yeux mi-clos, il avance d'un pas incertain entre les deux adultes, dont l'inquiétude est manifeste.

— Je ne le referai plus, c'est juré. Je ne le referai plus, rabâche-t-il en boucle.

D'un grand geste, Wes désigne le malheureux trio ainsi que l'homme assis devant nous.

— C'est ça que tu appelles de l'aide ?

Paula feint de ne pas l'écouter.

— Allons-y, Courtney.

Ensemble, nous emboîtons le pas à la femme venue nous chercher. Franchissant une porte, nous poursuivons le long d'un couloir également carrelé d'un damier noir et blanc, puis dépassons une série de tables blanches devant lesquelles discutent des femmes à la peau blanche, brune ou noire, toutes parées du même ensemble rose vif. Sur les tables trônent des cadres lumineux semblables à l'étrange boîte de la chambre où je me suis réveillée, à la différence que celles-ci affichent, non pas des acteurs, mais des lignes de texte imprimé. Cependant, avant que j'aie le temps de comprendre ce à quoi j'ai affaire – si toutefois il y a quelque chose à comprendre –, je suis invitée à pénétrer dans un bureau, seule. La personne assise derrière la grande table de bois clair trônant au centre de la pièce se lève de son fauteuil et me tend la main.

— Soyez la bienvenue, Courtney. Je suis le docteur Menziger, la cousine de Paula. Vous pouvez m'appeler Suzanne.

Cette voix douce, féminine, est des plus inattendues chez cette femme aux cheveux blonds et courts, dressés en pointes sur la tête, aux larges épaules, aux dents et à la mâchoire carrée. La main qu'elle me tend avec un sourire est tout aussi anguleuse, et je remarque que ses ongles sont taillés court. Ses yeux couleur azur, sa seule beauté, étincellent tels les rayons du soleil sur l'océan.

Ce sont les yeux d'un ange, et je ne puis contenir un sourire tandis qu'elle me serre la main – bien que le geste me semble d'une intimité déplacée de la part d'une personne que je viens à peine de rencontrer.

Je prends place sur l'une des chaises et me trouve aussitôt captivée par une image des plus extraordinaires, juchée au sommet d'une vitrine, derrière le docteur Menziger. Le portrait de cette femme aux cheveux bruns et au sourire confiant est du même réalisme frappant que l'image du calendrier. Je n'aurais jamais cru qu'un artiste puisse produire des œuvres aussi ressemblantes ; elles ont l'air si vraies qu'on pourrait presque les confondre avec l'original.

La voix du docteur Menziger m'arrache à la contemplation de l'image.

— Quelque chose de particulier vous interpelle sur cette photo ?

— Une photo… Je n'avais encore jamais rien vu d'aussi réaliste. C'est comme si cette femme était avec nous dans la pièce.

— C'est un portrait de ma partenaire ; je suis certaine que votre compliment lui ferait très plaisir. C'est elle qui l'a prise.

— Je vois.

Il me paraît extrêmement curieux que le docteur Menziger ait décidé d'exposer ainsi le portrait de sa partenaire de cabinet. J'ai également du mal à concevoir qu'un médecin puisse être un artiste aussi accompli. Ainsi qu'une femme. Cependant, le docteur Menziger n'est-elle pas aussi une femme ? Des femmes médecins. Quelle drôle d'idée.

— Quelque chose vous amuse ? me demande mon interlocutrice avec bienveillance.

— Pas du tout, dis-je en espérant que mon visage ne trahira pas mes pensées.

Après tout, pourquoi une femme ne pourrait-elle pas être médecin ? N'est-ce pas elles qui soignent les malades, prennent soin des nourrissons et s'occupent des invalides et des miséreux de la paroisse ?

— Parlez-moi des raisons qui font que vos amis ont jugé bon de vous conduire à mon cabinet, dit-elle.

Joignant les mains devant elle, elle m'observe de ses yeux bleus pétillants, une trace de sourire au coin des lèvres.

— Sachez que tout ce que vous êtes susceptible de me révéler dans cette pièce est strictement confidentiel.

— Tout cela est très bien, mais y a-t-il un risque que l'on m'enferme dans un asile d'aliénés ?

— Un terme intéressant que vous employez là : « asile d'aliénés ».

Elle griffonne quelque chose dans un carnet de papier réglé à l'aide d'un objet qui semble faire office de plume, mais n'y ressemble guère.

— Notre établissement n'est pas aussi archaïque que cela. En revanche, nous sommes effectivement en mesure de vous offrir l'« asile » au sens de « lieu sûr », de « sanctuaire », où il ne pourra rien vous arriver de mal.

Je songe à cette pauvre créature dans la salle d'attente et à ses élucubrations au sujet de la « vérité » ; à ce garçon, traîné dans le couloir, presque soulevé de terre par deux personnes demeurant sourdes à ses supplications, que je suppose être ses parents.

— Ce sont de belles paroles ; toutefois, je n'ai aucun désir de me retrouver enfermée.

— Ce ne serait ni dans votre intérêt ni dans le mien de vous retenir contre votre gré. Je souhaite avant tout vous apporter mon aide.

— Si par là vous entendez me purger de mes mauvaises humeurs, ainsi que se plaît à les appeler l'homme de médecine favori de ma mère, je me dois de respectueusement décliner votre offre.

Le docteur Menziger inscrit quelques notes dans son carnet. Étrange : je ne vois d'encrier nulle part ; pourtant, l'encre continue de glisser sur le papier.

— Alors, pourquoi vos amis vous ont-ils amenée ici ?

— Ils pensent que je suis une certaine Courtney... Stone, c'est cela ? Mais ce n'est pas moi.

La femme m'étudie sans un mot, se contentant de hocher légèrement la tête, les yeux étincelants.

— Je m'appelle Miss Mansfield. Mon nom de baptême est Jane. Ceci n'est pas mon corps ni même ma voix. La dernière fois que j'ai fermé les yeux, j'étais dans mon lit, dans la maison de mon père, dans le Somerset, en 1813. Et non pas...

C'est alors que j'aperçois une sorte de journal relié de cuir ouvert sur le bureau ; le calendrier imprimé sur le frontispice confirme mes craintes.

— Et non pas 2009. Je ne suis pas malade, docteur Menziger. Simplement perdue.

La femme acquiesce de nouveau d'un air compatissant.

— Et comment vous sentez-vous exactement ?

— Comment vous sentiriez-vous dans une telle situation ? Désorientée. Effrayée parfois. Curieuse... Je me demande par exemple comment cette lampe sur votre table peut émettre de la lumière sans bougies ?

— J'ai cru comprendre que vous aviez été traitée pour une blessure à la tête, hier soir, déclare le docteur en désignant les documents étalés devant elle. Il est possible que les pensées qui vous viennent ainsi, que ce que vous ressentez soient dus à la commotion, auquel cas cela ne devrait pas tarder à se dissiper. En de telles circonstances, il n'est pas rare qu'il y ait également perte de mémoire, mais elle est en général transitoire. Paula m'a dit que vous aviez récemment rompu vos fiançailles, il ne serait guère étonnant que cela contribue à votre état émotionnel.

Elle suspend l'instrument avec lequel elle écrit au-dessus de sa feuille.

— Avez-vous des antécédents ? Des troubles d'ordre mental dans votre famille ?

De quel droit cette femme se permet-elle de me poser une question aussi impertinente ? Aucune famille ne divulguerait ce genre d'information.

— Certainement pas.

— Avez-vous déjà songé à vous faire du mal ? À en finir avec la vie ?

— Bien sûr que non. Faites-vous donc également office de juge ?

— J'aimerais vous garder en observation quelques jours, ainsi cela me laisserait la possibilité d'évaluer vos progrès et votre réaction au traitement que j'envisage de vous donner, même si…

Un poids s'écrase sur ma poitrine.

— Je vais parfaitement bien, je vous assure !

— Sinon, il y a bien une autre solution…

— Tout ce que vous voudrez, pourvu que vous ne m'enfermiez pas.

Le docteur tire alors une fine plaque rectangulaire de l'un de ses tiroirs ; l'une des faces brille d'un éclat argenté, tandis que l'autre est couverte de boursouflures ovales disposées à intervalles réguliers.

— Si vous me promettez de prendre l'un de ces comprimés chaque jour sans faute, déclare-t-elle en plantant son ongle d'un coup sec dans la face lisse pour en extraire une pilule rose, nous nous reverrons dans une semaine pour voir comment vous allez.

Elle griffonne quelques mots sur deux morceaux de papier qu'elle dépose devant moi, puis remplit un gobelet à un bloc blanc surmonté d'une citerne d'eau transparente.

Elle me tend ensuite la pilule et les bouts de papier.

— Ceci devrait vous aider à redevenir vous-même. C'est ce que vous voulez, n'est-ce pas ?

Difficile pour moi de la contredire sur ce point ; aussi, j'avale la pilule sans broncher.

— N'oubliez pas de prendre rendez-vous avec ma secrétaire pour la semaine prochaine.

Se levant, elle m'offre sa main.

— L'un de vos amis devrait vous tenir compagnie pour la nuit, au cas où vous auriez besoin de quelque chose. De toute façon, il n'est pas prudent de rester seul lorsque l'on a une légère commotion cérébrale.

— Je vous suis fort obligée, docteur, dis-je en franchissant la porte.

Alors que je passe de nouveau devant les femmes en rose pour regagner la salle où m'attend mon escorte, je rends grâce au ciel d'avoir échappé de justesse à l'enfermement. Si ce remède est du même acabit que les drogues de Mr Jones, il n'aura pour autre effet que de me plonger dans le sommeil ou n'aura aucun effet du tout ; au moins, celui-ci n'a pas un goût répugnant.

Quant à prendre un autre rendez-vous avec le docteur Menziger, eh bien, je compte faire en sorte d'oublier. En dépit de son regard d'ange, elle s'est montrée incroyablement fourbe et a bien failli réussir à me garder prisonnière de cet endroit.

Comme je m'approche de la rangée de chaises orange, Paula, Anna et Wes bondissent sur leurs pieds, et je suis soulagée de voir que l'illuminé a disparu. Me rejoignant la première, Paula m'arrache les feuilles de papier des mains.

Elle les étudie un instant, puis murmure que nous allons devoir « faire un saut à la pharmacie » ; lisant par-dessus son épaule, Wes peste entre ses dents.

Tandis qu'Anna me prend la main, il arrache l'un des documents des doigts de Paula et se tourne vers moi.

— Il y a marqué que tu ne dois pas rester seule ; je veillerai sur toi cette nuit.

— C'est bon, sire Galaad, rétorque Paula, on a vu comment tu veillais sur elle, et, très franchement, ta protection, elle s'en passe.

— Dans ce cas, explique-moi pourquoi c'est moi qu'elle a fait appeler par les urgences, hier ?

— Elle était à moitié assommée, au cas où tu l'aurais oublié !

— Vous ne pourriez pas arrêter de vous disputer, cinq minutes ? intervient Anna. Ce n'est pas ça qui va résoudre notre problème.

— Très bien, crache Paula. Mais il est hors de question que je laisse Courtney seule avec lui.

— Et pourquoi ne pas demander à Courtney ce qu'elle en pense ?

— Oui, dis-je, sans comprendre pourquoi ma langue soudain pâteuse rechigne à fonctionner correctement et à me laisser former le moindre mot. Pourquoi ne pas demander à cette Courtney, qui qu'elle soit ?

Comment nous sommes-nous retrouvés au milieu de cette mer de véhicules ? Quand avons-nous quitté la salle aux chaises orange ?

— Tout va bien ? s'enquiert Paula en resserrant son étreinte sur mon bras. Aidez-moi, elle tombe… tombe… tombe.

Les mots de Paula résonnent de la plus drôle des façons. Plus cocasse encore : les visages de Paula, Anna et Wes flottent à présent au-dessus de moi. Des mèches de cheveux roses et bleues se balancent à quelques centimètres de ma figure, à la manière d'épais brins de laine. Ces couleurs si gaies contrastent avec l'expression grave de la jeune femme à qui elles appartiennent. Je laisse échapper un petit rire qui se répercute à l'infini dans ma tête.

— Ne restez pas plantés là ! Aidez-moi à la relever… lever… lever

Je suis appuyée contre la vitre de la voiture. Nuages, architecture, véhicules, arbres se confondent. Je pose la tête sur l'épaule de Wes, lui permettant de passer le bras autour de mon cou ; quelle petite traînée je fais. Elle fait. Ceci n'est pas mon corps. Ni ma conduite. Petite dinde. Je ferais mieux de me redresser. Le visage blême d'Anna, préoccupé. Je suis si fatiguée. Les yeux de Paula dans le miroir. De l'eau. Si fatiguée…

Comme par magie, me voilà de retour dans la chambre à coucher ; Paula et Anna m'aident à enfiler un vêtement soyeux, ainsi qu'un pantalon assorti. Qu'est-il advenu de mon autre toilette ? Par bonheur, Wes n'est pas dans la pièce. Où ai-je la tête ?

— De l'eau…

Ma voix est rauque. Ma gorge terriblement sèche.

Paula porte un verre à mes lèvres. Oh, bénie soit cette eau… J'ai soif, si soif que je peine à avaler. Dieu du ciel, le liquide a coulé sur mon corsage… Comment se fait-il que je sois d'un coup si maladroite ? J'ai l'impression d'avoir bu une carafe entière de vin de Constance, à la différence que l'ivresse égaie mon cœur avant de me faire glisser dans le sommeil…, mais je suis engourdie, engourdie, tout m'assomme. Je me sens terne. Grise. Mon cœur est gris, ma gorge est tapissée de poussière et ma langue couverte de cendres… Si soif que je n'arrive pas à déglutir… Je ne peux plus garder les yeux ouverts, mais je ne peux pas m'endormir : je refuse de me laisser happer par cet abysse nébuleux. Je ne dois pas, je ne veux pas…

Oh, comme mes paupières sont lourdes, et, derrière, le gris…

Wes est avachi sur un fauteuil, près du lit ; il fait nuit. La lampe illumine la moitié de son visage. Il est assoupi et émet un doux ronflement, comme un enfant épuisé par une journée de jeux. Quelques boucles de cheveux cascadent sur son front ; sans ses lunettes, il paraît extrêmement jeune. Et beau. Avec un froncement de sourcils, il ouvre les yeux. Sa bouche s'étire en un sourire.

— Courtney, marmonne-t-il d'une voix ensommeillée. J'étais inquiet.

— Et moi donc, dis-je.

Mais tout ce qui s'échappe de mes lèvres sont des borborygmes inintelligibles. Je suis tellement soulagée de le voir enveloppé de ce halo doré plutôt que baigné de cette abominable lueur grisâtre, et de sentir la douce caresse des draps contre mes bras, que j'en oublierais presque la sécheresse de ma gorge. J'ai retrouvé mes sensations. Peu m'importe que ce soit dans un autre corps que le mien. Comme il est délicieux de ressentir quelque chose, n'importe quoi.

— De l'eau, je vous prie.

Récupérant ses lunettes sur la bibliothèque au passage, il se précipite hors de la chambre et réapparaît en toute hâte avec un verre d'eau fraîche, que j'avale d'un coup, sans me préoccuper de la bienséance.

— Ça fait du bien ?

J'acquiesce de la tête. Wes pointe le doigt en direction du verre.

— Veux-tu que je t'en apporte un autre ?

— Merci, ce ne sera point nécessaire.

Se rasseyant, il me prend la main. Comme les siennes sont douces et puissantes ! Et son regard, si bon, si tendre, derrière ses montures.

— Tu as besoin de quelque chose ?

En vérité, à cet instant, je n'aimerais rien mieux que de rester allongée là, avec Wes assis à mes côtés, me tenant la main. Mon garde-malade étire son cou de gauche à droite, et un craquement se fait entendre.

— Désolé, dit-il. J'ai dû me démonter les vertèbres à dormir sur ce fauteuil.

C'est alors que je prends conscience de l'inconvenance de la situation. Il a dormi dans ma chambre. Alors que je m'y trouvais. Je sens le rouge me monter aux joues. Comment est-il parvenu à faire céder les deux femmes, sachant la méfiance dont elles font preuve envers lui ? Même si, paradoxalement, elles ne semblent pas voir d'objection à la présence de l'homme dans mes appartements, sans chaperon.

Mon visage tout entier s'embrase.

— Auriez-vous la gentillesse d'aller me chercher un autre verre d'eau ?

Wes bondit aussitôt sur ses pieds.

— Tu sais, reprend-il en me tendant un nouveau verre plein, j'ai fait quelques recherches en ligne pendant que tu te reposais.

Il me montre une boîte lumineuse posée sur une table, de l'autre côté de la pièce, similaire à celles des femmes en rose au cabinet du docteur Menziger, mais plus fine et plus plate.

— Et le fait est que personne ne peut te forcer à prendre ces comprimés. Ni à te faire admettre à l'hôpital. C'est à toi de décider ce dont tu as envie.

Je me redresse vivement.

— Voilà qui est agréable à entendre.

À moi de décider ce que j'ai envie de faire. C'est certainement la première fois que l'on m'autorise une telle chose. Honneur, devoir, obéissance. Voilà ce que l'on m'a répété toute ma vie. Honore ton père et ta mère, quand bien même cette dernière eût souhaité ne jamais te voir naître, te considère comme la honte de la famille et ne cesse de te comparer à nombre de jeunes filles plus disciplinées. Fais ton devoir. Envers ta famille, tes voisins, tes amis, même si tu ne ressens aucune affection pour eux, même si tu es lasse à en mourir des bavardages sans fin, des échanges de banalités polies et des commentaires sournois qui passent pour de la conversation « respectable ». Obéis à tes parents, à tes aînés, à tes oncles et tantes, à ton vicaire, bien que celui-ci prêche la charité le dimanche pour mieux déclarer ensuite que la charge des enfants nés de père inconnu ne devrait pas incomber à sa paroisse.

Tout à coup, les paroles d'Anna me reviennent : « Il ne tient qu'à nous de créer notre propre paradis ici-bas. »

— Juste une petite chose, en revanche, poursuit Wes, en se mordant la lèvre avant d'enfoncer les mains dans ses poches de pantalon. Il faudrait peut-être que tu envisages d'arrêter de dire à tes amies que tu ne les connais pas et que tu n'es pas la personne qu'elles croient ? Je ne dis pas que tu simules, ou que sais-je : après tout, tu t'es pris un sacré coup sur la tête, mais ça a l'air de les tracasser. De les mettre mal à l'aise. De leur ficher la frousse, même. Et, quand les gens s'inquiètent pour leurs amis, ils ont tendance à leur mettre la pression. Elles ne peuvent pas t'obliger à retourner voir le docteur Menziger. Ni personne d'autre, d'ailleurs. Mais elles risquent fort de ne pas te lâcher... Ce que je veux dire par là, c'est qu'il serait plus simple pour toi de ne pas les contredire sur la question de ton identité.

— Mais je ne sais rien de cette femme. L'imposture serait vite découverte.

Interdit, Wes ouvre des yeux ronds.

— « Cette femme » ? C'est à moi que tu fais peur, maintenant. Tu ne te souviens vraiment pas de moi, alors ? Ni d'Anna. Ni de Paula. C'est pour ça que tu nous vouvoies ? Tu penses réellement que tu t'appelles...

— En effet.

— Jane Mansfield.

Je confirme d'un hochement de menton.

— Aucun rapport avec le sex-symbol des années 1950, je suppose... J'imagine que c'est aussi bien.

— Que me racontez-vous ?

— D'où sort cette Jane Mansfield ?

— Si vous me faisiez l'honneur de me prêter un peu attention quand je vous adresse la parole, vous vous rappelleriez que je vous l'ai déjà dit. Ou y a-t-il un autre motif à vos questions ?

— Je sais, je sais. Ton père possède un domaine dans le Somerset… Tu t'es repassé ce film jusqu'à en user le DVD. Tu te cognes la tête, et bam ! tu te crois tout droit sortie d'entre les pages d'*Orgueil et Préjugés*.

— Il est vrai que j'affectionne tout particulièrement cette adaptation théâtrale, qui a davantage en commun avec ma vie que tout ceci.

— Mais ne préférerais-tu pas dire aux personnes que tu croises que le choc a provoqué une amnésie temporaire ? Au fond, c'est la vérité. J'ai trouvé une bonne dizaine de sources fiables qui citent la perte de mémoire comme symptôme possible. Ainsi que la confusion. Je suis sûr que la cousine de Paula t'a avertie.

— Elle m'a aussi dit que ces pilules infernales m'aideraient à me sentir de nouveau moi-même.

— Fais ce que tu veux. C'est ta vie.

— Ce n'est pourtant pas l'impression que j'ai.

— Ça passera. Je te le promets. Je vais aller dormir, d'accord ? Sur le canapé, cette fois. Je crois qu'il vaut mieux que tu ne restes pas toute seule ce soir.

Je souris. « Fais ce que tu veux. C'est ta vie. » Même si ce n'est pas exactement le cas, ces mots sont sans doute la musique la plus douce qui ait jamais résonné à mes oreilles.

Chapitre 7

Le chant du coq me réveille. Comme chaque matin. Et, durant un délicieux instant, je suis de retour dans mon lit, au manoir Mansfield. Cependant, lorsque j'ouvre les yeux, je me trouve dans la chambre de Courtney ; je me suis laissé berner par le cri de l'animal.

Frappant un petit coup contre le battant, Wes passe la tête dans l'embrasure, et je suis soudain enveloppée du plus merveilleux des concertos pour pianoforte. Finalement, je ne suis pas si mécontente d'être toujours là.

Wes s'approche du lit avec un plateau chargé de deux hautes tasses blanches remplies de café parfumé, qu'il dépose sur la bibliothèque.

— J'ai pensé que tu aimerais peut-être mieux te réveiller avec Beethoven plutôt qu'au son de cet abominable réveil, déclare-t-il en désignant la brique aux chiffres lumineux.

— Où sont donc les musiciens ?

Je ne parviens pas à déterminer d'où provient la mélodie ; piano, hautbois, flûte et bassons semblent retentir avec la même clarté que s'ils étaient dans la pièce. Chaque note est si pure et limpide que je les ressens jusque dans ma poitrine.

Wes m'observe un moment, l'air perplexe, puis va s'activer autour de deux objets rectangulaires posés sur l'étagère, l'un blanc, de petites dimensions, l'autre un peu plus gros, de couleur grise, couvert de lettres et de symboles. Le volume de la musique est brusquement réduit à un murmure.

— C'est mieux ? me demande-t-il.

— Comment avez-vous fait cela ?

— Très drôle, ironise-t-il en me tendant l'une des tasses.

Puis il attrape l'objet gris.

— Il faut croire que ton amnésie touche également certaines fonctions pourtant élémentaires. Pas d'inquiétude, ça finira par te revenir. Ici, tu as le volume, le bouton « Marche/Arrêt », CD, DVD, auxiliaire, etc. Et… attends une seconde.

Il presse une touche, et la musique s'interrompt d'un seul coup ; retirant le petit rectangle blanc de son support, il me l'amène également.

— Avec ça, tu sélectionnes ta musique par artiste, genre, album ou morceau.

Il se saisit alors d'un troisième objet, plat et rectangulaire lui aussi.

— Rassure-moi, tu te rappelles comment utiliser un téléphone ? me lance Wes d'un œil sceptique. Non, tu rigoles ? Ce machin est pratiquement greffé à ton oreille. Bon, je te montre comment m'appeler.

Il s'éclaircit la gorge.

— Ou n'importe qui d'autre.

J'ai quelques difficultés à suivre les mouvements agiles de ses doigts sur ces étranges mécanismes.

Envoûtée par la senteur d'agrumes qu'il dégage, assis à côté de moi sur le lit, et subjuguée par les mèches humides qui bouclent sur sa nuque penchée, c'est tout juste si j'entends le bruit de la clé dans la serrure. En vérité, je n'aurais sans doute même pas sourcillé si un orchestre entier avait bel et bien surgi dans la chambre.

Mais point de musiciens : c'est Paula qui fait son entrée, cafés à la main, resplendissante dans sa robe écarlate, plus longue que la jupe qu'elle portait la veille, les mèches roses et bleues qui encadrent son visage en désordre. Derrière elle s'avance Anna, vêtue d'un simple corsage gris à manches courtes et d'un pantalon très ajusté.

— Bonjour, bonjour, j'ai tes médicaments, claironne-t-elle en agitant un sachet en papier dans ma direction. Bien dormi ?

Son sourire étincelant s'évanouit à la vue de Wes, toujours assis à mes côtés sur le lit. Je remonte les draps jusque sous mon menton. Soudain, la honte laisse place à l'agacement : qui est cette femme pour me juger, elle qui se promène bras et jambes nus, et les lèvres peintes de la même couleur criarde que sa robe ? À moins que Wes ne soit un domestique, comme je l'avais d'abord supposé, et que ce ne soit là la raison de son air de réprobation.

Impossible. J'ai pu observer qu'en dépit de son habit grossier il se comporte d'égal à égal avec les deux femmes, allant même jusqu'à tenter d'imposer son autorité à la moindre occasion.

— Dis-moi, Wes, crache Paula, tu n'aurais pas un site à optimiser, ou que sais-je ?

— Tu ne sais même pas de quoi tu parles…

— Que fais-tu ici ?

— Arrête un peu, Paula. Tu sais très bien que Courtney m'a demandé de rester.

Je lui ai demandé de rester ? Dieu sait ce que j'ai pu dire d'autre sous l'empire de cette maudite pilule. Mes joues sont en feu.

Paula me gratifie d'un sourire indulgent et se radoucit un peu envers Wes :

— Verrais-tu un inconvénient à ce qu'Anna et moi prenions le relais un moment ?

Puis, s'adressant à moi :

— Si tu t'en sens le courage, le ciel est bleu, et il ne fait pas encore trop chaud… Anna et moi voulions t'emmener petit-déjeuner quelque part.

Je tente de happer le regard de Wes, qui me considère d'un œil qui se veut neutre et indifférent.

Paula se tourne à son tour vers lui.

— Nous avons à discuter… entre filles.

Mais sa voix se crispe de nouveau.

— Il faut que je te le dise en quelle langue ?

C'est le regard toujours rivé sur moi que le jeune homme lui répond :

— Si c'est ce que souhaite Courtney, je m'en irai volontiers.

— Oui, dis-je. Je présume que je ferais mieux…

— Bien, n'hésite pas à m'appeler si tu as besoin de quoi que ce soit plus tard.

Il dépose alors une carte sur le dessus de la bibliothèque et me lance un sourire désabusé.

— Au cas où tu aurais effacé toute trace de mes coordonnées…

Sans se préoccuper du regard glacial de Paula et du haussement de sourcils dubitatif d'Anna, il poursuit :

— Au fait, je t'ai plié ton linge ; il est resté dans le salon.

Puis, sur un rapide salut de la main, il s'éclipse.

Il ne me faut pas plus de quinze minutes pour me laver – oh, pouvoir divin de l'eau, du savon et des serviettes moelleuses ! – et m'habiller, avec l'aide des deux jeunes femmes, qui m'assistent dans le choix de ma toilette ainsi que dans l'enfilage de chaque vêtement. Aujourd'hui, je ceins les courbes harmonieuses de ce corps splendide d'un pantalon blanc et large ainsi que d'une longue tunique transparente de même couleur, agrémentée de pois opaques, que je porte par-dessus un corsage rose pâle étonnamment confortable, bien que très ajusté.

— Ce coup sur la tête aura au moins eu l'avantage de te faire aimer ta silhouette, déclare Anna. Je crois que je ne t'avais encore jamais vue t'habiller sans égrener une liste de critiques longue comme le bras.

— Voilà qui est triste à entendre.

Il semblerait que la propriétaire de ce corps ne l'apprécie pas à sa juste valeur. C'est avec étonnement que je constate que je n'ai eu, jusqu'à ce moment, aucune pensée pour la personne de Courtney Stone. Qui est-elle ? Et, si elle a quitté son enveloppe corporelle pour que je m'y glisse, où est-elle ? Si mon âme a transmigré jusqu'ici, la sienne a-t-elle gagné mon propre corps ? À moins que…

— Dieu du ciel !

Je n'en crois pas mes yeux : là, sur l'étagère devant moi, repose un livre : *Orgueil et Préjugés*, de Jane Austen. Bien alignés derrière : *Raison et Sentiments*, de Jane Austen ; *Emma*, de Jane Austen…

— Courtney ?

— Est-ce que tout va bien ?

— Je… Oui, tout va très bien. Auriez-vous l'obligeance de me laisser seule quelques minutes ? Je vous assure que vous n'avez pas à vous inquiéter.

Toutes deux échangent un regard, et Anna hausse les épaules.

— Très bien, me répond Paula. Si tu as besoin de nous, nous serons juste à côté.

Après avoir refermé la porte derrière les deux amies, je me saisis d'*Orgueil et Préjugés*. La bibliothèque est pleine à craquer, si bien que les livres sont empilés dans tous les sens, parfois sur deux rangées. Cela doit être…

Est-ce bien… ? Il ne peut exister deux romans portant le même titre ; pourtant, j'ignorais jusqu'alors le nom de son auteure, la page de titre de mon exemplaire portant seulement la mention : « par l'auteure de *Raison et Sentiments* ». Je me précipite à la première page : « Il est une vérité universellement admise… » Cela ne fait plus aucun doute, il s'agit bien du même livre. Outre *Orgueil et Préjugés* et *Raison et Sentiments* – à ma connaissance les deux seuls romans de cette auteure, cette Miss Austen –, je découvre donc l'existence d'un troisième tome, *Emma*. À ma grande surprise, en voici même un quatrième, un cinquième, et un sixième : *Mansfield Park*, *L'Abbaye de Northanger*, *Persuasion*. Six romans en tout ! Tous de Jane Austen. Me voici avec l'embarras du choix !

Étudiant la page de titre de chacun des quatre livres, je m'aperçois que ceux-ci sont parus après 1813, ce qui explique que je n'en ai jamais entendu parler…

— Courtney ?

— Un instant, je vous prie !

Je suis déjà impatiente de revenir pour pouvoir me plonger dans l'un de ces volumes, ces curieux objets du futur qui, malgré leur reliure de papier plutôt que de carton ou de cuir, n'en demeurent pas moins de précieux trésors.

« Il ne tient qu'à nous de créer notre propre paradis ici-bas. » J'ignore de quelle manière j'ai été projetée au cœur de cette époque, en ce lieu, dans ce corps… Mais un endroit où l'on trouve six romans par l'auteure d'*Orgueil et Préjugés* est forcément un petit coin de paradis.

Chapitre 8

À présent que je n'ai plus à m'agripper au bras de quiconque dans la voiture de Paula, je peux observer à loisir le monde qui défile à une vitesse stupéfiante autour de nous. Hommes, femmes, enfants de toutes couleurs de peau vaquent à leurs occupations ; si certains, à pied, entrent et sortent des magasins, la plupart circulent en voiture, souriants ou soucieux, conversant ou en silence. Bruns, blancs ou noirs de peau, asiatiques, européens et même africains, tous vivent apparemment dans la plus parfaite liberté, et ce, en toute sérénité. La vue de deux femmes africaines chez le docteur Menziger m'avait déjà mis la puce à l'oreille, mais j'ai désormais la preuve que l'esclavage, et non pas seulement le commerce des esclaves, est bel et bien mort. C'est certainement l'aspect le plus réjouissant du monde que je commence à découvrir.

Les rares moments où je parviens à arracher mon regard de la contemplation des merveilles de la rue, j'étudie les mouvements de Paula, car j'aimerais comprendre comment se conduit une voiture. Je finis par déduire que cela implique de presser du pied quelque chose au sol, tout en manœuvrant le gouvernail à l'aide des mains.

— Ils ne pourraient pas synchroniser ces maudits feux ?! peste-t-elle en s'arrêtant brutalement à un carrefour.

C'est ainsi que je remarque une rangée de fanaux suspendus au-dessus de la route, brillant alternativement d'une lumière rouge, verte et orange. Encore une fois, je suis incapable de déterminer la source de ces éclairages.

Autre chose vient piquer ma curiosité : les affiches. Partout. D'immenses placards vantant les mérites de divers produits. L'une promet de soulager les pieds meurtris. Une autre, de la taille d'une chaumine d'ouvrier, représente une femme en tenue légère regardant à l'intérieur d'un grand cadre illuminé. Certaines devises sont imprimées en lettres géantes, plus grandes qu'une personne. Par ailleurs, le sens de la majorité m'échappe. « Vivre senior », « Plus chaud que chaud », « Minutes offertes », « 50 % de glucides en moins ».

Paula arrête enfin la voiture, et nous descendons devant un établissement grouillant de monde, en terrasse comme à l'intérieur.

Il semblerait qu'il s'agisse d'un petit déjeuner public, car l'on sert aussi bien les dames que les messieurs. Pourtant, nulle trace d'un quelconque bosquet aménagé, promenade ou jardin d'agrément. Voilà qui est fort inhabituel : un petit déjeuner public se tenant dans un établissement dont le seul but est apparemment de servir nourriture et boisson à ses clients. Les bataillons de garçons et de filles de salle en tablier blanc transportant les plats depuis la cuisine semblent confirmer que le lieu est bien plus qu'un salon de thé.

Ce n'est pas non plus un restaurant de bouchers, car l'endroit n'affiche pas le degré de malpropreté des établissements fréquentés par mon frère, qui se complaît si souvent à me décrire par le menu détail les horreurs qu'il y croise. Ni tâches de sauce ni traces de graisse sur les tabliers immaculés, pas la moindre rognure d'os sur le plancher. Je doute également qu'il s'agisse d'une auberge ou d'un hôtel, puisque le bâtiment, de plain-pied, paraît entièrement occupé par les tables. Enfin, l'idée que je me fais d'une taverne n'est certainement pas celle d'un établissement aussi somptueux.

Le plus singulier dans cette scène demeure sans doute le fait qu'il y ait là autant de femmes que de gentilshommes, alors que jamais un restaurant de bouchers, et encore moins une taverne, n'aurait servi une dame.

Un serveur se présente à notre table.

— Avez-vous choisi ? s'enquiert-il.

Je me rends alors compte que je n'ai même pas jeté un coup d'œil à la carte, longue comme une épopée, dans laquelle sont encore plongées Anna et Paula. Sur la couverture, l'établissement est désigné sous le nom de « restaurant ».

— Ooh, ça a l'air délicieux, s'exclame Anna en voyant les énormes assiettes fumantes qu'un autre garçon apporte à une table voisine.

Lorsque mes deux compagnes ont fait leur choix, Paula me suggère de prendre la même chose qu'elle. C'est volontiers que j'accepte, tant la liste de plats est impressionnante. En vérité, je doute que même les cuisiniers du prince régent – et encore moins un simple restaurateur, si distingué soit-il – offrent davantage de variété, y compris lors de grandes festivités.

— Bon, commence Anna, une fois le serveur reparti avec la commande, qu'est-ce qui se passe entre toi et Wes ?

— Je n'arrive pas à croire que tu lui aies demandé de rester avec toi pour la nuit. Que tu l'aies appelé lui plutôt que nous, s'offusque Paula. Qui s'est occupé de toi, t'a obligée à sortir, a essuyé tes larmes et t'a tenu les cheveux quand tu dégueulais tes tripes ? Qui était là pour t'écouter à toute heure du jour ou de la nuit, que l'on soit en plein milieu de production ou qu'on ait une réunion à une heure impossible le lendemain matin ?

Elle pointe un doigt sur sa poitrine.

— Nous. Et qui a couvert Frank quand il allait fricoter en douce avec Miss Gâteau-empoisonné ? Wes ! Monsieur Je-suis-tellement-désolé-Courtney, Monsieur Je-n'ai-jamais-voulu-faire-de-mal-à-personne, tu parles !

Je les dévisage tour à tour, quelque peu déroutée.

— Pardonnez-moi, mesdames, vous me voyez confuse : je n'ai pas la moindre idée de ce dont vous me parlez.

— Tout ce que j'ai pu tirer de Suzanne, reprend Paula, c'est que l'amnésie et la perte de repères sont des conséquences plutôt communes chez les personnes souffrant d'une commotion cérébrale. Elle m'a dit que cela finirait certainement par passer. Mais tu ne te souviens vraiment pas de ce qu'a fait Wes ?

— Ni Frank ?

— Je ne puis en effet prétendre m'en souvenir.

Aux regards affolés qu'elles échangent, je comprends que les recommandations de Wes étaient sans doute fort judicieuses et que je ferais mieux de m'abstenir de nier être celle qu'elles croient.

Paula choisit l'une des trois grandes jattes de café mousseux que le garçon de salle vient de déposer sur la table.

— Tu te rappelles quand même qui ils sont ?

— Non, je regrette.

— Et moi ? Tu ne te souviens vraiment pas de moi ? insiste-t-elle, portant la gigantesque tasse à ses lèvres écarlates.

— Ni de moi ? renchérit Anna, ouvrant de grands yeux pleins d'espoir.

Je m'efforce d'esquisser un sourire optimiste.

— Je suis certaine que tout me reviendra très bientôt.

— Eh ben…, soupire Paula, avant d'apostropher un serveur. Un Mimosa, s'il vous plaît !

» Une chance que j'ai pensé à m'armer de supports visuels pour te rafraîchir la mémoire, poursuit-elle en plongeant la main dans un sac carré noir orné de fleurs blanches nacrées pour en tirer un petit objet plat et rectangulaire, semblable à celui dont Wes a tenté de m'expliquer le fonctionnement.

Elle le dépose sur la table, puis tapote la surface dure et lisse, la caressant parfois de l'index et du majeur, comme pour lisser des plis inexistants. De petites images tout aussi colorées et réalistes que celle trônant au sommet de la vitrine du cabinet du docteur Menziger apparaissent sous ses doigts l'espace d'un instant, aussitôt remplacées par d'autres, et ainsi de suite.

— Tiens, voilà, dit-elle enfin en poussant l'objet devant moi.

Je découvre une fidèle reproduction de la femme blonde que je suis devenue, flanquée d'un homme plus grand d'au moins deux têtes, qui pose un bras sur les épaules de la demoiselle ; une marque d'affection passablement déplacée dans un tel portrait. Il affiche un sourire espiègle, et ses cheveux bruns, presque noirs, retombent sur son front, cascadant autour du col ouvert de sa chemise. Les hommes de ce monde ne connaissent-ils donc ni la redingote ni la cravate ? À vrai dire, pas un seul des gentilshommes présents ne porte de redingote. À moins que…

À moins qu'aucun ne fasse en réalité partie de la bonne société. Se pourrait-il qu'en plus d'avoir changé de corps j'aie également perdu mon statut, me retrouvant dans la peau d'une femme de rang moindre à celui de fille de gentilhomme ? Cela expliquerait les tenues indignes d'une dame ainsi que les lèvres peintes de mes deux compagnes. À moins que celles-ci ne soient… Non, impensable. Cependant, je vais devoir œuvrer de manière à en apprendre davantage à propos de leur famille, de leurs activités et de leur situation. Et que penser de Wes ? Qu'est-ce qui pourrait bien justifier les airs, les manières et la mise de mes trois nouvelles connaissances, la familiarité malvenue dont elles font preuve, entre elles comme à mon endroit, l'impudence des dames et gentilshommes qui nous entourent, si dames et gentilshommes ils sont ?

Ciel. Que suis-je devenue ?

Une hypocrite. Rien d'autre qu'une hypocrite. Moi qui avais affirmé à James que « le rang et la fortune n'ont aucune espèce d'importance », voilà que je me lamente de ne plus faire partie du beau monde ! Paula doit néanmoins posséder une certaine fortune pour être capable d'entretenir son propre équipage – ou voiture. Par ailleurs, bien qu'il n'y ait pas la trace d'un domestique dans les appartements de la jeune femme blonde, on n'attend apparemment pas d'elle – de moi – qu'elle s'occupe de son linge : Wes ne m'avait-il pas informée l'avoir plié lui-même ? Et les deux femmes m'avaient également assistée avec ma toilette.

Voilà, bien sûr ! Tous trois sont très probablement mes domestiques, et Paula me sert de cocher… cochère, plutôt. Non. Impossible. Aucun d'eux ne semble faire preuve de déférence envers moi. Ils ne cessent de me donner des ordres, s'adressent à moi par mon nom de baptême. En fait…

— Courtney !

— Ne lui crie pas dessus ! s'insurge Anna.

— Pardonnez-moi, dis-je, brutalement extirpée de mes pensées.

J'ai la surprise de découvrir devant moi un haut verre empli d'un liquide pétillant jaune vif. Paula, elle, termine déjà le sien.

— Tu étais complètement dans la lune, déclare-t-elle en s'essuyant les lèvres sur une serviette blanche amidonnée. Est-ce que tout va bien ? C'est la photo ?

— Ceci ? rétorqué-je, voyant qu'elle observe l'image dans le cadre rectangulaire. Point du tout.

— Donc tu ne le reconnais pas, intervient Anna. Je trouve que c'est plutôt une bonne nouvelle.

— Je vais t'éclairer, reprend son amie aux mèches colorées en me désignant le gentilhomme à la chevelure brune représenté à côté de Courtney – de moi, devrais-je dire.

Cette dernière idée m'amuse, et je dois lutter afin de garder mon sérieux.

— Cet homme, poursuit Paula, c'est Frank. Vous étiez fiancés. Deux mois en amont du mariage, tu l'as surpris prenant ses aises avec une autre femme. Celle que tu avais engagée pour concevoir votre gâteau de mariage, pour être précise, m'explique-t-elle avec une moue dédaigneuse, comme si le fait qu'il te trompe n'était pas déjà assez humiliant. Wes était au courant, mais au lieu de te dire la vérité, en tant que l'un de tes meilleurs amis, il a choisi de couvrir Frank. Le problème est que tous les deux se connaissent depuis le lycée, alors, quand il s'est vu au pied du mur, il a de toute évidence préféré se ranger du côté de l'autre pourriture.

Elle semble scruter ma réaction.

— Ça te dit quelque chose ?

Bien sûr. Car je ne connais que trop bien ce sentiment de trahison. Je revois Edgeworth émergeant des écuries de son domaine, recoiffant ses mèches ébouriffées et brossant son habit d'un revers de main. Il avance dans ma direction ; cependant, quelque chose me retient de lui faire connaître ma présence. C'est alors qu'une jolie petite domestique sort à son tour du bâtiment, son tablier parsemé de fétus de paille et les mèches cuivrées échappées de son bonnet brillant d'un éclat doré dans la lumière du soleil. Elle le rattrape, le bras tendu vers lui et un sourire assuré aux lèvres. Absolument immobile, dissimulée derrière un buisson tel un bandit de grand chemin, j'observe, le cœur battant, tandis qu'il se retourne, arrêtant la main de la servante au vol et la portant à ses lèvres. La jeune fille rougit, visiblement ravie d'être l'objet de tant de galanterie. S'étant débarrassé des derniers brins de paille accrochés à sa redingote, Edgeworth s'éloigne ensuite à pas vifs, non sans avoir jeté un coup d'œil furtif alentour : il n'aurait pas fallu qu'on le surprenne à batifoler dans les bras du personnel. Alors qu'il disparaît au loin, parmi les massifs d'arbustes, je m'aperçois que je retenais ma respiration.

— Courtney ? Ça te revient, non ?

La voix de Paula me ramène à la table, au portrait de Frank, aux va-et-vient des serveurs et des clients, aux bruits de vaisselle.

— À ma grande tristesse, je dois avouer que la situation m'est familière.

— C'est bien la première fois que je te vois en parler sans fondre en larmes, souffle Anna. C'est un grand pas en avant !

N'ayant pas le cœur de leur avouer que l'histoire qu'elles viennent de me conter m'est dans les faits aussi étrangère que la femme dont j'ai revêtu l'enveloppe, je tente une gorgée de la flûte qui m'a été servie.

— Mmm. Du champagne. Et du jus d'orange.

— Au moins, ça, tu ne l'as pas oublié, se réjouit Paula. C'est ta boisson préférée. Pour accompagner un brunch, du moins.

Elle fait signe à un serveur puis lui indique son verre vide.

— Moi aussi, j'adore.

— Ai-je pour habitude de boire du vin à une heure si matinale ?

Paula fronce alors les sourcils.

— Autre chose : l'amnésie, je peux comprendre. La confusion, ça ne m'étonne pas non plus. En revanche, cette façon que tu as de te parler ? C'est quoi ce délire ? On croirait que tu essaies d'imiter Keira Knightley. Moins l'accent anglais. Et je ne parle pas du vouvoiement.

Anna lui jette un regard exaspéré.

— Tu n'es pas obligée d'être si dure !

— Ce n'était pas mon intention, ma chérie, s'excuse son amie, l'air légèrement contrit. Je trouve ça déstabilisant, c'est tout. Et tu me connais : je dis ce que je pense. Je suis comme ça. C'est pour ça que tu m'aimes. « La vérité sort de la bouche de Paula ! »

— Tu insinues que je suis une menteuse ? se rebiffe l'autre jeune femme, vexée.

Un serveur vient déposer un second Mimosa devant Paula.

— Non, tu es juste une bonne personne. Ce qui n'est pas mon cas, rétorque-t-elle en portant la flûte à ses lèvres.

Anna esquisse un sourire moqueur.

— Et c'est pour ça que tu m'aimes.

— Là, tu pousses, grommelle l'autre.

Comme Anna lui donne une petite tape d'un air faussement offusqué, Paula lui passe un bras autour du cou :

— Tu sais bien que je t'adore !

En dépit de cette démonstration d'affection déplacée en public, je ne puis demeurer insensible à la tendresse que les deux femmes éprouvent visiblement l'une pour l'autre. Après tout, ce type de comportement n'est peut-être pas condamnable ici.

Serait-il d'ailleurs si déplaisant d'ainsi exprimer ce que l'on ressent, et ce, devant n'importe qui, n'importe quand ? Jamais encore je n'avais rêvé une telle liberté. N'était-ce pas un avant-goût du paradis ?

— Et à voir ton sourire, me lance Paula, tu nous adores aussi. Tu ne te souviens peut-être pas très bien de nous, mais tu nous aimes. Et, à moins que je ne me trompe, tu finiras par t'attacher quand même. Je te le garantis.

Anna pouffe.

— Satisfaite ou remboursée !

— En revanche, en ce qui concerne ton affection pour Wes, poursuit Paula d'un ton sensiblement plus sérieux, le mystère reste entier.

— Laisse-la tranquille, soupire sa compagne. Elle ne se rappelle rien.

À ces mots, je pousse un petit cri d'effroi.

— Ai-je dit que je l'aimais ? Je n'étais pas exactement… moi-même, hier.

Dieu sait ce que j'avais bien pu raconter après avoir avalé la pilule du docteur Menziger.

— Voyons, ne sois pas ridicule, me rassure la jeune femme. Mais fais tout de même attention. Tu ne te rappelles peut-être pas à quel point tu t'es sentie trahie, mais nous, si.

— Je vous remercie de votre sollicitude…

J'espère cependant de tout cœur que rien dans mon attitude ne trahit mon émotion, car je suis en réalité davantage ébranlée par ces troublantes révélations à propos de Wes que par tout ce qu'elles ont pu me dire sur Frank, un homme dont je ne sais rien.

Je repense à Wes, endormi sur son siège, à mon chevet. Comment un homme au visage si angélique aurait-il pu abuser de la confiance d'une dame ? Cela dit, je n'avais passé que peu de temps en sa compagnie : que savais-je véritablement de son caractère ? N'avais-je pas appris à lire le regard d'Edgeworth, à en décrypter la moindre nuance ? Persuadée de pouvoir lui faire entièrement confiance, je me serais offerte à lui sans retenue… et me serais compromise à jamais.

— Enfin ! s'exclame Paula alors que l'on dépose devant elle une grande assiette fumante d'œufs et de pommes de terre. Je meurs de faim.

Deux assiettes de même taille, contenant chacune assez de nourriture pour trois, apparaissent devant Anna et moi. Certes, je suis moi aussi affamée, mais ce ne peut qu'être une plaisanterie.

Quoique je n'en sois pas certaine. Car, à bien observer les autres mangeurs, je me rends compte que tous ont été servis plus que généreusement. Un serveur débarrasse une table de plusieurs assiettes inachevées, dont les restes auraient constitué un repas fort décent. Aucune de mes deux compagnes ne laissant paraître de surprise face à tant de gaspillage, j'en conclus que ces curieuses coutumes dînatoires sont considérées comme acceptables.

Anna place une main délicate sur mon bras.

— Courtney, tu n'as pas l'intention d'appeler Frank, j'espère ?

— N'y pense même pas, s'emporte Paula, appuyant ses mots à coups de grands moulinets de fourchette. Si j'apprends que tu as approché ce coureur narcissique et menteur à moins de dix mètres, je te promets une double commotion cérébrale.

— Je ne ferai rien de tel. Vous avez ma parole, dis-je avec un sourire qui semble les tranquilliser. Je vous assure que ma vie est assez compliquée comme cela.

Et c'est la stricte vérité.

— Ça n'a rien de compliqué, rétorque Paula. Tout ce dont il faut te souvenir, c'est que c'est ainsi que sont les hommes. Ils trompent. Ils mentent. Ils se serrent les coudes entre eux. Tâche de ne pas l'oublier, la prochaine fois que tu auras besoin d'aide. Les mecs sont tous pareils. Tu ne peux compter que sur les copines.

Anna lève la main pour l'interrompre.

— Excuse-moi, Paula ; je ne dis pas que Courtney ne doit pas rester sur ses gardes concernant Wes, mais n'est-ce pas un peu injuste de mettre la moitié de l'humanité dans le même panier ?

— Pourquoi crois-tu que ma mère a divorcé de mon père ?

— Ouais, ce n'est pourtant pas ça qui t'a dégoûtée du sexe fourbe..., raille Anna en lançant à son amie un regard lourd de sens.

Celle-ci prend un ton menaçant :

— Ne commence pas, toi… On peut savoir dans quel camp tu es ?

— Celui de Courtney. Et le tien. C'est d'ailleurs pour ça que je pense que tu fais une erreur en donnant une autre chance à ce… Michael.

— Je t'avais demandé de ne pas aborder le sujet !

Elle se tourne alors vers moi.

— Courtney chérie, si j'ai préféré ne pas t'en parler, c'est parce que tu as déjà bien assez de choses en tête.

— Et parce qu'elle lui fait encore moins confiance que moi.

Paula fait mine de ne pas avoir entendu la remarque d'Anna.

— Il a tourné la page en ce qui concerne son ex, OK ?

Bien entendu, je n'ai pas la moindre idée de qui les deux jeunes femmes sont en train de parler.

— À quoi t'attends-tu ? Tu voudrais qu'elle te donne sa bénédiction, peut-être ?

Puis s'adressant à moi :

— Elle a prévu de le voir, ce soir.

— Je vous souhaite une excellente soirée, Paula. Et je vous remercie toutes les deux pour votre aimable conseil.

Cela semble couper la parole à mes deux interlocutrices. Anna ouvre la bouche, comme pour dire quelque chose, avant de se raviser.

— Bien, finit par déclarer Paula en terminant son Mimosa d'une seule gorgée.

« C'est ainsi que sont les hommes », avait dit Paula.

Chapitre 9

Après avoir annoncé qu'elle nous invitait, puis réglé la note à l'aide d'une carte dorée qui servait il faut croire d'argent – bien que le serveur la lui ait rendue une fois qu'elle eût signé la facture –, Paula, de même qu'Anna, a la gentillesse de me permettre d'effectuer le trajet de retour jusqu'à mes appartements en silence. Un silence tout relatif, du moins, puisque toutes deux bavardent sur un fond de musique. Je ne sais par quel prodige, il semble que l'on puisse profiter de musique en tout lieu, mobile ou fixe, et ce, en l'absence totale de musiciens. C'est la première fois que j'entends ce genre de mélodie rythmée, répétitive, à laquelle se superpose la voix d'un homme, hurlant plus qu'il ne chante des mots que je ne parviens pas à discerner. Par bonheur, Anna arrive à convaincre Paula de calmer ce vacarme, et je peux de nouveau m'entendre penser.

Il est assez naturel – bien que je doute que l'on puisse qualifier quoi que ce soit de « naturel » dans ma situation – que je ne considère pas les fiançailles dont on venait de m'apprendre la rupture comme les miennes à proprement parler. Pourtant, je me sens malgré moi presque blessée, non pas par Frank, que je n'ai pas eu l'honneur de rencontrer, mais par Wes. C'est un sentiment que je ne puis expliquer. Après tout, je connais cet homme depuis à peine plus d'une journée.

« C'est ainsi que sont les hommes », avait dit Paula.

« C'est ainsi que sont les hommes », avait déclaré ma mère à sa cousine Beatrice alors que je n'avais encore que treize ans.

Il était très impoli de ma part d'écouter leur conversation ; en fait, je crois qu'elles me pensaient endormie sur le sofa, mais jamais je n'oublierai la résignation dans la voix de la cousine Beatrice comme elle confessait avoir dû se défaire de deux femmes à son service en raison de leur grossesse, dont elle soupçonnait son mari d'être responsable.

— C'est ainsi que sont les hommes, avait affirmé ma mère.

— Pas Mr Mansfield, avait répondu la cousine Beatrice.

— Certes, je mettrais ma tête à couper que Mr Mansfield ne s'adonne pas à ce genre d'occupations, avait alors assuré maman, signifiant sans doute par là que c'était en réalité la tête de mon père qui était en jeu. Mais cela est une situation tristement banale, très chère. Je me rappellerai toujours comment l'une de mes amies, alors que j'étais encore toute jeune mariée, s'est trouvée brutalement confrontée à cette amère réalité. Sa tante – une dame de grande qualité – lui avait alors préconisé de se montrer tolérante, déclarant qu'une épouse est bien avisée de souffrir les incartades de son mari, car c'est ce qui lui évite les couches trop fréquentes.

Au souvenir de ces mots, je prends conscience pour la première fois – comment ne l'avais-je pas compris plus tôt ? – que ce qui avait retenu Edgeworth de compromettre mon innocence n'était pas, comme je l'avais cru, la noblesse de son cœur. Ni même son respect pour ma personne. C'était son inconstance.

Rien ne l'aurait empêché de me posséder tout entière, de faire siens mon corps et mon âme quand je l'avais embrassé et serré contre mon cœur, avec une passion telle que j'en tremble encore. Pourtant, c'était lui qui avait brisé notre étreinte, pas moi. Lui qui avait déclaré qu'il nous fallait patienter jusqu'à ce que j'accepte de faire de lui le plus heureux des hommes, lui qui m'avait demandé, une nouvelle fois, de l'épouser. Il avait très certainement à cœur, comme tous les hommes, de s'unir à une femme pure.

Et c'était moi qui, horrifiée de ma propre audace, l'avais prié de m'accorder un jour ou deux de réflexion avant de prendre l'une des décisions les plus importantes de ma vie.

Ainsi avais-je regagné la maison, afin de méditer les paroles entendues lors du mariage de ma sœur, Clara, ainsi qu'à toutes les autres unions auxquelles j'avais eu l'honneur d'assister, proclamant que le mariage « ne doit pas être envisagé ou contracté à la hâte, ni de manière inconsidérée, dans le but de satisfaire aux désirs et aux convoitises de la chair » ; que chacun doit l'embrasser « avec révérence, discrétion, sagesse, tempérance, et en la crainte de Dieu ; considérant mûrement pour quelles causes le mariage a été ordonné ». On se mariait pour « la société, l'aide et la consolation mutuelle que l'homme et la femme doivent trouver l'un envers l'autre ».

Oui, je désirais apporter à Edgeworth aide et réconfort, et attendais la même chose de sa part. Mais il était hors de question que je l'épouse pour satisfaire à un quelconque appétit charnel. Toutefois, ces appétits étaient indéniables, et me pétrifiaient. Ils m'avaient fait oublier toute prudence, et je brûlais à présent d'impatience de me marier.

Car ne l'avais-je pas déjà éconduit, avant de savoir que j'étais capable de tels sentiments ? Je n'avais pas cru qu'un homme qui avait déjà aimé puisse former un second attachement. Comment ce veuf aux traits agréables et aux manières aimables pouvait-il de nouveau trouver la force d'aimer ? Et, si c'était bien de l'amour qu'il ressentait pour moi, avait-il jamais réellement aimé sa femme ? Si oui, saurait-il vraiment m'aimer, moi ?

Durant la cérémonie, il est proclamé que le saint état du mariage « fut établi pour procréer ». Je doutais d'avoir un jour le courage de donner la vie, ayant connu trop de femmes mortes en couches – un sort au moins aussi commun que celui de tomber enceinte, conséquence inévitable lorsque l'on partageait le lit d'un homme. Je craignais de me retrouver contrainte d'enfanter année après année, car tel était le lot de nombreuses femmes mariées. Ma tante Mansfield avait eu dix-neuf enfants, et le dernier lui avait coûté la vie. Le frère de ma mère en avait douze. Sa femme avait survécu. Même ma mère, avec sa petite famille de trois enfants seulement, avait donné naissance à deux autres petits êtres, dont le court passage sur terre était marqué par deux pierres tombales dans le cimetière de l'église.

Toutefois, j'étais au moins certaine d'une chose : j'aimais Edgeworth. « Par cet anneau, je vous prends pour époux ; par mon corps, je vous honore. » Et tout enfant qui naîtrait de notre union serait auréolé de cet amour. J'étais prête à tout risquer pour ce sentiment. Je souris intérieurement. Barnes pourrait également jouer les intermédiaires entre moi et la guérisseuse que connaissait la cuisinière au village ; une femme qui concoctait tisanes et potions indispensables à une dame, à en croire les deux domestiques, dont j'avais un jour surpris la conversation. Grâce à ces remèdes, je serais en mesure de contrôler l'élargissement de ma famille.

Ma décision prise, j'étais montée sur le dos de Belle et avais pris le chemin du domaine de mon bien-aimé, me représentant déjà l'étonnement sur son visage quand j'apparaîtrais sans être annoncée. Comme pour Darcy, un large sourire extatique étirerait ses lèvres quand je lui confierais que j'étais venue accepter son offre. J'imaginais la sensation de son étreinte lorsque je déposerais un baiser sur ses lèvres pour sceller le pacte.

Mais c'est moi qui fus surprise. Moi qui le pris sur le fait avec la servante aux cheveux roux. Moi qui chevauchai au hasard des routes sur le chemin du retour, tempêtant et pleurant tout mon soûl afin de présenter un visage aussi composé que possible devant ma famille. Cela bien que je vienne de perdre tout espoir d'être un jour heureuse.

Non, je ne dois pas m'appesantir sur ces souvenirs.

Quand Paula arrête la voiture devant mon appartement, elle et Anna insistent pour me raccompagner jusqu'à mon étage et s'assurer que j'ai tout ce qu'il me faut. Anna me presse de m'allonger, arguant que j'ai besoin de repos.

— Alors, que comptes-tu faire du reste de ta journée ? s'enquiert Paula après s'être lourdement laissée tomber à mes côtés sur le lit.

— Je pensais lire un livre.

Se redressant sur les coudes, elle étudie les romans de Jane Austen, empilés sur la table de chevet.

— Tu sais, il existe d'autres auteurs.

— Ne l'embête pas avec ça, Paula, siffle Anna en s'asseyant sur le fauteuil.

— Dois-je comprendre que vous n'appréciez guère cette dame ?

— De toute évidence, répond la jeune femme en allant se percher sur l'accoudoir du siège, tu ne te rappelles plus ce que je t'ai raconté : au lycée, ma prof d'anglais m'a forcée à lire *Mansfield Park*, et, ce jour-là, j'ai juré de ne plus jamais ouvrir un Jane Austen.

Je porte alors mon attention sur Anna :

— Et vous ?

— J'ai lu *L'Abbaye de Northanger*, mais je n'ai jamais eu l'occasion de me plonger dans les autres. C'est tout juste si je trouve le temps de jeter un coup d'œil sur ce que je suis supposée lire.

— Quoi qu'il en soit, nous avons toutes les deux beaucoup aimé Colin Firth quand tu nous as obligées à regarder l'intégralité de ta collection d'*Orgueil et Préjugés* d'une seule traite.

Anna laisse échapper un petit gloussement.

— Ouais, et Matthew Macfadyen n'est pas mal non plus !

— Permets-moi de te rafraîchir la mémoire : tes deux meilleures amies sont de véritables béotiennes et préfèrent qu'on leur serve la grande littérature sur écran.

Anna esquisse un petit sourire narquois.

— Sauf quand mon boss songe à en faire une adaptation. Appelons ça de la loyauté vis-à-vis de nos vocations respectives.

— Tout à fait : nos employeurs devraient être fiers.

Nos employeurs…

— Pardonnez mon audace, mais puis-je vous demander quels emplois vous exercez ? Il semblerait que je l'aie également oublié.

— Mais je vous en prie, chère madame, me répond Paula, avant de pousser un petit cri de douleur sous la claque qu'Anna lui assène sur le bras.

— Je suis responsable création, m'explique cette dernière, et Paula est chef décoratrice.

— Ah.

À mon grand soulagement, il ne semble pas que ces professions aient quoi que ce soit à voir avec le plus vieux métier du monde.

— À ta tête, je vois que tu n'as aucune idée de quoi l'on parle, ce que je trouve à la fois très inquiétant et délicieusement rafraîchissant dans cette ville complètement blasée. En clair, cela veut dire qu'Anna règne sur ce que l'on appelle « l'enfer du développement », dans lequel livres et scénarios sont condamnés à mariner au moins aussi longtemps qu'il aura fallu pour que l'œuvre de Jane Austen soit retranscrite au cinéma.

— « Cinéma », répété-je, curieuse de connaître la signification du mot, et me demandant si un « scénario » est une sorte de jeu.

La deuxième jeune femme sourit.

— C'est ça, à ceci près que « purgatoire » serait sans doute un terme plus approprié, étant donné que ta description implique qu'on en verra un jour le bout, même si c'est dans deux cents ans.

— À en juger par le nombre de fois où Courtney a fait tourner le DVD d'*Orgueil et Préjugés* dans son lecteur, j'en conclus que l'attente n'est jamais trop longue pour un film de Jane Austen. Hein, ma grande !

Je souris, hochant la tête comme une idiote. Donc, si j'avais bien compris, le miracle de l'apparition d'une pièce de théâtre dans la boîte en verre de ma chambre portait le nom de « film » ? Comment allais-je bien pouvoir m'en sortir sans connaître tous ces mots ? Feindre d'avoir perdu la mémoire était une chose, mais dissimuler de telles lacunes de vocabulaire était une tout autre histoire.

— Quant à Paula, elle passe ses journées à engloutir le budget de la société de production dans des pièces de décor, qu'elle fait ensuite trimballer sur le plateau par ses esclaves personnels, de manière qu'Elizabeth Bennet ait de quoi s'asseoir quand cet abruti de Mr Je-ne-sais-plus-qui – le recteur, là – vient lui demander sa main.

— Voilà bien un discours de pion de la production passant son temps à glander entre deux prétendus déjeuners ou dîners de travail !

— Pardon, mais il y a des gens qui prévoient de bosser durant ce qui reste de ce splendide dimanche, en préparation d'une réunion lundi matin. Contrairement à une certaine personne dans cette chambre, qui…

— En parlant de travail, l'interrompt Paula en rivant les yeux sur moi, hors de question que tu te pointes au boulot demain. Tu comprends, n'est-ce pas ? Je doute fort que tu sois en état d'assumer tes responsabilités.

Je me redresse d'un bond dans le lit.

— Qu'y a-t-il ? s'inquiète Anna, une main sur mon bras.

— Vous dites que nous sommes dimanche ?

Paula acquiesce avec circonspection.

— Ciel ! J'ai oublié d'aller à l'église !

Mon interlocutrice hausse les sourcils.

— Tu peux me rappeler la dernière fois que tu as mis les pieds dans une église, en dehors des mariages ?

Elle semble buter sur le dernier mot.

— Aïe ! s'écrie-t-elle avec un regard noir en direction d'Anna. Ça va, pas la peine de me filer un coup de pied. Courtney, excuse-moi, je suis bête…

— Ne soyez pas si dure avec vous-même. Je suis sûre que vous n'aviez aucunement l'intention de mettre en doute ma foi.

— Jésus Marie Joseph ! Tu as vraiment besoin de te reposer. Et ne songe même pas à aller au travail demain matin. Je suis sérieuse.

— C'est d'accord.

Tout en me demandant ce qu'elle entend par « aller au travail », je me représente, aux anges, mille possibilités étonnantes. Jamais je n'aurais imaginé que le mot « travail » puisse signifier autre chose pour une dame que coudre des chemises pour son mari, pour ses fils ou encore pour les démunis, broder des paniers et confectionner des franges. Ou, en dernière extrémité pour les moins fortunées, se faire engager comme gouvernante.

— Puis-je vous demander… Je me demandais… si je prenais du plaisir à mon métier ?

Paula et Anna échangent un regard sceptique avant d'éclater de rire.

— Je suis désolée, ma chérie, répond enfin Paula. Ne t'inquiète pas, je vais appeler David pour le prévenir.

— David…

— Ce journaleux médiocre et égocentrique qui te sert de patron ? Tu ne te souviens pas de lui non plus ? Mon Dieu… Que va-t-on faire de toi ?

— Arrête un peu, Paula, la réprimande sèchement son amie.

Puis, s'adressant à moi avec davantage de douceur :

— Tout ça te reviendra bientôt. En attendant, dit-elle, tournant de nouveau le regard vers la jeune femme aux mèches colorées, tu pourrais au moins essayer de la laisser se remettre en paix, sans qu'elle ait à se soucier de David, Frank ou Wes. D'ailleurs, il serait sans doute plus judicieux d'appeler Sandra plutôt que David. Elle devrait se montrer plus compréhensive.

— Non, je contacterai directement David. Il ne m'impressionne pas.

— C'est toi qui vois…

Je n'ose demander qui est cette « Sandra » ; de toute évidence, elle est d'une manière ou d'une autre associée à mon soi-disant patron. Quel dommage que celui-ci ne soit apparemment pas un homme des plus respectables !

— Et je suis liée à ce… David, par contrat, c'est cela ?

Je ne suis pas encore complètement habituée à user du nom de baptême d'une personne dès qu'on me la présente ou que l'on m'en parle, en particulier quand cette personne se révèle être un homme et, à plus forte raison, mon employeur.

— Tu plaisantes ? Même Anna n'a pas de contrat. La sécurité de l'emploi, on ne connaît pas dans cette ville.

— J'ai donc le droit de quitter son service quand je le souhaite.

Les deux femmes haussent les sourcils.

— Courtney, si tu en trouves enfin le courage, je promets d'élever un autel à la piscine où tu t'es cogné la tête et d'y prier tous les jours.

— Je devrais pouvoir trouver une meilleure situation, n'est-ce pas ?

Les yeux ronds comme des soucoupes, toutes deux acquiescent de concert. Paula ouvre la bouche, puis semble aussitôt se raviser.

Anna, elle, rit.

— Toutes mes félicitations, Courtney ! Tu as réussi à lui couper le sifflet.

Bientôt, les deux jeunes femmes prennent congé, non sans me donner pour consigne de les appeler si j'ai besoin de quoi que ce soit ainsi que de penser à « recharger mon téléphone », quoi que cela signifie.

— Tu oublies tout le temps, m'explique Anna.

Ou pense-t-elle m'expliquer.

Quel bonheur que de me retrouver enfin seule dans ces appartements… Mes appartements, quoique les pièces ne soient guère vastes. Comme j'arpente les trois principales – la chambre à coucher, la minuscule salle où se trouvent la table et les chaises, et celle que Wes avait appelée la « pièce à vivre » –, un fou rire me saisit. S'il existe des pièces à vivre, y a-t-il également des « pièces à mourir » ? Je suppose que je ne trouverais pas cela si comique si je découvrais être moi-même passée de vie à trépas, mais si les bons mots sur la mort étaient prohibés dans l'au-delà, à quoi bon mourir ? Je ris maintenant si fort que je suis forcée de m'asseoir sur le canapé de cette « pièce à vivre », qui n'est en réalité pas plus grande que la garde-robe de ma mère. En fait, les appartements qui constituent cette habitation à part entière auraient tenu dans le seul salon du manoir Mansfield. Toutefois, ces pièces exiguës m'appartiennent exclusivement.

Vivre seule ne semble pas inhabituel pour une femme sans époux, car, en écoutant leur conversation dans la voiture, j'ai cru comprendre que, bien que célibataires, Anna et Paula possédaient chacune leur propre maison. Cela est pour le moins singulier. Oh, chère Mary, si vous m'entendiez, vous m'accuseriez d'un mauvais jeu de mots !

À dire vrai, ces petites pièces me conviennent fort bien. Ici, je n'ai à craindre ni le pas furtif ni les remarques cinglantes de ma mère. Ici, aucun domestique ne risque de surprendre mes conversations privées, si tant est qu'une telle chose existât dans un environnement où je ne pouvais être sûre d'être seule que lorsque je me glissais sous les draps. Moment de solitude auquel j'aurais par ailleurs dû renoncer en épousant Edgeworth, car, si une épouse a droit à sa propre chambre, son mari peut en exiger l'accès quand il le désire. Ici, en revanche, je peux dormir, manger, lire et m'occuper à ma convenance, sans avoir de comptes à rendre à personne d'autre que moi. Moi. Ce nouveau moi, méconnaissable.

De l'extérieur, du moins. Intérieurement, je n'ai aucunement changé.

Non, ce n'est pas tout à fait vrai. Je ressens comme une bouffée d'espoir, quelque chose que je n'avais plus ressenti depuis des semaines.

Un air de musique retentit soudain, curieusement familier à mon oreille. D'où provient-il ? Le bruit cesse, puis reprend. Cesse, et reprend encore une fois. Je finis par localiser la source de la mélodie. Il s'agit de l'objet qu'Anna m'a désigné comme le « téléphone ». Et la musique – mais oui, bien sûr – est celle du film *Orgueil et Préjugés*. Elle s'arrête et recommence quelques fois encore, puis le silence retombe.

Ma situation est par bien des côtés réjouissante. En effet, qu'aurais-je pu attendre de ma vie à la maison, sinon des journées entières passées à coudre avec maman dans le petit salon et d'interminables soirées, rythmées par le tic-tac de l'horloge et les craquements de la charpente. Il me faut cependant avouer que mon père me manque. Ainsi que Mary. Que vais-je devenir sans mon cher papa et ma meilleure amie au monde ?

Et eux, que feront-ils sans moi ? Cependant, si je me suis réveillée ici, à sa place, ne serait-il pas logique que Courtney ait pris la mienne et se fasse à présent passer pour moi ? Cette seule idée me donne le vertige ! En revanche, il serait plus correct de parler d'elle au passé, car près de deux cents ans se sont écoulés, et quiconque vivait en 1813 a depuis longtemps cessé d'exister. La tête me tourne. Il est désormais clair que je ne puis retourner d'où je viens. Comment revenir à quelque chose qui n'est plus ? Papa, Mary, Edgeworth, maman, Barnes, Belle ainsi que tous mes amis : morts. Tous morts.

Mes yeux s'emplissent de larmes lorsque je songe à papa, gisant sous terre, sans plus personne pour le pleurer. Des cendres aux cendres. De la poussière à la poussière. Tous se sont éteints il y a longtemps ; pourtant, voilà seulement deux jours que je les ai vus pour la dernière fois. Cela me rappelle l'histoire d'Oisín, que me contait ma vieille nourrice. Aurais-je moi aussi pénétré en Tír na nÓg, terre de l'éternelle jeunesse, et trois cents années se seraient-elles passées sans que je m'en aperçoive ? Dans ce cas, Niamh aux cheveux d'or me permettra peut-être de regagner mon pays, comme elle l'avait permis au héros. Mais, comme lui, je tomberai en poussière à l'instant où mes pieds toucheront le sol…

Cette issue ne me plaît guère.

Non, je me console en imaginant une autre fin à mon histoire, une fin que je connais bien, et attrape le volume de *Raison et Sentiments* sur l'étagère. Quel plaisir de retrouver ici les trésors qui ont su m'empêcher de perdre la raison durant la période noire qui a suivi la trahison d'Edgeworth.

S'il existe un monde enchanté semblable à Tír na nÓg, dans lequel on perd toute notion du temps et d'espace, c'est certainement entre les pages de *Raison et Sentiments*. Aussi, quand j'émerge enfin du roman, le jour est sur le déclin. Je me lève et m'étire, m'approchant de la fenêtre, avec ses affreux barreaux extérieurs. Cette laideur est cependant vite éclipsée par les couleurs roses et orangées du ciel embrasé ainsi que par le spectacle magnifique des fenêtres de l'autre côté de la rue, comme illuminées de centaines de chandelles. Par-delà la rangée de maisons, des millions de petits points lumineux émaillent le flanc de la colline, telles des constellations de diamants étincelants.

Quelle merveille que cet endroit ! Cette ville splendide brillant de mille feux ! C'est tout juste si l'on distingue les étoiles dans la nuit tombante.

La mélodie d'*Orgueil et Préjugés* retentit de nouveau, puis s'arrête, et ainsi de suite. Le phénomène s'est produit un certain nombre de fois pendant ma lecture, sans toutefois parvenir à me détourner longtemps d'Elinor et de Marianne. Étudiant le téléphone, source de la mélodie, je vois s'afficher un portrait de l'acteur jouant le rôle de Mr Darcy ! En haut de l'image se trouve un étroit cadre dans lequel on peut lire : « Wes — Répondre. Refuser. »

Wes ?

Répondre ? Refuser ? Répondre à quoi ? Refuser quoi ?

Avant que j'aie eu le temps de creuser ce mystère, la musique cesse pour de bon, et la face du téléphone s'assombrit.

C'est tant mieux, car il me plaît davantage de rester drapée dans le sentiment de satisfaction que m'apporte *Raison et Sentiments*, à méditer sur le bonheur d'Elinor et à réfléchir aux raisons qui font que Marianne se prend finalement d'un amour inconditionnel pour le colonel Brandon, que de tenter d'appréhender le fonctionnement de cet objet auquel je ne comprends rien, et qui se révèle – il faut bien l'avouer – passablement agaçant.

De plus, je suis affamée. Puisque je ne dispose d'aucun domestique, je me vois contrainte de préparer moi-même mon repas, mais je ne sais même pas si cette maison bénéficie d'une cuisine, et je n'ai vu ni cheminée, ni grille, ni seau à charbon.

Je m'aventure en chaussettes dans la pièce où se trouve la table, puis entreprends d'examiner le contenu des placards et des tiroirs de façon méthodique. Assiettes, fourchettes, verres, jattes, boîtes, pots… Rien qui ressemble de près ou de loin à de la nourriture.

Sans réfléchir, je tire sur la longue poignée luisante du haut coffre blanc qui se dresse dans l'alignement des placards. Alors que je jette un coup d'œil à l'intérieur, que je découvre illuminé, une bouffée d'air froid me caresse le visage. Je découvre des étagères vides, à l'exception d'une laitue qui, au vu de sa triste mine, n'est plus de première fraîcheur, et de quelques récipients au contenu difficilement identifiable. Au moins, j'ai un garde-manger, si dépourvu de vivres soit-il.

Ah. Le haut du coffre est muni d'une autre porte. L'intérieur dégage un air glacial qui vient chatouiller ma peau. Il y a là une immense bouteille portant le nom d'« Absolut », ainsi qu'un pot souple portant l'inscription « Cherry Garcia ». J'ouvre ce dernier et y plonge le doigt afin de goûter. Il s'agit en fait d'une délicieuse variété de glace, parsemée de morceaux de cerises et de miettes de quelque chose ressemblant à du chocolat, mais sous forme solide, et beaucoup plus sucré que celui auquel je suis accoutumée. Il va me falloir dénicher une cuillère.

On frappe à la porte. Une voix étouffée s'élève.

— Courtney ? Tu es là ? C'est Wes. Si tu es à l'intérieur, je t'en prie, ouvre-moi.

Les tambourinements persistent, et, lorsque j'ouvre la porte, Wes reste figé, le poing en l'air et une expression confuse sur le visage.

— Désolé. Je t'ai fait peur ? Je n'ai pas arrêté d'appeler, et quand j'ai vu que ta voiture était là, je…

Une boucle de cheveux est retombée sur son front, ses lunettes ont glissé sur son nez. De longs cils épais encadrent ses yeux, plus bleus que jamais sans l'écran de ses verres.

— Tout va bien ?

Me rappelant que je dois rester sur mes gardes face à cet homme, je me force à adopter le ton le plus froid possible.

— Tout va très bien, merci, monsieur.

— Je me suis inquiété en voyant que tu ne répondais pas au téléphone. Paula aussi. Et Anna. Toutes les deux m'ont contacté en me disant que tu ne répondais ni à leurs appels ni à leurs mails ou à leurs textos. La seule chose qui a eu l'air de les rassurer, c'est que je n'avais pas eu de tes nouvelles non plus, dit-il avec un sourire jaune. S'en est ensuivie une série de messages dans lesquels j'ai suggéré à Paula que tu ne te rappelais peut-être plus comment utiliser le téléphone ou l'ordinateur ; elle a commencé à paniquer, à vouloir appeler sa cousine parce que, d'après elle, « ça ne relève plus de la simple perte de mémoire », mais je lui ai dit de ne pas s'affoler tout de suite, que j'allais passer voir ce qu'il en était. Au départ, elle n'était pas du tout d'accord, et puis, dans son dernier message, si elle ne m'a pas donné la permission, c'est tout comme, puisqu'elle est coincée à Hermosa Beach et qu'Anna ne peut pas se libérer non plus. Je suis le seul à pouvoir venir jeter un œil sur toi avant un moment… Alors, me voilà.

— Ma parole ! Elles m'ont pourtant quittée il y a quelques heures à peine… enfin, peut-être un peu plus de quelques heures, mais cela ne peut faire aussi longtemps.

— Sept heures, à en croire tes amies. Et, à cause de l'accident, on a préféré vérifier que tout allait bien.

Devrais-je l'inviter à l'intérieur ? Il paraît si contrit, si abattu de savoir qu'il n'a rien à faire ici, que je ne puis me résoudre à me montrer grossière.

— Voulez-vous vous donner la peine d'entrer ?

Sans attendre que je l'invite à s'asseoir, et visiblement oublieux des bonnes manières, il s'installe à la table.

— Tu as faim ? me demande-t-il, avant de pointer le doigt en direction du garde-manger avec un sourire moqueur. J'imagine que tu n'as pas fait les courses ? De toute façon, avec ta manière de faire les courses, tu as rarement de quoi cuisiner un repas correct.

Un simple coup d'œil dans le garde-manger le renseigne.

— Je me demande toujours pourquoi tu t'embarrasses d'un réfrigérateur… Il prend de la place pour rien. Ça te dit qu'on sorte dîner ? Je crève de faim.

Sortir dîner, un soir. Sans chaperon. Avec un gentilhomme. Un gentilhomme célibataire. Un gentilhomme qui n'en était peut-être même pas un. Pas plus qu'il n'était mon frère, mon père, ou même un cousin. Impensable !

— Donnez-moi quelques instants.

Chapitre 10

J'ai à peine le temps de saisir l'étrange réticule orange pourvu de trop nombreuses boucles qu'Anna avait déclaré être mon « sac » que de nouveaux coups retentissent à la porte.

— Courtney ? Tu es là ?

Une voix d'homme…

J'observe la réaction de Wes, qui la reconnaît peut-être, et le vois plisser les yeux d'un air accusateur.

— Qu'est-ce qu'il fiche ici ?

— Qui ? Qui est-ce ?

L'homme continue de marteler la porte d'entrée.

— Courtney… Ouvre !

— Ce n'est donc pas toi qui l'as appelé, se radoucit Wes. Laisse faire, je m'en occupe.

Dans l'encadrement se trouve le jeune homme brun de l'image que m'a montrée Paula. Lui qui martelait la porte comme un fou quelques instants auparavant est à présent appuyé avec nonchalance contre le chambranle, comme s'il n'avait eu qu'à murmurer un ordre pour que le battant s'ouvre de lui-même. Ses cheveux noirs sont arrangés artistiquement sur son front. Son teint d'albâtre n'est terni d'aucune imperfection. Une étincelle pétillant dans son regard presque noir, il m'étudie avec attention. Ses lèvres pleines s'étirent en un sourire qu'un léger manque de symétrie rend absolument charmant.

— En forme et magnifique, comme toujours, ronronne-t-il d'une voix riche et douce comme le miel. Et loin d'être en manque de compagnie, ajoute-t-il en lorgnant Wes d'un œil dédaigneux.

— Qu'est-ce que tu veux ? crache ce dernier d'un ton glacial.

Frank fait mine de ne pas avoir entendu.

— De ce que j'ai cru comprendre, Paula était tellement angoissée de ne pas arriver à te joindre qu'elle a fini par se faire violence et m'appeler pour me demander si tu m'avais contacté. C'est comme ça que j'ai appris que tu t'étais blessée à la tête. Mais tu n'as rien, n'est-ce pas ?

Son regard doux plongé dans le mien, il s'avance pour m'attraper la main. Je ne résiste pas et le laisse caresser ma paume, le contact de son pouce m'envoyant comme une décharge électrique dans tout le corps.

— J'ai eu peur, tu sais.

— Tu peux t'en aller, maintenant, Frank, intervient Wes d'une voix sèche. Elle va parfaitement bien.

L'homme ne détache pas de moi ses grands yeux brillants.

— C'est vraiment ce que tu veux ?

Est-ce là l'individu qui a si mal traité Courtney ? Ses manières sont délicates, et il semble plein de bonté.

— C'est ce que tu veux, non ?

J'arrache mon regard de Frank ; Wes semble presque effrayé.

— Hé, lance l'inconnu, c'est à Courtney que je parle.

Je m'éclaircis alors la gorge.

— Je ne sais que répondre, monsieur.

— Monsieur ?

Il se tourne vers Wes, levant un sourcil interrogateur.

— Si vous voulez bien me laisser poursuivre, monsieur... Je ne vous connais point – ou, plutôt, je ne me souviens plus de vous. Si je vous reconnais, c'est grâce au portrait que m'a montré Paula. Par conséquent, je n'ai aucune raison de désirer vous voir rester ou partir. Je vous prie de me pardonner si ces révélations, que je veux honnêtes, vous causent un quelconque chagrin.

Frank ouvre la bouche pour me répondre, mais pas un son ne sort. Puis, enfin :

— C'est une blague, c'est ça ?

— Difficile à encaisser, quand la vie entière d'une femme cesse de tourner autour de toi, pas vrai ? raille Wes.

— Qu'en sais-tu ? rétorque l'autre. Tu es trop occupé à courir après ma fiancée pour t'en dénicher une bien à toi.

Wes rougit.

— Dégage.

— Tu n'es pas chez toi, à ce que je sache.

— Je suis sérieux, Frank.

— Qu'est-ce que tu comptes faire ? Me jeter dehors ? Non, ce n'est pas ton genre. Tu n'es pas si direct. Non, tu préfères distiller ton venin dans les esprits, jusqu'à ce que la moitié de mes amis en arrivent à ne plus m'adresser la parole.

Wes manque de s'étouffer, riant presque.

— C'est toi qui l'as trompée !

— C'est toi qui le dis.

— Oh, arrête ton char. Ne me dis pas que tu vas le nier, maintenant ? Ce n'est pas un peu tard, pour ça ?

— Je n'ai jamais avoué avoir couché avec elle.

— Courtney t'a vu !

— Elle m'a vu faire quoi ? Parler à cette pâtissière ? Effleurer son bras ?

Les mots de Frank résonnent avec une familiarité dérangeante à mes oreilles. Se pourrait-il que la scène dont j'avais été témoin entre Edgeworth et la servante ait été aussi innocente que celle qu'essaie de défendre Frank ? Je n'avais même pas cherché à obtenir d'explications de la part d'Edgeworth ; il n'avait donc jamais su que je me tenais recroquevillée derrière un buisson tandis qu'il offrait un baise-main à sa domestique aux cheveux auburn. Non. Impossible. Quelle bienséance y avait-il dans ce que j'avais vu Edgeworth faire ? La culpabilité se lisait sur son visage tandis qu'il brossait le foin de ses vêtements et de ses cheveux, jetant des coups d'œil à la ronde afin de s'assurer que personne ne l'avait surpris. Et de quelle façon cette femme l'avait-elle rattrapé ! Elle avait tendu la main vers lui de manière presque possessive, comme une maîtresse tend la main vers son aimé. Comme j'aurais tendu la main vers lui. Non. Il était coupable de ce dont je le soupçonnais, cela ne faisait aucun doute. La lettre de Mary m'avait ôté toute incertitude sur ce point. La lettre de Mary, qui m'avait informée que sa femme de chambre était enceinte. La lettre de Mary, qui m'avait poussée à me lancer dans cette chevauchée furieuse dans les bois, cette chevauchée qui m'avait précipitée dans les ténèbres et le vide…, et ceci.

— Courtney ?

Wes me ramène au présent. Lui et Frank me regardent d'un air perplexe.

— Ai-je jamais dit que j'avais couché avec elle ? me demande Frank.

— Si vous aviez une once de respect, vous n'emploieriez pas ce langage inconvenant et grossier.

— Mais je n'ai jamais rien admis de tel, n'est-ce pas ? Tu as simplement cru ce que tu voulais croire, annulé le mariage et dit à tout le monde que je n'étais qu'une pourriture.

— Grand Dieu, vous allez trop loin ! Si vous êtes incapable de vous adresser à moi de manière civile, je vous prierai d'avoir la décence de vous en aller.

— Tu savais que je n'étais pas prêt pour le mariage.

Wes s'interpose.

— Tu l'as entendue, elle veut que tu partes.

Un mouvement de Frank me donne à penser qu'il aimerait pousser Wes de son chemin, mais il se ravise finalement et prend le parti de l'ignorer.

— Sans parler de ta jalousie, crache-t-il dans ma direction. Ta jalousie, en permanence. C'est ça qui a tout foutu en l'air, pas moi.

Je ne m'étais jamais considérée de nature jalouse ; pourtant, ce dont j'avais été témoin ce jour-là sur le domaine d'Edgeworth m'avait plongée dans une rage comme je n'en avais jamais connu.

— Je suis désolé, OK ? reprend-il. J'ai merdé. J'ai eu tort.

— Alors ça, c'est une première, ricane Wes.

Frank fait mine de ne pas avoir entendu et pose une main sur mon bras.

— Mais je n'ai pas couché avec cette fille.

Wes lève les bras au ciel.

— Tu es vraiment incapable de présenter des excuses dignes de ce nom, n'est-ce pas ?

— Tout ça, c'est entre Courtney et moi, gronde Frank, avant de reporter son attention sur moi. On pourrait parler seul à seul, une minute ?

Levant les yeux vers lui, je découvre dans son regard un désir si profond de se faire pardonner que je ressens comme un petit pincement au cœur.

— Hors de question, tranche Wes. Que tu veuilles t'en aller ou non, nous, on y va.

Comment me suis-je retrouvée tiraillée entre ces deux hommes ? D'un coup, la chaleur se fait étouffante ; mon corsage blanc me colle à la peau.

— Il faut que je sorte. J'ai besoin d'air, dis-je en me précipitant vers la porte.

— Je viens avec toi, lance Wes.

— Moi aussi, ajoute Frank.

— Comme vous voudrez. Seulement, faites-moi le plaisir de vous montrer courtois l'un envers l'autre, ne serait-ce que deux minutes d'affilée.

Comme nous émergeons du bâtiment, les lumières éblouissantes de la rue offrent une distraction bienvenue. Que de variété dans ces éclairages, entre les énormes globes supportés par de hauts poteaux placés tout le long du trottoir, les lampes aveuglantes sous les porches et l'intérieur des habitations, si lumineux que l'on aperçoit les gens vaquer à leurs occupations par les grandes baies. Enfin, nous débouchons sur l'artère principale, où sont établis nombre de boutiques et de restaurateurs, et je peine à en croire mes yeux : les panneaux criards que j'ai observés durant la journée risquent encore moins de passer inaperçus, ainsi illuminés dans la nuit.

Mon attention est soudain attirée par la discussion qu'entretiennent les deux gentilshommes à mi-voix. Certaines paroles étouffées m'échappent, mais ce que je saisis de la conversation me suffit :

— Sa façon de parler…, murmure Frank, on se croirait dans ce film à la con qu'elle regarde en boucle.

Wes de répondre :

— C'est le coup qu'elle a pris sur la tête.

C'est tout ce que j'avais besoin de savoir. Si les bavardages à mon sujet peuvent prévenir tout conflit entre les deux hommes, tout le monde ne s'en portera que mieux. Néanmoins, il devient impératif que je fasse l'effort de m'exprimer à la manière des personnes qui m'entourent, si toutefois j'en suis capable.

Nous marquons un arrêt devant un immeuble mal éclairé rouge sombre, niché entre une boutique qui, à en croire les lettres formées par les tubes lumineux dans la vitrine, porte le nom de *Ray Pressing*, et une autre, à l'enseigne moins tape-à-l'œil, appelée *Acme Taqueria*, d'où s'échappe l'arôme alléchant de nourritures exotiques.

— J'ai besoin d'un verre, décrète Frank en désignant d'un geste la porte du bâtiment rouge.

Wes m'adresse un regard interrogateur, comme pour recevoir confirmation.

— Je croyais que nous allions dîner ?

— Un petit, vite fait, insiste Frank en m'ouvrant la porte – rouge, elle aussi – avec un moulinet du poignet.

Curieuse, je franchis le seuil et pénètre dans un tout autre monde, au décor opulent, dans les teintes rouge, noir et doré. Les abat-jour au-dessus de nos têtes sont ornés de franges dorées, au mur brillent des appliques en forme de chérubins, soutenant des chandelles (bien entendu fausses) ; partout, des canapés et de profonds fauteuils, tous tendus de velours ou de brocart couleur sang. La musique qui se joue à l'intérieur est forte, mais plus agréable à l'oreille que celle de la voiture de Paula, bien que ces sons me soient tout aussi inconnus. La voix, cette fois, est celle d'une femme, troublante, envoûtante.

— Salut, Courtney! me lance un homme depuis un haut comptoir, derrière lequel sont alignées d'innombrables rangées de bouteilles emplies de liquides bruns, ambrés, verts et dorés.

De haute taille, les cheveux bruns plutôt longs et curieusement entremêlés de mèches blondes, il exhibe sur son avant-bras nu la reproduction d'un dragon mauve et doré, et est occupé à servir un verre à un autre homme, assis au bar.

Je trouve fort surprenant et déplacé qu'un homme, et, à plus forte raison, un homme qui semble tenir une position de garçon de café plus que de gentilhomme, m'interpelle de manière si désinvolte, et ce, sans attendre que je l'aie salué la première. Peut-être est-il un ami proche, voire un frère de Courtney? J'imagine qu'il serait bien avisé de lui retourner son salut, afin de ne pas éveiller davantage de curiosité. Un détail m'intrigue toutefois: cette peinture, sur son bras... serait-ce un tatouage, comme ceux qu'évoquait un carnet de voyage que je comptais parmi mes lectures? Quelle sorte de gens Courtney fréquente-t-elle donc, et quel genre de personne est-elle?

— Bonsoir, dis-je, espérant que mon sourire reste poli, sans être trop encourageant.

Espoir malheureusement vain, puisque l'homme peinturluré contourne le comptoir pour venir me rejoindre et m'enveloppe étroitement de ses bras.

— Tes amies m'ont raconté ce qui t'était arrivé. Dieu merci, tu vas bien.

Son accent est plus familier à mon oreille que tous ceux auxquels j'ai été confrontée jusqu'à présent, possiblement anglais, mais certainement pas des plus distingués.

— Alors, chuchote-t-il à mon oreille, quand est-ce que tu te décides à larguer ce pauvre mec pour de bon et que tu m'épouses ? Tu m'avais juré que ce type, c'était de l'histoire ancienne, bébé.

Mon visage s'embrase tandis que je m'extirpe tant bien que mal de son étreinte. De toute évidence, je peux rayer « frère » de la liste.

— Mais enfin je…

— Je sais, tu as besoin d'un coup à boire, m'interrompt-il avec un sourire jusqu'aux oreilles. C'est moi qui offre. L'autre loser peut se payer le sien. Son petit copain aussi. Et ils ont intérêt à se tenir à carreau si tu ne veux pas que je cafte aux filles.

Il retourne alors à son comptoir, et nous lui emboîtons le pas.

Je me retrouve assise au bar, perchée sur un haut tabouret rouge très confortable et flanquée de mes deux compagnons. Lorsque Wes le salue à son tour, j'apprends que l'homme qui nous accueille se nomme Glenn. S'il se montre plutôt froid envers Wes, il n'accorde à Frank qu'un coup d'œil glacial et un « 8 ! » sec. Huit shillings pour un verre me paraît un peu excessif ; cependant, c'est un billet d'une valeur de 10 dollars, estampillé « United States of America » que Frank tire de sa poche. J'avais toujours nourri une certaine curiosité envers les anciennes colonies, mais je n'avais jamais rien imaginé de tel.

— Toi, je ne veux pas voir ton porte-monnaie, m'annonce-t-il avec un clin d'œil tandis qu'il place devant moi un verre à pied de forme conique, contenant un liquide incolore, légèrement trouble, ainsi que ce qui me semble être quatre grosses olives vertes plantées sur une fine pique de bois.

Portant le verre à mes narines, je renifle le breuvage avec méfiance ; étrangement, les vapeurs me dégagent le nez, et je salive d'anticipation, bien que ce soit la première fois de ma vie que je goûte à une telle boisson.

Je trempe mes lèvres dans le liquide froid comme la glace : un délice. Corsé, salé, un petit goût d'olives. Vivifiant, et parfait par une journée si chaude, même si, maintenant que j'y songe, la température est bien plus agréable à l'intérieur de l'établissement. En comparaison de la chaleur qui règne au-dehors, il fait même frais. Je bois une autre gorgée, franche cette fois, et Glenn lève son verre dans ma direction. Je lui rends la politesse, avant de me replonger dans ce nectar. Je pourrais vite m'habituer à ce genre de rafraîchissements.

C'est alors que je prends brutalement conscience de me trouver dans une taverne, moi, une jeune demoiselle, avec pour seule compagnie deux hommes qui non seulement ne sont pas de ma famille, mais sont probablement des individus de classe inférieure, et non des gentilshommes. Non pas qu'il eût été plus convenable de pénétrer dans un tel lieu accompagnée d'un parent de rang respectable, mais cela est absolument scandaleux.

— Vas-y doucement, me conseille Wes en désignant mon verre d'un geste. Je ne suis pas persuadé que vodka et commotion cérébrale fassent très bon ménage.

— Vodka…

Je savoure un moment le mot sur ma langue. Puis avale une nouvelle gorgée de la boisson.

Frank se rapproche de moi et s'appuie avec nonchalance au comptoir, buvant à grands traits au goulot d'une bouteille de verre brun à long col.

— Bon. Ça va, tu ne me détestes plus ?

— Cela a-t-il une quelconque importance ? D'après ce que je sais, vous et Court… vous et moi avons échappé de peu à ce qui, tout le monde s'accorde à le dire, aurait été une union des plus inconsidérées.

— Courtney, tu es ridicule à parler comme ça. Je sais que tu t'es cogné la tête et compagnie, mais il faut vraiment que tu arrêtes de regarder ces films débiles.

— J'essaierai de m'en souvenir, je vous remercie.

La bouteille aux lèvres, Frank pouffe de rire.

— Commotion cérébrale, mon cul ! Tu croyais sincèrement que quelqu'un tomberait dans le panneau ? Enfin, à part lui, crache-t-il avec un mouvement de tête en direction de Wes.

— Je n'ai point l'habitude d'entendre quelqu'un me parler sur ce ton, répliqué-je.

Moi-même, je suis forcée de rire. Seule lady Catherine de Bourgh est capable de s'indigner de la sorte sans perdre contenance.

— Je le savais.

— Quoi donc, je vous prie ?

— Que tu te fichais de nous, tout simplement parce que ça t'amuse.

Il me regarde droit dans les yeux, approchant son visage si près du mien que je sens la caresse de son souffle sur mes lèvres.

— Et que tu ne me détestes pas… N'ai-je pas raison ?

— Bien sûr que non, je ne vous déteste pas, je…

Le contact de ses doigts sur mon front tandis qu'il repousse une mèche de cheveux de ma figure déclenche comme une onde électrique qui me traverse le corps.

— Tout le monde mérite une seconde chance, tu ne crois pas ?

Nos lèvres sont si proches qu'elles se touchent presque. Et, quand il réduit finalement l'écart à néant, son baiser est si léger, si doux, que je ne puis me résoudre à le repousser. Puis sa bouche se fait plus pressante, je suis envahie par une sensation grisante, irrépressible…, et, quand il vient me caresser le menton du bout des doigts, je suis instantanément transportée dans le temps et me revois un autre jour entre ses bras, alors qu'il me touche et m'embrasse exactement de la même manière. Je dévore ses lèvres de baisers, goûte à sa bouche, allongée dans le lit, son corps sur le mien, sa peau contre ma peau, sa jambe collée à la mienne. J'ai alors l'intime certitude que ce n'est pas de moi qu'il s'agit, pas vraiment. Mon corps, ce corps, sait qu'il s'agit d'un souvenir. Un souvenir plus vif que tous ceux dont j'ai jusqu'alors pu faire l'expérience. Pourtant, rien de cela ne m'est jamais arrivé. C'est là le souvenir de Courtney, et non le mien. J'ignore comment cela se peut, mais cette sensation est aussi réelle que tout ce qui m'est arrivé depuis mon réveil, la veille. Comment est-il possible que je me rappelle avoir connu cet homme ? Et ce, de manière autrement plus compromettante qu'Edgeworth.

Mes joues me brûlent, et je m'écarte vivement. C'est tout juste si j'ai conscience de me précipiter au bas de mon tabouret pour fuir Frank, fuir Wes et son regard empreint de stupeur. Je me rue en direction d'un panonceau lumineux, à l'autre bout de la pièce, sur lequel on peut lire « Dames ». Il s'agit peut-être d'un endroit où se retirer en paix, un petit salon.

— Hé ! résonne la voix de Frank dans mon dos.

Je tire la poignée de la porte, une porte capitonnée, rouge, bien sûr. Sur ma droite, à l'intérieur, un large miroir surplombe une rangée de cuvettes. À ma gauche se dresse une série de portes, qui ne touchent ni le sol ni le plafond. Jouant avec les poignées de l'un des lavabos, j'obtiens un filet d'eau fraîche et m'asperge le visage.

Qu'ai-je fait ? Comment ai-je pu laisser un homme m'embrasser ainsi ? et en public ! Un homme que je ne connais même pas. Moi qui n'avais même jamais embrassé quiconque avant Edgeworth, l'homme que j'aimais ; nous aurions d'ailleurs fait scandale si quelqu'un nous avait aperçus ce jour-là dans les bois, quand bien même il m'avait ensuite fait sa demande. Et me voilà qui permets à Frank de poser les mains sur moi. De nouveau, la sensation de ses lèvres pressées contre les miennes, de son corps sur le mien tandis que je l'attire toujours plus près, faisant courir mes mains le long de son torse, de son… Dieu du ciel ! Mais que m'arrive-t-il ? Quelle sorte de femme suis-je donc devenue ? Ai-je tellement souhaité une vie nouvelle que j'aie fini par voir réalisés mes désirs les plus fous ? Ai-je été transportée, ai-je transmigré, dans ce corps, dans le seul but de connaître la vie d'une femme ayant partagé la couche d'un homme qu'elle n'avait pas l'intention d'épouser ; une femme qui fréquente les cabarets en compagnie de la gent masculine, s'enivre de boissons alcoolisées et ne se rend pas à l'église ; une femme impie, dissolue, déchue ?

L'idée d'avoir été frappée de tous ces vices me pétrifie. Qu'est-il advenu de ma personne ? Comment pourrai-je supporter de vivre avec moi-même ? Et comment pourrai-je un jour de nouveau regarder cet homme en face ? Je dois quitter cet endroit. Il m'est impossible de poser une nouvelle fois les yeux sur lui. Ma respiration s'emballe, et je suis obligée de m'agripper au rebord du lavabo pour éviter de tomber à la renverse. Peut-être suis-je folle, peut-être suis-je l'une de ces femmes perdues, mais il est hors de question que je m'évanouisse.

— Ça ne va pas ?

J'émets un petit cri de surprise. Redressant la tête, j'aperçois dans le reflet du miroir une jeune femme sortant tout juste de derrière l'une des portes coupées aux trois quarts. Sa peau a la couleur d'un chocolat coupé d'une généreuse portion de crème.

— Oh, c'est toi, Courtney, sourit-elle, visiblement ravie de me voir.

Le ciel me vienne en aide… Encore une personne que je suis censée connaître, mais dont le visage m'est parfaitement inconnu.

— Tu ne te souviens pas de moi, n'est-ce pas ? Je suis Deepa. Tu as assisté à une fête que je donnais, il y a deux mois environ.

Son accent ressemble fort à celui de l'actrice d'*Orgueil et Préjugés*. Serait-elle originaire de mon pays ?

Elle fronce les sourcils, l'air inquiet, bienveillant.

— Nous avions pas mal papoté, même. Hé, tout va bien ? Tu n'as pas l'air au top…

J'imagine que l'expression maussade que me renvoie la glace est à l'opposé de ce que signifie « au top ».

— Tout va très bien, je vous assure.

Toutefois, c'est à peine si les mots sortent ; mes yeux s'emplissent de larmes, et ma bouche tremble tant je m'efforce de les retenir.

Deepa tire un mouchoir de papier de son réticule marron pailleté et me le tend, ses bracelets étincelants tintinnabulant au moindre de ses gestes. Chacun de ses doigts ou presque est orné de bagues, et deux boules incrustées de diamants pendent à ses oreilles, au bout d'un câble extrêmement fin.

J'accepte le mouchoir et me tamponne les yeux. Tout en me considérant avec ses grands yeux marron pleins de douceur, elle m'en propose un autre. Ses cheveux noirs brillants sont coupés court, et quelques mèches inégales retombent sur ses forts sourcils arqués.

— Tu n'étais pas spécialement heureuse non plus, la première fois que nous nous sommes rencontrées. J'étais un peu en boule moi-même, il faut dire. Tous ces gens qui venaient me dire combien ils étaient désolés pour mon divorce… alors que tout ce que je voulais, c'était pousser un bon gros soupir de soulagement. Heureusement qu'on a réussi à se faire rire mutuellement, toi et moi.

Elle me scrute, espérant sans doute une réaction.

— Tu ne te rappelles vraiment pas, hein ? Tu avais bu pas mal, mais je n'aurais pas cru que tu étais ivre à ce point !

— Je vous prie de me pardonner, on me dit que j'ai une... commotion, et je ne me souviens plus de grand-chose.

— C'est pas vrai. Qu'est-ce qui t'est arrivé ?

— Apparemment, je me suis cogné la tête au fond d'une piscine.

— Et tu ne t'en souviens pas non plus ? s'étonne-t-elle, en m'observant d'un air compatissant. Mais ça va te revenir, n'est-ce pas ?

Pour toute réponse, je hausse les épaules.

— Hé, de toute façon, il y a des choses qu'il vaut mieux oublier, crois-moi.

Soudain, quelqu'un frappe à la porte, qui s'entrouvre. Wes glisse un regard par l'entrebâillement et, découvrant que je ne suis pas seule, prend un air penaud.

— Oh, salut, Deepa. Désolé, je venais juste vérifier que... Courtney, qu'est-ce qui se passe ?

Le regarder dans les yeux après ce dont il a été témoin est au-dessus de mes forces. Soudain, Frank fait son apparition et vient s'adosser au mur, s'octroyant le droit de violer notre sanctuaire.

Le regard que me lance Deepa en dit long, et je sens que mes joues s'embrasent.

— Comme je le disais, il est des choses qu'il vaut mieux oublier.

Que sait-elle exactement de mes liens avec cet homme ?

— Je ne sais pas si vous êtes au courant, mais vous êtes dans les toilettes des femmes, réprimande-t-elle les deux hommes, une main plantée sur la hanche.

Les lèvres de Frank s'étirent en un rictus narquois.

— Vraiment ? Je n'avais pas remarqué.

Wes me tend la main.

— Allez, viens, Courtney. On s'en va.

Je suis si stupéfaite qu'il tienne malgré tout à m'escorter jusqu'à chez moi que j'en demeure coite.

— Tu es sûre, Courtney ? intervient Deepa. Si tu veux, je peux te ramener.

— C'est ce que tu souhaites ? insiste Wes.

Tout ce que je souhaite, c'est mettre le plus de distance possible entre moi, Frank et ces… souvenirs ou que sais-je. Fuir la déception qui transparaît dans le regard de Wes.

— Oui, j'aimerais rentrer avec Deepa.

— Dommage, lance Frank en me couvant du regard comme il l'aurait fait d'un plateau de petits gâteaux.

Il a alors l'audace de me prendre la main, accompagnant son geste d'un regard pénétrant, comme désireux de m'assurer que je peux lui faire entièrement confiance.

— Je t'appelle, déclare simplement Wes, les bras ballants, figé dans l'attitude de quelqu'un qui voudrait plus que tout me faire changer d'avis, mais se sait impuissant.

La porte se referme sur les deux hommes, et Deepa hausse les sourcils.

— Ne me dis pas que tu es toujours avec Frank ?

— D'après ce que je sais, j'ai rompu nos fiançailles. Tout porte à croire que je l'ai surpris avec une autre demoiselle.

Lèvres pincées, la jeune femme acquiesce. Je constate qu'elle n'est pas le moins du monde surprise par la nouvelle.

— Vous me dites que j'étais malheureuse lors de notre dernière rencontre. Si vous me permettez de vous poser une question : Frank était-il la cause de ce chagrin ?

— C'est peu de le dire. Tu disais que tu étais fatiguée de le voir sans arrêt flirter avec d'autres femmes, que c'était de pire en pire ; d'ailleurs, sans vouloir retourner le couteau dans la plaie, il était en train d'en faire une belle démonstration, ce soir-là. Je t'ai demandé pourquoi tu laissais passer ça. Et tu sais ce que tu m'as répondu ? Qu'il était très stressé en ce moment. Et que tu étais si occupée par les préparatifs du mariage que tu n'avais ni le temps ni le courage d'affronter quoi que ce soit d'autre.

— Quelle femme tolérerait une telle conduite ?

— Hé, ce n'est pas moi qui vais te jeter la pierre. J'ai longtemps fermé les yeux sur les infidélités de mon connard d'ex avant de divorcer. La seule chose que je ne regrette pas chez lui, c'est la petite fortune qu'il m'a laissée, même si c'est moi qui l'ai quitté. Certainement la meilleure décision que j'ai jamais prise.

J'admire l'aplomb de cette femme, cette confiance en elle que semblent partager toutes les demoiselles de ce temps, fortes de leurs discours à propos de volonté, de mariage, de divorce et d'indépendance, comme si le monde entier était soumis à leurs envies et à leurs caprices. Je ne puis imaginer aucune dame de ma connaissance penser, et encore moins parler, de la sorte. Mary Wollstonecraft elle-même aurait très certainement été abasourdie par de tels propos.

Deepa pose sur moi un regard plein de bonté.

— Alors, tu es avec Wes, maintenant ?

— Grand Dieu, non ! Enfin…

— Hé, zen, je pose seulement la question !

— Wes est un ami.

Mon visage doit avoir pris une teinte écarlate.

— Je ne le connais pas très bien, reprend la jeune femme. C'est l'ami d'un ami. En tout cas, il m'a toujours eu l'air d'un type bien. Gentil, tu vois ? Et pas désagréable à regarder.

— J'ai beaucoup d'affection pour lui, en effet. Cependant, mes amies Paula et Anna m'assurent qu'on ne peut pas lui faire confiance. Qu'en réalité il m'a menti, afin de m'empêcher de découvrir que Frank…

— Ah…

— Mais je ne me rappelle rien de tout cela.

— Après tout ce que tu as dû endurer, tu es dispensée d'avoir une mémoire trop fidèle.

Je ne puis m'empêcher de sourire à cette allusion à mon roman favori.

— Mais tu es certaine que c'est vrai ?

— Je n'ai aucune raison de douter de leur parole. Pourtant, il se montre si attentionné et…

Je souris avec tristesse.

— Il est difficile de savoir à quoi s'en tenir.

— Pourquoi ne lui demanderais-tu pas tout simplement pourquoi il a menti ?

La simple idée de mettre le jeune homme au pied du mur est si inconcevable, si contraire à tout ce que l'on m'a jamais appris en matière de relations sociales que je ne sais que répondre. Néanmoins, alors que je viens à peine de faire sa connaissance – même si elle affirme m'avoir déjà rencontrée –, me voilà en train de m'épancher à propos de mon supposé passé avec Wes et Frank auprès de Deepa. Jamais je ne m'étais laissée aller à tant de confidences auprès de quiconque. Même Mary, que je considère comme une sœur, n'a jamais su un mot de ce qui s'est passé entre Edgeworth et moi. Non pas que je n'aie pas confiance, bien au contraire. Il ne m'est simplement jamais venu à l'esprit de mentionner un tel sujet en sa compagnie. Le fait qu'elle soit sa sœur rendait la situation d'autant plus délicate, mais, même si les circonstances avaient été autres, j'aurais très certainement tu l'incident.

Quant à Wes, je ne le connais guère ; l'interroger ainsi serait d'une impertinence rare. Et il a été si bon avec moi que je veux croire qu'il est un homme honorable. Il avait sans aucun doute ses raisons pour agir de la sorte. De plus, cela n'est pas ma vie. Si je ne puis me rappeler les événements qui ont marqué l'existence de Courtney – à l'exception de ce souvenir de Frank, à supposer que celui-ci ne soit pas une pure fantaisie de mon imagination –, à quel point cela doit-il m'affecter ?

Je croise alors le regard de Deepa.

— C'est absolument hors de question.

— Très bien, dit-elle en ouvrant son réticule pour en sortir un peigne, avec lequel elle démêle sa chevelure de jais. Dans ce cas, que penses-tu de m'accompagner au club ? Histoire de te changer les idées. Un peu de musique, un peu de danse, un changement de décor… Je te promets que tu t'amuseras comme une folle.

Elle appuie ses propos d'un clin d'œil, et un poids se lève de ma poitrine. Une soirée dansante. Je me demande bien à quoi ressemble un bal en ces contrées mystérieuses.

— Je vous suis infiniment reconnaissante de votre bonté, mais je ne suis pas vêtue pour aller danser, rétorqué-je en baissant les yeux sur le pantalon blanc et le corsage vaporeux que je porte depuis le matin.

— Ne dis pas de bêtises. Tu es splendide !

Elle plonge la main dans son sac marron.

— Tout ce dont tu as besoin, c'est d'un coup de rouge à lèvres.

Débouchant un tube argenté, elle en fait tourner la partie inférieure, révélant un bâtonnet rose pailleté. Sans plus de cérémonie, elle s'approche et applique la substance rose sur mes lèvres. Son haleine dégage une odeur de menthe poivrée, qui se mêle au parfum fleuri et sucré de sa peau. Ses longs cils recourbés et épais sont noirs comme le charbon ; maintenant que j'y réfléchis, c'est un détail que j'ai aussi remarqué chez Paula et Anna ; je suppose que c'est là l'effet d'un fard quelconque.

— Plus un peu de mascara, poursuit-elle, tirant de son sac un tube plus long, de couleur bleu nuit, et orné d'un bouchon doré qu'elle dévisse.

Celui-ci dissimule en réalité une longue baguette, que termine une brosse en forme de spirale engluée d'une substance noire visqueuse.

— Regarde vers la droite. C'est ça ; ne cligne pas des paupières.

Elle se met alors à brosser mes cils avec l'instrument. Après avoir admiré son œuvre quelques instants, elle me décoche un large sourire, marqué d'une fossette.

— Regarde. Tu es très belle.

En effet. Ou, du moins, la jeune femme blonde aux cils charbonneux et aux lèvres brillantes qui me fait face dans le miroir l'est.

Chapitre 11

C'est lorsque Deepa et moi sortons de la taverne dans l'air frais du soir que je ressens finalement les effets de la boisson, celle-ci se révélant plus forte que je ne l'aurais cru. Ce qui n'a rien d'étonnant, puisque je n'ai pratiquement rien avalé depuis le petit déjeuner.

La jeune femme conduit une voiture noire, propre et élégante, et la première chose que je remarque en montant à l'intérieur est l'image de ce qui me semble être une divinité hindoue, debout contre la vitre avant.

— Vous venez d'Inde ? demandé-je, priant pour que ma question ne soit pas impolie.

Deepa s'élance avec habileté dans la rue illuminée.

— Mes grands-parents ont émigré d'Inde, oui. Mais mes parents sont nés à Londres, comme moi. Cela dit, je suis tout aussi américaine que toi, à présent.

Américaine ? Moi ? Voilà qui est amusant.

— Mes parents ont d'ailleurs beaucoup de mal à l'accepter. Ils sont très anglais, vois-tu. Et ces sauvages d'Américains ne seront jamais assez bien pour eux. Ne le prends pas mal, ce sont leurs mots, pas les miens, sourit-elle.

— Je n'y vois rien d'offensant, rassurez-vous.

Nous arrivons à destination, et il ne fait aucun doute qu'il se tient là une soirée dansante : des grappes de jeunes gens rassemblés à l'extérieur discutent, rient et fument de fins tubes de tabac – les femmes aussi bien que les hommes. Une scène révoltante, en vérité ; pourtant, l'odeur de la fumée est presque grisante. Je me surprends à ralentir le pas afin de savourer cet arôme, allant jusqu'à m'imaginer m'adonner moi-même à ce passe-temps. Sauf que je ne ferais jamais une chose pareille. Comme c'est bizarre…

Ces dames et ces gentilshommes ne sont pas non plus en habit de bal, ce à quoi je m'attendais un peu, car Deepa m'avait assuré que ma propre toilette n'aurait rien d'inappropriée. Il est néanmoins choquant de s'imaginer un bal auquel les demoiselles assisteraient vêtues de pantalons ou de jupes minuscules, jambes et bras nus pour la plupart, et les hommes sans redingote ni cravate. La seule indication que tous se rendent à une réception est l'abondance de paillettes et autres brillants, qui décorent les corsages de ces jeunes femmes ; certains de leurs atours sont même entièrement composés d'étoffes scintillantes. Sans parler du volume de bijoux clinquants.

L'impression que cette assemblée n'aura rien de commun avec celles auxquelles j'ai déjà eu l'honneur d'être conviée est encore renforcée par les rythmes lancinants – que je ne puis en toute décence appeler « musique » – qui se font entendre jusqu'au dehors, avant même que nous ayons poussé les portes ou, devrais-je dire, avant que les deux hommes fort obligeants postés devant l'entrée nous accueillent comme des princesses et poussent le battant pour nous.

À l'intérieur, c'est la cohue ; les rugissements aussi rythmés qu'assourdissants s'infiltrent sous ma peau, ébranlent mes os. Je ressens des picotements au bout de mes doigts, des vibrations au creux de mon ventre, de ma poitrine. La raison me hurle de fuir ce pandémonium, mais je trouve en réalité la cacophonie curieusement envoûtante et suis prise d'une envie de danser comme je n'aurais jamais pensé oser. Cependant, comme nous pénétrons plus avant dans la vaste salle et nous rapprochons de la piste où tournent et virent les danseurs, le poing glacé de la peur se referme sur mon estomac à la seule idée d'avoir l'audace dont il me faudrait faire preuve pour me joindre à la foule et tenter d'adopter leur manière de se trémousser. Je ne suis pas de taille.

Deepa m'attrape par la main et me guide à travers tout ce monde, jusqu'à un long comptoir, derrière lequel sont rangées des dizaines et des dizaines de bouteilles, plus encore qu'à la taverne où officie Glenn.

— Commande ce qui te fait plaisir, me crie-t-elle à l'oreille. C'est ma tournée.

Puis elle me lâche la main et disparaît au milieu de la clientèle, m'abandonnant au bar. Bousculée et entraînée par la foule en mouvement, je me retrouve vite au centre d'un cercle de danseurs. Ceux-ci sont tellement absorbés par leurs mouvements cadencés qu'ils n'ont même pas conscience de ma présence à leurs côtés, et, bientôt, je sens que mon corps s'essaie à reproduire leurs ondulations au rythme des pulsations. Je me mets à bouger comme je n'avais jamais bougé, mes hanches et mes genoux roulant et tressautant à leur gré. Alors, le gentilhomme qui me fait face happe mon regard et me fait signe d'approcher, un rictus enjôleur au coin des lèvres. Mortifiée, je me fige, soudain incapable de faire le moindre mouvement, et encore moins de m'aventurer sur un terrain qui n'a plus rien à voir avec la danse. Il est déjà scandaleux que j'en arrive à m'exhiber ainsi, mais danser avec un homme à qui je n'ai même pas été présentée ?

Que m'arrive-t-il ?

Parvenant finalement à refuser l'offre de l'homme d'un signe poli de la tête, je rebrousse chemin jusqu'au bar. Derrière le comptoir, j'aperçois Deepa qui agite une longue main couverte de bagues dans ma direction avec un grand sourire.

Deepa, serveuse dans un débit de boisson ? Visiblement, dans ce pays et en ces temps, servir à boire dans une taverne est une situation acceptable pour une femme d'influence portant des diamants aux oreilles.

— Qu'est-ce que je te sers ? hurle-t-elle par-dessus le tumulte.

Alors que je me demande s'il est bien raisonnable de me faire plaisir avec un autre verre de vodka, elle lève la main, comme pour interrompre ma réflexion, puis approche ses lèvres de mon oreille.

— Je sais ce qu'il te faut. Donne-moi une minute, déclare-t-elle avant de s'éclipser par une porte entièrement dissimulée par les étagères à bouteilles.

La porte dérobée se rouvre, et Deepa reparaît avec un verre haut empli d'un liquide rosé, qu'elle place devant moi avec une attitude triomphale.

Tandis que mes remerciements sont noyés dans le vacarme ambiant, je goûte au breuvage. Framboise, fraise, citron ? Qu'importe de quoi il s'agit, c'est délicieux. Sucré, légèrement acide, et étonnamment rafraîchissant. Aussitôt, je me sens de nouveau pleine d'énergie et de vie. Deepa me sourit.

Une fois terminée cette délicieuse mixture, Deepa me fait signe de la suivre. Elle soulève un volet au bout du comptoir et émerge de l'autre côté. M'efforçant de ne pas la perdre, je lui emboîte le pas à travers la foule. Nous passons devant une scène sur laquelle se trouvent à présent des musiciens ainsi qu'une chanteuse aux cheveux rouges taillés court, vêtue d'un corsage à manches courtes, noir et étriqué, qui lui découvre le nombril – lequel est orné d'un bijou étincelant –, ainsi que d'un pantalon moulant qu'elle porte outrageusement bas sur les hanches. Sa voix est une plainte charmeuse. L'orchestre est composé de jeunes hommes, tous très minces et à l'étroit dans leurs culottes longues. L'un deux ne porte rien en haut, exhibant son torse luisant ainsi que ses bras cerclés de ce qui ressemble à des ronces vertes et noires. C'est la première fois que je pose les yeux sur un homme à demi nu, en particulier sur une scène, en public, et je n'arrive pas à détacher le regard de sa personne. Il a tout l'air de se délecter de l'attention qu'il attire sur lui, donnant des coups de bassin dans l'instrument qu'une sangle noire cloutée retient à ses épaules. Comme Deepa se penche à mon oreille pour me demander d'une voix forte si tout va bien, je m'aperçois que, plantée devant la scène, je le dévisage de manière éhontée, sans doute bouche grande ouverte, tel un oisillon attendant la becquée.

Le visage cuisant de honte, je laisse Deepa me prendre par le bras pour me tirer hors de la cohue. Elle pousse alors une porte, et nous nous trouvons tout à coup hors du bâtiment, loin des rythmes assourdissants.

Je la remercie et tente d'esquisser un pâle sourire.

— Tu avais l'air un peu paumée. Tu ne te sens pas bien ? Tu veux que je te ramène chez toi ?

— Non, merci. Je vais bien.

La jeune femme me scrute alors avec intensité.

— Que se passe-t-il, alors ? Tu peux tout me dire, tu sais.

— Vous êtes d'une grande bonté.

— Si tu préfères garder tes problèmes pour toi, je comprendrai aussi. On ne se connaît pas depuis longtemps. Mais je t'aime bien. J'ai beaucoup apprécié ton sens de l'humour face au désastre qu'était ma fête, il y a deux mois. Ce fou rire était plus que bienvenu, crois-moi. Donc si un jour tu as besoin d'une amie…

Il me suffit de plonger dans ses grands yeux marron pour immédiatement savoir que je peux lui faire confiance. Aussi étrange que cela puisse paraître, cette parfaite inconnue, cette femme – qu'elle soit indienne, anglaise ou américaine – que je viens à peine de rencontrer, est une personne sur qui j'ai l'assurance de pouvoir compter.

Mais comment mettre des mots sur ce que je ressens ? Comment puis-je lui expliquer d'une manière qui lui paraîtra rationnelle ? Je repense à l'homme à demi nu sur la scène, à mes souvenirs de Frank – souvenirs qui ne sont en réalité pas les miens –, à la facilité avec laquelle je l'ai laissé m'embrasser il y a moins d'une heure, au fait que je me sois réveillée dans la peau d'une autre…

— C'est simplement que je… je ne sais plus qui je suis. Je me suis conduite d'une manière totalement inaccoutumée. Et je doute fort que vous, ou quiconque, soyez à même de m'aider.

Deepa me dévisage avec compassion.

— Tout le monde remet un jour ses actes en cause. Moi comprise.

— Tout est si confus.

— Il ne faut pas oublier que tu t'es cogné la tête.

— Je vous assure que cela n'est nullement dû à la commotion.

J'aimerais tant pouvoir lui parler de ma situation en toute franchise. Je termine d'un trait le verre que j'ai gardé à la main, puis, après un moment de silence, l'interroge :

— Deepa, croyez-vous en la réincarnation ?

Ai-je véritablement posé cette question à voix haute ? Ce doit être la boisson.

Mais la jeune femme rit.

— C'est ce qui s'appelle changer de sujet !

— Pardonnez-moi. C'était tout à fait déplacé de ma part, et vous m'en voyez fort embarrassée.

— Oh, pas la peine de me la jouer Jane Austen. Je n'ai que de l'affection pour la dame, mais, bon, je t'ai promis que je serais là si tu avais besoin d'une amie. Donc, par définition, tu as parfaitement le droit de me demander ce en quoi je crois ou non. Et puisque ça t'intéresse, la réponse est : oui. Mais puis-je te demander à quoi tendent ces questions, comme dirait si bien Darcy ?

Je souris. De tout ce qu'elle aurait pu dire à cet instant, rien ne m'aurait autant réconfortée.

— Si je vous pose cette question, c'est que quelqu'un de ma connaissance… enfin… Deepa, vous paraîtrait-il insensé que quelqu'un se souvienne d'une vie passée, cela au point qu'il soit persuadé d'être la personne de cette autre vie ?

— Et cette connaissance, est-ce… un ami à toi ?

Je ne sais que répondre. Je n'ai aucun désir de lui mentir ; toutefois, je ne voudrais pas non plus qu'elle pense que j'ai perdu l'esprit.

— Ne t'inquiète pas, je ne prendrai pas ton ami pour un fou. Ni même pour une folle, si jamais il s'agit d'une femme. Même s'il s'agit de toi. Je te le promets.

Son sourire n'a rien de moqueur, et, lorsqu'elle plonge le regard dans le mien, je n'y rencontre que de la bienveillance.

Alors qu'elle me prend le verre des mains, je remarque que mes paumes sont en sueur.

— Tu trembles, murmure la jeune femme en posant sa main sur la mienne. Tu n'as rien à craindre, je t'assure. Écoute, rien de ce que tu pourras me raconter ne m'étonnera. J'ai été témoin de choses qui… Disons juste qu'il y a peu de choses qui peuvent encore me surprendre, ajoute-t-elle en souriant. Pas la peine de rentrer dans les détails !

Ayant enfin, dans une certaine mesure, confessé la vérité, je me sens libérée d'un poids. Et je suis particulièrement soulagée que Deepa ait choisi de ne pas me juger.

— Est-ce que tu te sens mieux ?

Je lui signifie que oui.

— Je suis loin d'être une experte, mais j'ai entendu parler de jeunes enfants en Inde, qui font part de souvenirs précis de ce que l'on imagine être leur vie passée et sont par conséquent un peu déboussolés. En général, en revanche, cela se résout tout seul avant qu'ils aient atteint l'âge adulte.

— Je vois.

Mais la vérité est que je ne vois pas du tout. Car je ne fais pas seulement l'expérience de souvenirs d'une ancienne vie ; je sais avec certitude que, en dépit des apparences, je suis Jane Mansfield, et non Courtney Stone, et tous les amis ou toute la famille du monde ne pourraient me convaincre du contraire.

— Je te le répète : je ne suis pas experte. En revanche, je connais quelqu'un qui pourra peut-être t'aider, dit-elle en me prenant par la main. Viens.

Nous pénétrons de nouveau dans le bâtiment, mais, au lieu de regagner la salle où résonne la musique, nous franchissons un rideau argenté, derrière lequel se trouve une porte. À l'autre bout du couloir s'en dresse une autre, simple, peinte en noir, comme les murs.

— Je n'avais pas l'intention de révéler cela à qui que ce soit, déclare Deepa. Et ne compte pas sur moi pour t'en dire plus : c'est toi qui me prendrais pour une folle !

Elle désigne le battant d'un geste.

— Il y a quelqu'un dont j'aimerais que tu fasses la connaissance. Le problème, c'est que je ne suis jamais sûre qu'elle sera là. Parfois elle y est, parfois non. Mais cela ne coûte rien d'essayer.

— De qui s'agit-il ?

En guise de réponse, la jeune femme m'offre un petit sourire pincé.

— Si tu me cherches, je serai derrière le bar.

Je considère la porte quelques instants, puis me retourne pour plus d'instructions. Mais Deepa a déjà disparu. Une sensation de fourmillement enfle dans mes bras et ma poitrine.

— Deepa ? Deepa ?

Aucun signe de la jeune femme ; uniquement les hurlements étouffés de la chanteuse et la plainte lancinante des guitares.

Je me rapproche donc de la porte ; un mince rai de lumière mouvante filtre entre les charnières et le mur. Les pulsations de la musique s'atténuent à mesure que j'avance. Levant le poing, je frappe à la porte. Pas de réponse.

Je tente alors de tourner la poignée, et le battant cède à la poussée. À l'intérieur se trouve une jolie jeune femme aux cheveux brun foncé, coupés à hauteur de son menton. Ses longues jambes nues, croisées aux chevilles, s'étirent sous la petite table à laquelle elle est assise. Face à elle, un grand jeune homme vêtu d'une chemise froissée au col rabattu passe une main nerveuse dans sa tignasse brune. Je remarque qu'il porte une alliance. Avec un geste théâtral, la demoiselle dépose sur la table une carte fort semblable à celles utilisées par la diseuse de bonne aventure de la fête du village à laquelle Mary et moi nous étions rendues, deux mois auparavant. D'autres cartes sont étalées sur la table, disposées en forme de croix.

— Vous voyez ? Vous n'avez aucun souci à vous faire, dit-elle au jeune homme, qui saisit alors l'une de ses mains d'albâtre, surmontée d'une multitude de bracelets, pour la porter à ses lèvres.

L'air heureux, il déploie sa haute silhouette dégingandée et quitte la pièce, passant devant moi comme si je n'existais pas.

La femme aux cartes pose ses yeux de chat rehaussés de fard sur moi.

— Toutes mes excuses, bredouillé-je en faisant demi-tour, terriblement embarrassée d'avoir interrompu ce qui était de toute évidence un entretien privé.

— Je vous en prie, restez, me retient-elle.

Son accent n'est soudain plus celui des colonies, mais celui d'une dame respectable et éduquée de ma patrie.

Abasourdie, je fais volte-face, et découvre que sa mise et sa coiffure ont également changé. Oubliés la jupe courte, les bras nus et les chaussures à lanières, elle porte à présent une robe à taille haute d'une blancheur immaculée, confectionnée dans la mousseline la plus fine, tandis que ses pieds sont chaussés de bottines couleur fauve. Ses cheveux, désormais longs, sont ramenés sur le sommet de son crâne, à l'exception de petites mèches joliment arrangées sur son front et sa nuque. Ses yeux mordorés, soulignés par des sourcils élégamment arqués, paraissent démesurément grands à présent qu'ils ne sont plus barbouillés de fard charbonneux. Son teint clair et délicat est illuminé d'un sourire doux et engageant.

L'endroit aussi est entièrement transformé. La demoiselle se tient près d'une caisse de thé qui n'était pas là lorsque je suis entrée. Un service à thé a également fait son apparition sur la table, une table complètement différente, éclairée par des bougies. Les cartes se sont évaporées, et une cheminée s'élève maintenant derrière la jeune femme. Plongé dans l'obscurité, le reste de la pièce est difficile à discerner.

Elle me fait signe de prendre une chaise.

— Me ferez-vous l'honneur d'accepter de prendre le thé avec moi ?

— Je vous remercie, mais… comment se fait-il que vous… Pardonnez-moi, mais êtes-vous… est-il possible que vous soyez la dame que je viens de… qui était là il y a quelques instants à peine ?

Un rire clair et mélodieux s'échappe de ses lèvres. Bien que nous ne nous soyons jamais rencontrées auparavant, j'ai la nette impression de la reconnaître.

— Ciel, comment voulez-vous que je réponde à deux questions à la fois !

Elle verse un peu de thé dans une tasse, y ajoute une goutte de lait, puis m'offre le breuvage.

— Je vous en prie, asseyez-vous.

Quelque chose dans ses yeux, dans ses traits m'est indéniablement familier, et cela me rend folle.

— Êtes-vous… diseuse de bonne aventure ?

— Je suis d'avis qu'il n'y a ni bonne ni mauvaise aventure, uniquement celle que l'on trace soi-même, me lance-t-elle avec un rire de gorge.

— Dans ce cas, qui êtes-vous ? Comment, de la femme que j'ai vue quand j'ai ouvert la porte, vous êtes-vous changée en…

J'embrasse l'endroit ainsi que sa personne d'un geste, et me rends compte que je tremble.

— Quelle est cette magie ?

Je porte la main droite à mon cou, espérant y trouver ma croix d'ambre.

— Vous me l'avez donnée, en guise de paiement, l'avez-vous déjà oublié ? susurre-t-elle, se métamorphosant alors sous mes yeux en une vieille femme tout de noir vêtue, un châle de dentelle sur les épaules.

Enfin, je la reconnais : il s'agit de cette femme, cette cartomancienne que j'ai consultée en mon temps, 1813. Je suis de retour à la fête du village, dans sa tente, alors que Mary patiente dehors. Malgré la finesse de la toile, le brouhaha ne pénètre nullement à l'intérieur. L'air est imprégné d'un doux parfum de roses, bien qu'aucune fleur n'orne le décor. La chaîne d'or enroulée autour de ses mains ridées, la magicienne admire ma croix.

— Cela fera fort bien l'affaire, déclare-t-elle.

Et ses mots continuent de résonner.

Fort bien… bien… bien… bien… Tout va bien, Miss Mansfield ?

— Tout va bien, Miss Mansfield ? répète-t-elle, alors que je reprends mes esprits, au XXIe siècle, dans le réduit du club.

La femme a repris l'apparence de la demoiselle à la robe de mousseline, et pose sur moi un regard plein de bonté et de sollicitude.

Je recule d'un pas, le cœur battant.

— Quelle est cette sorcellerie ?

— Je vous prie de m'excuser de vous avoir effrayée. Vous êtes ici en sécurité, Miss Mansfield. Aucune magie noire n'est à l'œuvre, je vous le promets.

— Vous connaissez mon nom, mon nom véritable.

— Bien sûr, jeune demoiselle, dit-elle, en sirotant son thé. Nous avons déjà eu l'occasion de faire connaissance.

— Tout cela n'est donc pas le fruit de mon imagination. Vous êtes la diseuse de bonne aventure du carnaval du village, mais aussi la jeune femme aux cartes, et… comment cela est-il possible ?

— En quoi cela vous paraît-il plus impossible que de vous réveiller dans ce corps, plutôt que celui dans lequel j'ai eu le plaisir de faire votre connaissance une première fois.

— Je n'ai pas la moindre idée de ce qui a bien pu m'arriver.

— Ne souhaitiez-vous pas une tout autre vie, lors de notre première rencontre ? N'éprouviez-vous pas le désir d'être quelqu'un d'autre ? Voyez, je n'ai pas oublié les paroles que vous avez prononcées, ce jour-là.

— Êtes-vous en train de suggérer que ce sont mes souhaits qui m'ont transportée ici ?

— Ne vous avais-je pas prévenue des dangers de monter à cheval, l'été venu ?

— Si, je m'en souviens, mais…

— Et nous voici, me sourit-elle, le regard chaleureux. Car ne sommes-nous pas « de l'étoffe dont sont faits les rêves » ?

— Mais ceci n'est pas un rêve. Et je ne suis pas endormie.

— Certes. Toutefois, vous n'êtes clairement pas éveillée.

— Excusez-moi, est-ce une plaisanterie ? On ne peut être que l'un ou l'autre

— C'est exact.

— Alors, si je ne dors point, comment puis-je être autre chose qu'éveillée ?

— Une question fort pertinente, jeune demoiselle, et je vais faire de mon mieux pour y répondre. Mais, avant toute chose, rasseyez-vous, je vous prie, et buvez votre thé avant qu'il refroidisse.

Elle pointe le doigt en direction de la tasse, à laquelle je n'ai pas encore touché.

Tremblante, je prends place sur la chaise et porte la tasse à mes lèvres. Le thé est encore chaud ; noir, fort, il dégage un parfum de rose. Le terminant d'un trait, je me sens aussitôt mieux. Toutes mes peurs semblent s'être évanouies.

— Bien. Vous avez déjà meilleure mine, me félicite-t-elle avec un nouveau sourire. Revenons donc à votre question : beaucoup d'entre nous vivent leur vie comme dans un songe. Nous ne nous préoccupons pas de ce que nous avons sous les yeux. Nous ne nous rendons pas compte que nous créons nos propres mirages, que nous nous faisons une idée des intentions de notre prochain sans même avoir véritablement conscience de qui nous sommes et de ce que nous voulons. Nous sommes tous des « imaginatifs » en puissance, des conteurs, si vous préférez, et, malheureusement, aucun de nous ne veut ouvrir les yeux sur sa triste réalité.

— Des « imaginatifs » ? Je crains de ne pas saisir…

— Bien, je vais tâcher de m'expliquer. Considérons par exemple un instant cette femme que vous êtes devenue. Courtney Stone.

— Je ne connais rien d'elle.

— Précisément ! rétorque la jeune dame en riant. Pourtant, vous vous êtes déjà construit une image de ce qu'est sa vie. Une image qui la dépeint au mieux comme une effrontée, au pire comme une femme déchue.

— J'ai toutes les raisons de penser qu'elle n'a rien d'une demoiselle convenable.

Mon interlocutrice hausse un sourcil.

— Pourquoi ? Parce qu'elle a franchi le pas là où vous avez hésité ?

— Que voulez-vous dire ? me récrié-je aussitôt.

Toutefois, je ne puis empêcher mes joues de s'empourprer au souvenir de l'étreinte d'Edgeworth, à qui j'ai bien failli abandonner mon innocence.

— C'est lui, et non vous, qui a décidé qu'il était plus sage d'attendre.

— De quel droit mentionnez-vous une telle chose ?

— Pourquoi venir me voir, si ce n'est pour entendre la vérité ? N'en avez-vous pas assez des politesses vides de substance ?

Elle me contemple avec un regard plein de compassion, et ses yeux sont de nouveau ceux de la vieille femme de la foire, la voyante qui m'avait parlé de mes parents, de mes amis, de ma vie, comme si elle avait accès à mes plus intimes pensées. La femme qui en savait tant à mon propos que j'avais quitté sa tente tremblante de peur, me promettant de ne plus jamais me livrer à de telles fantaisies. Aussi m'étais-je déterminée à oublier tout ce qu'elle m'avait dit, y compris son avertissement concernant Belle.

Je me frotte les bras, frissonnant brusquement de froid.

— Voyez-vous, jeune demoiselle, reprend la femme, cette histoire que vous vous êtes imaginée à propos de Courtney n'a qu'un seul point de vue : le vôtre. Vous êtes totalement fermée au sien : à ses désirs, à ses sentiments, à ses intentions. Vous ne savez rien d'elle ; pourtant, vous vous permettez d'écrire son histoire comme si vous la connaissiez. N'est-ce pas une terrible preuve d'arrogance ?

Je sens le rouge me monter aux joues.

— Comment saurais-je ce qu'elle pense ? Cette personne m'est tout à fait étrangère.

— Dans ce cas, laissez-moi vous donner un dernier exemple, Miss Mansfield. Deux personnes avec qui vous entretenez des liens profondément intimes et que vous croyez bien connaître. Vos parents.

— Insinuez-vous que je ne connais pas mes propres parents ?

— En effet. Il apparaît que vous ne savez pas sur eux grand-chose de plus que sur Courtney Stone.

— Balivernes !

— Vous êtes persuadée que votre mère n'a que du mépris pour votre père et qu'elle ne l'a jamais aimé, en dépit de la constance de celui-ci ainsi que de son amour pour elle.

Comme ce jour-là, dans la tente, lorsque la diseuse de bonne aventure avait si clairement lu dans mes pensées, je me sens gagnée par les frissons.

— Jamais je ne tiendrais de tels propos au sujet de ma mère. Et, d'ailleurs, pourrais-je savoir ce que mes parents ont à voir avec ma situation présente ?

— J'essaie simplement de démontrer, Miss Mansfield, que, tout comme ce que vous croyez savoir de vos parents et de leurs cœurs, l'idée que vous vous faites de Courtney Stone n'est que pur fantasme.

— Ce que je sais, c'est ce que j'observe.

— Hélas, ce n'est qu'une infime partie du tableau. Votre cher père fait preuve d'une bienveillance sans faille envers votre mère ; toutefois, il n'éprouve pour elle aucun élan amoureux. Il pleure encore la perte de son amour de jeunesse, une jeune dame du nom de Miss Allcott, qu'il n'a pas reçu la permission d'épouser. Votre mère a connaissance de ce passé et, bien qu'elle ne l'aimât point au jour de son mariage, elle a au fil du temps développé une forte affection pour votre père. Elle n'est cependant jamais parvenue à accepter le fait de ne pas être aimée en retour, même si le pauvre homme fait de son mieux pour le cacher, en se montrant d'une infinie gentillesse envers elle, tandis qu'elle se comporte en épouse aigrie et feint l'indifférence. Votre mère est rongée par la jalousie et, pour cette raison, vous fait tous deux souffrir.

Mon père, épris d'une autre femme ? Ma mère, jalouse et éprouvant de la rancune vis-à-vis de mon père, l'homme dont elle méprisait l'éternelle bienveillance ? Impossible.

Pourtant, pourquoi ai-je l'impression que mon monde s'écroule ? Je m'agrippe au rebord de la table.

— Je n'en crois pas un mot.

— Bien entendu. Après tout, vous leur avez écrit leur propre histoire. « La réalité », comme nous aimons à l'appeler. Quel concept ridicule !

Elle éclate d'un rire clair et haut perché, qui me rappelle le son d'une clochette, puis entreprend de m'étudier, l'air quelque peu inquiet.

— Mademoiselle, vous m'avez tout l'air d'avoir besoin d'un bon remontant. J'espère que vous m'excuserez d'avoir tant ri de ce qui doit vous bouleverser grandement, mais il le fallait. Non pas rire, mais vous dévoiler la vérité. Sinon, comment voulez-vous ouvrir les yeux et vous éveiller un jour ?

— Je suis parfaitement éveillée, protesté-je, à la manière d'une enfant en colère.

— Pas encore, me contredit-elle. Mais j'ai bon espoir que vous le serez un jour.

Elle fait alors apparaître une carafe de cristal et en retire le bouchon pour verser un peu du liquide rouge rubis dans un verre minuscule qu'elle pose devant moi, à côté de ma tasse.

— Vous n'aurez jamais l'occasion de vous mettre à la place de votre mère, Miss Mansfield, mais on vous a donné la possibilité de vivre ce que vit Courtney. Vous ne pouvez nier que c'est là le meilleur moyen de comprendre les actions des autres.

En effet. Je me remémore la scène de la taverne, à peine une heure plus tôt ; comment, brûlante de désir pour Frank, je l'avais laissé m'embrasser, puis l'avais repoussé avant de prendre mes jambes à mon cou pour fuir ma honte et la douleur que je lisais sur le visage de Wes. Je frémis à ce souvenir.

— Je n'ai jamais souhaité me mettre à la place de Courtney, bien que vous sembliez convaincue du contraire.

— Il est toujours sage de peser ses mots, Miss Mansfield. N'avez-vous pas énoncé clairement que vous auriez souhaité vivre une vie différente, lors de notre dernière rencontre ? « Une vie tout autre », ce sont vos mots.

— En effet, je ne nie pas avoir prononcé ces paroles.

— Et n'aviez-vous pas envie de prendre part à quelque chose d'important, de servir quelque noble cause ?

Certes, néanmoins, je suis certaine de ne jamais avoir évoqué cette cause à voix haute dans la tente de l'extralucide.

— Eh bien, voici votre chance ; car il n'est rien de plus noble que de se sacrifier au service de quelqu'un d'autre.

— Je ne comprends point.

— Vous ne pensiez tout de même pas que votre souhait serait réalisé sans rien en contrepartie ? Il y a en réalité fort à faire, ici. Regardez l'état de l'existence dont vous avez hérité : Courtney a rayé deux hommes de sa vie, mais ceux-ci ne cessent de reparaître, en dépit des meilleurs efforts de ses amis ainsi que de ce qu'elle considère comme son « propre bon sens ».

— Ce qu'elle considère... Voulez-vous dire qu'elle ne fait en réalité pas preuve de bon sens ?

— Ça, c'est à vous de le déterminer, jeune demoiselle.

— Mais comment ? Moi qui ne connais rien de ce monde et de ses conventions, comment puis-je lui être d'une aide quelconque ?

— Votre perspective est peut-être limitée, mais elle présente l'avantage d'être fraîche. Et je crois que c'est exactement ce que Courtney et vous avez besoin : une perspective nouvelle.

» Buvez, insiste-t-elle.

Et son ton bienveillant me force à lui obéir.

Je porte le verre à mes lèvres ; les vapeurs de la boisson rouge sang dégagent mes voies respiratoires de la plus agréable des manières, et son parfum m'évoque celui des mûres doucement réchauffées par le soleil d'été. Je l'avale d'une seule gorgée, et, en effet, le cordial se révèle délicieusement revigorant.

La femme m'offre un sourire approbateur.

— Dites-vous que la vérité ne se trouve pas dans les faits à proprement parler. Car, lorsqu'il s'agit de savoir ce qui constitue la réalité, c'est votre parole contre la mienne, contre celle de Courtney, mais aussi la sienne contre celle de Frank, de Wes… et ainsi de suite. Et, au bout du compte, qui de nous, ou d'eux, ment ?

» Ce qui fait l'authenticité d'une histoire, c'est l'acceptation de la nature humaine et notre capacité d'introspection ; la prise de conscience du fait que nous ne savons rien et que ce que nous nous imaginons être la vérité n'est qu'illusion. Rappelez-vous Miss Elizabeth Bennet, qui finit par s'apercevoir que son opinion sur Mr Darcy, ou même sur son amie la plus intime, n'a pour autre fondement que ce qu'elle s'est imaginé d'eux. Et, pourtant, sa déclaration la plus mémorable, et certainement la plus proche de la vérité, demeure celle-ci : « Jusqu'à ce moment, je ne me connaissais pas moi-même. » « Moi-même » ! Voyez ? « Moi-même ». Et non les autres.

— *Orgueil et Préjugés* est mon roman favori. Il est extraordinaire que vous en ayez vous aussi si bonne connaissance.

Il me semble cette fois détecter une pointe de dérision dans le sourire de la jeune femme.

— Cela n'a vraiment rien d'extraordinaire. Mais je suis heureuse de voir que vous avez ces œuvres à disposition ; vous ne trouverez ami plus fiable ni conseil plus sage. À moins bien sûr de revenir me voir.

— Suis-je donc destinée à rester dans la peau de Courtney à jamais ?

— Et demeurer là, « comme la Résignation sur une tombe souriant à la Douleur » ?

— Vos paroles sont une énigme, Miss... Me donnerez-vous votre nom ?

— Ne préféreriez-vous pas une solution au mystère ?

— Bien entendu.

— Qu'il en soit ainsi : lorsque enfin vous vous éveillerez, la réponse sera vôtre.

— Je ne suis pas...

— Revenez me voir, dit-elle en se levant de sa chaise dans un mouvement gracieux, son visage à présent dissimulé dans l'obscurité, au-dessus des bougies. J'ai été ravie de votre visite.

Et, sur une brève révérence, elle se retire dans l'ombre.

Soudain, je ne perçois plus sa présence, mais, si elle a quitté la pièce par une autre porte, elle l'a fait sans un bruit.

Je reste assise là durant quelques minutes, mais, très vite, le feu se consume et s'éteint, et le froid retombe. Les bougies ne sont plus que des fonds de cire qui crachotent. Alors que je tente de me réchauffer en me frottant les bras, la pièce est soudain plongée dans les ténèbres, et je dois retrouver la porte à tâtons.

La lumière tamisée du couloir éclaire l'intérieur du réduit, révélant un tout autre décor que celui que je croyais laisser derrière moi ! Point d'âtre ni de table, de service à thé ni de chaises : uniquement le sol nu et des boîtes empilées sur des étagères.

Les mains tremblantes, je bondis hors de la réserve, refermant la porte derrière moi. Adossée au mur, je tente de reprendre mes esprits. Cette rencontre ne fut-elle donc que le fruit de mon imagination ?

Non. Cette femme était aussi réelle que les battements affolés de ce cœur qui n'est pas le mien. Aussi réelle que l'amour que j'avais ressenti pour Edgeworth, cet amour qui me déchirait encore le cœur.

Pourquoi est-ce à lui que je songe à cet instant ? Sans doute parce que, lorsque, déambulant à mon bras parmi les attractions de la fête, Mary avait suggéré que nous tentions notre chance en apercevant le pavillon de la diseuse de bonne aventure – « Oh, Jane, comme il serait amusant de nous faire prédire notre avenir ! » – et que j'avais feint de considérer cela comme un simple divertissement, Edgeworth occupait en réalité mon esprit tout entier. Edgeworth dont j'avais surpris la trahison. Edgeworth dont je ne pouvais plus entendre prononcer le nom sans ressentir le pire déchirement. Aussi étais-je entrée seule dans la tente de la voyante, laissant Mary au-dehors, souhaitant de tout mon cœur que ma vie fût différente. Souhaitant de tout mon cœur me trouver ailleurs, n'importe où. Être quelqu'un d'autre. *Si seulement c'était possible*, m'étais-je dit.

Eh bien, voilà.

Chapitre 12

À la recherche de Deepa, je me fraie un passage parmi la foule de danseurs et de clients grouillant devant le bar. Elle n'est nulle part en vue, mais je ne suis pas inquiète. Afin d'avoir un meilleur point de vue sur le comptoir, je me poste près d'un garde-corps délimitant une sorte de galerie surplombant le bar. J'espère qu'elle sera bientôt de retour et ne verra pas d'inconvénient à me ramener chez moi, car les événements de cette journée sans fin commencent à me peser, et je ne demande rien de mieux qu'un lit confortable et un peu de calme.

Les musiciens ont déserté la scène, et, s'il se joue encore de la musique – sans nul doute grâce à l'un de ces ingénieux petits objets produisant des mélodies sur demande –, le volume est loin d'être aussi assourdissant que celui de l'orchestre. Si j'accueille ce répit avec soulagement et demeure fascinée par le spectacle des personnes dansant et s'amusant à mes pieds, je ne cesse de tourner et de retourner les paroles de la voyante dans mon esprit. Selon elle, je ne suis donc pas là par hasard et ai une mission à accomplir.

Mais comment puis-je mettre de l'ordre dans la vie de Courtney ? Moi qui n'ai pas la moindre idée de qui elle est et ne connais rien de cette époque étrange dans laquelle elle vit ? Moi qui ai même été incapable de repousser les avances d'un parfait inconnu ?

Comme pour souligner cette réflexion, je pose sans le vouloir les yeux sur un couple enlacé près du bar, échangeant un baiser si passionné qu'ils semblent prêts à s'avaler l'un l'autre. Autour d'eux, personne ne paraît scandalisé ; en fait, dames comme gentilshommes font mine de ne pas les remarquer, ou se contentent de leur jeter un coup d'œil blasé avant de retourner à leurs propres occupations.

D'où je viens, une telle chose serait impensable, mais il devient clair que cet endroit est différent en tout point du monde que je connais. Et, si enchantée que je sois à l'idée de posséder mes propres appartements et de jouir d'une totale indépendance, je crains de ne pas avoir la force morale de résister à un tel degré de dépravation. Ma conduite de ce soir envers Frank ainsi que ces pensées – ou souvenirs – troublants, suggérant un comportement bien pire, ont ébranlé toutes mes certitudes.

Je suis brutalement tirée de mes réflexions par une tape sur l'épaule. Sursautant, je me retourne, et découvre Wes. Quel bonheur de revoir son doux sourire, enfin… jusqu'à ce que je me rappelle ce dont le jeune homme a été témoin ce soir. Je me trouve incapable de le regarder dans les yeux.

Il était déjà assez humiliant que Wes m'ait vu embrasser Frank, mais était-il au courant de l'étendue de mes errements ?

— J'espérais bien te trouver ici, dit-il à mon oreille. Est-ce que tout va bien ?

J'acquiesce d'un signe, évitant soigneusement de croiser son regard.

— Je sais que ce ne sont pas mes affaires, mais tu n'as tout de même pas l'intention de donner une seconde chance à Frank, si ?

Je sens le feu me monter au visage.

— Je n'ai aucune excuse pour ce que j'ai fait.

— Donc c'est non… ?

— J'ai tellement honte.

La diseuse de bonne aventure avait déclaré que c'était à moi de décider s'il était dans mon intérêt ou non – ou plutôt celui de Courtney – de tenir Frank à l'écart de ma vie. De même que Wes. « Ça, c'est à vous de le déterminer », avait-elle proclamé. Tout ce dont je suis sûre, c'est qu'un homme dont la seule présence m'incite presque à jeter ma réputation – ou ce qu'il en reste – aux orties est quelqu'un que je veux éviter à tout prix.

Quant à Wes, son regard est empreint de tant de bienveillance que je me sens en parfaite sécurité avec lui. En dépit de ce dont Anna et Paula l'accusent. Pourtant, ayant accordé crédit aux avertissements des deux jeunes femmes concernant Frank – avec raison, puisqu'il avait lui-même avoué avoir mal agi –, ne devrais-je pas également prendre en considération leurs doutes vis-à-vis de Wes ?

— Tu n'as rien à te reprocher, Courtney. Il a vu la faille, et il en a profité.

Et je ne l'en avais pas empêché. Toutefois, il m'est impossible de l'admettre tout haut.

— Vous êtes bien aimable.

Je m'autorise à rencontrer son regard, et n'y vois rien d'autre que de la douceur. Cette indulgence que tout homme compatissant accorderait à une femme dont l'honneur aurait été ruiné… À moins qu'il n'ait pas idée à quel point Courtney s'est compromise avec Frank – ce que j'espère de toutes mes forces. Si seulement je parvenais à chasser ces images de mon esprit, mais elles continuent de me hanter. Elles sont si précises, si réalistes, que j'ai de plus en plus de difficultés à les dissocier de mes propres souvenirs.

Je ne puis affronter le regard de Wes plus longtemps et baisse de nouveau les yeux vers le comptoir, derrière lequel Deepa a refait son apparition. J'agite la main dans sa direction jusqu'à ce qu'elle me remarque et me décoche un sourire ; un sourire éclatant, même à cette distance.

Je remarque alors qu'une autre jeune femme aux cheveux noirs, debout à quelques pas du bar, a levé la tête et me dévisage. Moi ou Wes. Je ne saurais dire avec certitude. Néanmoins, il me semble reconnaître ce visage pâle en forme de cœur ainsi que ces yeux de chat ; il va pourtant sans dire que je ne l'avais encore jamais vue de ma vie.

Lorsque Deepa nous rejoint sur la plate-forme, je constate que Wes regarde lui aussi en direction de l'inconnue, qui continue de nous observer.

— Assez fait la fête pour ce soir ? me demande Deepa avec un sourire.

Comme je réponds par l'affirmative, Wes reporte son attention vers nous.

— Bien, c'est parti alors, lance la jeune femme. À bientôt, Wes.

— À la prochaine, Deepa.

Cette dernière me fait signe de la suivre et, calant son sac sous son bras, prend la direction des escaliers.

À mon tour, je salue Wes.

— Ne sois pas si dure avec toi-même, Courtney, dit-il en me pressant la main.

Sa gentillesse me bouleverse tant que je ne parviens qu'à hocher la tête, avant de me précipiter à la suite de Deepa, qui s'éloigne déjà. La jeune femme aux traits curieusement familiers s'est quant à elle envolée.

Le trajet jusqu'à chez moi se fait dans le silence ; seule la musique retentit dans la voiture. Une ou deux fois, Deepa me tapote le bras avec un sourire rassurant, mais elle ne me pose aucune question à propos de ma rencontre avec l'inconnue. Bien que désirant ardemment en parler, je me tais moi aussi.

Lorsqu'elle arrête la voiture devant la maison, je finis par me lancer :

— Ne voulez-vous pas savoir ce qui s'est passé après que vous m'avez laissée ?

— Tu as bien conscience, répond-elle en plantant son regard grave dans le mien, que ce que tu as vu ce soir concerne un sujet que tu ne peux aborder avec 99,9 %

de la population ? C'est la même chose pour ce qui est des vies antérieures. Ce genre de truc, ce n'est pas pour tout le monde, vois-tu ? Motus et bouche cousue.

Elle tente d'esquisser un sourire guilleret, mais je vois bien qu'elle est sérieuse.

Je la contemple avec un respect renouvelé.

— J'imagine que j'ai parfois tendance à croire que mon imagination me joue des tours, même quand je sais que ce n'est pas le cas, mais il me semble clair que vous avez vous-même eu affaire à cette dame.

Je marque alors une pause, espérant une réponse, sans oser la presser plus avant, de peur de me montrer impolie.

— Ne te vexe pas, me dit-elle, mais ce n'est pas quelque chose dont je discute. J'ai beaucoup hésité avant de te conduire dans ce couloir, ce soir. La seule fois où j'en ai trop dit, et à la mauvaise personne, en prime, je n'ai pas revu la « dame », comme tu l'appelles, pendant six mois. De toute façon, en parler serait la réduire à une simple légende que personne ne comprendrait. Elle ne se montrerait plus jamais, et ce serait comme si elle n'avait jamais existé.

Je pense comprendre ce qu'elle veut dire. Après tout, comment réagirait Mary si je revenais chez moi, à mon époque, et tentais de lui expliquer ce qui m'était arrivé ? Jamais elle ne me croirait, et ce n'est pas moi qui l'en blâmerais.

— Alors, dis-moi, reprend Deepa, qu'as-tu pensé de *l'Éveil* ?

Puis, avec un petit sourire :

— Mis à part ce dont on ne parle pas ?

— *L'Éveil* ?

— Ben, le club, enfin !

— *L'Éveil*…

L'ironie ne m'échappe pas.

— Fascinant. Différent. Êtes-vous employée là-bas depuis longtemps ?

— En réalité, je possède une participation majoritaire dans le club. Depuis que mon divorce a été prononcé, il y a deux mois. Quand nous nous sommes rencontrées.

Je repense aux dames et aux gentilshommes, se mêlant les uns aux autres dans une même salle.

— Puis-je vous demander quels sont les critères pour devenir membre de votre club ?

Deepa pouffe de rire.

— Tu es vraiment trop drôle, Courtney.

Ne comprenant pas ce que j'ai dit de si amusant, je m'esclaffe néanmoins avec elle, puis prends congé, la remerciant du fond du cœur pour sa gentillesse.

— Il faudra qu'on remette ça bientôt, déclare-t-elle.

Le cœur en joie, j'agite la main pour faire mes au revoir. Je pense m'être fait une véritable amie, ce soir.

Montant les marches quatre à quatre, je m'étonne que Deepa ait reçu une part du club à la suite de son divorce. J'avais déjà trouvé surprenant que Paula affirme durant le petit déjeuner qu'une dame pouvait demander à divorcer d'un époux adultère, mais qu'elle bénéficie d'une contrepartie financière est tout bonnement extraordinaire. Bien sûr, la cousine de ma mère, qui était venue chercher le réconfort chez nous tant d'années auparavant, n'avait pas eu ce luxe.

Comme toutes les autres épouses dans sa situation, elle avait été condamnée à une vie de chagrin et de soumission, alors que son mari se couvrait de ridicule.

Ma mère divorcerait-elle de mon père si elle en avait la possibilité ? Je ne puis le concevoir. En admettant que l'extralucide ait dit vrai, l'idée que le monde découvre qu'elle n'était pas aimée de son époux la remplirait d'horreur. Non. Et, s'il m'est possible d'imaginer que mon père puisse porter en son cœur la flamme d'un amour de jeunesse perdu – et tenter de se représenter cet homme frêle aux cheveux fous, usé par le souci, comme un jeune homme, et, à plus forte raison, un jeune homme amoureux, demande un effort d'imagination considérable –, je ne peux croire que ma mère l'ait un jour aimé. Cette diseuse de bonne aventure est peut-être capable de prédire une chute de cheval, mais elle n'est certainement pas en reste quand il s'agit d'inventer des histoires !

Pourtant... il s'agit bel et bien de la même voyante que celle que j'avais approchée en mon propre temps, dans mon propre pays. Et, comme ce soir, elle avait semblé connaître à mon sujet des choses que je n'avais jamais confiées à âme qui vive, aussi m'est-il difficile de rejeter en bloc toutes ses révélations.

J'ouvre la porte et retrouve avec bonheur la solitude de mes appartements. Dans le silence complet, je constate que mes oreilles bourdonnent plus que je ne le pensais. Je me sers un verre d'eau puis m'enfonce avec délices dans le canapé moelleux afin de méditer sur les curieux événements de la soirée.

« Il y a fort à faire, ici », avait dit la femme. « Il n'est rien de plus noble que de se sacrifier au service de quelqu'un d'autre. » « Regardez l'état de l'existence dont vous avez hérité. »

Mon ventre grogne, me rappelant que je n'ai pratiquement rien mangé depuis mon petit déjeuner avec Anna et Paula. Je ne saurais entreprendre quoi que ce soit l'estomac vide, encore moins l'examen approfondi de la situation de Courtney. Aussi vais-je chercher le pot de glace du nom de Cherry Garcia dans le « réfrigérateur », ainsi que Wes appelle le coffre froid de la cuisine, et reviens m'installer sur le sofa.

Et c'est tout ce dont je suis capable pour le moment. J'ai assez entendu parler de nobles missions et de sauts dans le temps pour la soirée.

Malgré tout… Je vais passer en revue la pile de romans de Jane Austen, qui trône sur la table de chevet près du lit. *Emma* est exactement ce qu'il me faut. Il sera bien temps de me préoccuper de ce que m'a dit la voyante demain.

J'ouvre donc le lourd volume, impatiente de me plonger dans une histoire nouvelle.

Chapitre 13

Quelqu'un cogne à la porte, me réveillant en sursaut. J'ai dormi tout habillée sur le canapé ; *Emma* est presque terminé, et le pot de glace vide gît sur la table basse. Il ne me plaît guère de recevoir une visite dans un état si peu présentable, mais je n'ose faire la sourde oreille.

— Qui est-ce ? demandé-je d'une voix encore rauque de sommeil.

— C'est Sandra, ma chérie. Ouvre.

Sandra ? Ah, oui, Anna et Paula avaient mentionné une certaine Sandra, la veille. Une connaissance de David, mon supposé employeur. Ouvrant la porte, je découvre sur le palier la plus délicieuse des créatures : menue et aérienne, telle une fée aux longs cheveux blonds et soyeux. Un visage délicat encadre ses immenses yeux bleus et son doux sourire. Elle n'a sans doute guère plus de vingt et un ans.

— Comment te sens-tu, ma belle ? Nous étions tous morts d'inquiétude. Bien sûr, David ne sait plus où donner de la tête, mais tu sais comment il est.

Elle lève les yeux au ciel.

— À croire qu'il ne peut pas se passer de toi un week-end. Si j'étais toi, je profiterais de ce qu'il s'est enfin rendu compte que tu lui étais indispensable pour réclamer une augmentation. Et ce serait encore trop peu, pour tout le travail que tu accomplis.

Sa voix me surprend par ses accents graves. Elle me rappelle celle de Mary ; plus douce, moins âpre, mais assez similaire pour provoquer en moi un petit pincement au cœur.

Sandra me considère un moment de ses grands yeux bleus.

— Tu n'as pas l'air dans ton assiette ; tout va bien ?

Je souris.

— Très bien.

— Tu n'as pas mal ?

— Rien de sérieux.

Elle semble sur le point de dire quelque chose, puis, haussant les sourcils, se ravise.

— Et si je te faisais couler une douche et que je te préparais un café ?

Je la suis dans la salle de bains, étudiant soigneusement ses gestes tandis qu'elle repousse le rideau, révélant une baignoire encastrée dans le mur, ouvre les vannes, puis referme le rideau.

— Allez, grimpe, m'ordonne-t-elle. Tu mérites qu'on prenne soin de toi, pour une fois. Je vais même te sortir des vêtements et te conduire au bureau. Enfin, si tu en as envie, bien entendu. Si tu préfères prendre ta voiture…

Ma voiture. Je possède ma propre voiture. L'idée de la conduire est extraordinairement tentante, mais je n'aurais pas la moindre idée de comment m'y prendre. Sandra est probablement la bonne de David, et il me l'a dépêchée afin qu'elle m'escorte jusqu'à mon lieu de travail. Car j'ai désormais un « lieu de travail ». Une profession à moi.

Toutefois, Paula m'avait dit que je n'avais pas à m'y rendre aujourd'hui. Oh, comme je regrette que ni elle ni Anna ou Deepa ne soient là pour me conseiller sur ce qu'il convient de faire dans ma situation !

Puisqu'il en est ainsi, je me montrerai forte. Et je dois reconnaître que je suis terriblement curieuse de voir à quoi ressemble l'endroit où je travaille.

— Si vous vouliez bien m'y conduire, je vous en serais fort reconnaissante.

Me lançant un regard quelque peu perplexe, elle quitte la pièce d'un pas vif. Après m'être dévêtue, je teste la température de l'eau de la pointe du pied : parfaite. Je me faufile derrière le rideau et me trouve aussitôt enveloppée d'une cascade d'eau chaude et de vapeur. Une sensation divine.

Une collection de bouteilles alignées sur une série d'étagères blanches attirent mon œil. Deux sortes d'un produit appelé « shampooing ». Un après-shampooing. Un gel-douche. Que de noms exotiques ! Ah, enfin, quelque chose de familier : deux pains de savon délicatement parfumés. Plutôt que d'utiliser le savon pour me laver les cheveux, je décide de satisfaire ma curiosité et étudie les bouteilles, dont les corps souples et opaques sont couverts de caractères vantant les propriétés « miraculeuses » et « révolutionnaires » des diverses mixtures. Il y a tant à lire que je risque de cuire comme une langouste avant d'avoir eu une chance d'utiliser le produit.

Par bonheur, j'échappe à ce triste sort en jetant mon dévolu sur la bouteille la plus proche, dont les instructions sont si précises que je ne peux m'empêcher de rire en massant mon cuir chevelu à l'aide de la substance au parfum délicieux. Qui serait assez sot pour appliquer la mixture sur ses cheveux sans la rincer ensuite, si l'on ne lui en donnait pas la consigne ?

Il y avait longtemps que je ne m'étais pas sentie aussi propre ; cette méthode n'a rien de commun avec un long bain, dont l'eau a tôt fait de devenir aussi sale que le corps qui y trempe, ne nous laissant d'autre choix que de mariner dans notre crasse, puis d'en essuyer le plus gros avec une serviette.

Dans le but de couper le flot, je tourne les valves comme j'ai vu Sandra le faire ; ne réussissant dans un premier temps qu'à me brûler, je pousse un petit cri involontaire.

Un coup à la porte, et j'aperçois Sandra à travers le rideau de vapeur.

— Tout va bien ? s'inquiète-t-elle.

J'attrape une serviette pour me couvrir.

— Bien sûr. Ce n'était guère qu'un peu d'eau chaude.

De nouveau, mon amie lève les yeux au ciel.

— Une augmentation, et un appartement où les choses fonctionnent correctement. Mais d'abord il faut qu'on arrive à t'amener au bureau avant que David nous fasse une attaque. Il a déjà appelé trois fois pendant que tu étais sous la douche. Je lui ai dit que plus il insistait, plus il te retardait, donc je pense que tu es tranquille jusqu'à ce qu'on soit là-bas.

— Je vous remercie.

Fidèle à sa promesse, Sandra m'a préparé une tenue, qu'elle a étendue sur le lit : un pantalon noir légèrement brillant ainsi qu'un corsage noir sans manches. Non seulement ce corsage est d'une indécence rare, mais…

La jeune femme me pose une main sur le bras.

— Quelque chose ne va pas, ma belle ?

— Je porte le deuil ?

Bouche bée, elle me dévisage un instant, puis éclate de rire.

— Pas que je sache. Mais depuis quand est-ce que cela t'empêche de porter du noir de la tête aux pieds ?

Elle sort alors du tiroir une robe blanche fluide imprimée de fleurs bleues ; celle-ci n'est évidemment pas d'une longueur convenable, s'arrêtant à hauteur du genou, voire un peu plus haut. De plus, elle ne comporte pas non plus de manches.

— Que penses-tu de ça ?

Hors de question que j'exhibe mes jambes ; moi qui peine déjà à imaginer montrer mes bras…

— Peut-être pourrais-je accorder le pantalon noir avec quelque chose de plus coloré ? Avec des manches ?

En de telles circonstances, le demi-deuil est préférable au grand.

Je souris d'une manière que j'espère conciliante, mais la demoiselle semble toujours aussi perplexe.

— Bon…

Elle me tend une sorte de caraco bordeaux à manches longues, orné d'un col rabattu et de boutons.

— Au moins, tu ne vas pas te geler dans l'air conditionné. Et puis, comme ça, tu n'as pas non plus à te soucier de te raser les jambes. Ce qui te mettrait encore plus en retard, ajoute-t-elle en jetant un coup d'œil à sa montre, un objet très féminin qui tient davantage du bijou.

Je trouve l'idée d'accrocher sa montre à son poignet particulièrement astucieuse.

— Effectivement.

Je lui ouvre la porte pour qu'elle me laisse m'habiller seule, sans toutefois comprendre ce qu'elle entend par « air conditionné » et « me raser les jambes ».

Je sais désormais me débrouiller avec les sous-vêtements et le laçage du pantalon, mais le langage de cette société reste un mystère.

Lorsque je suis enfin prête, je me trouve plutôt bonne mine, ayant au bout du compte réussi à appliquer mon mascara sans me crever un œil ou avoir l'air de m'être barbouillé le visage de cendres. Sandra m'attend, un trousseau de clés à la main et son sac à l'épaule.

— Ton propriétaire devrait vraiment faire quelque chose à propos de ce climatiseur, dit-elle après avoir fait je ne sais quoi sur un cube enchâssé dans la fenêtre, interrompant le ronflement sonore que j'entendais résonner dans tout l'appartement depuis ma sortie de la douche.

» J'allais te proposer de te faire ton brushing, poursuit-elle en désignant vaguement un étrange objet marron posé sur la table. Mais, avec cette chaleur, oublie.

Il règne en effet une forte chaleur dans la pièce. Une goutte de sueur roule entre mes omoplates ; j'espère que cela ne se remarquera pas. De même que j'espère que l'anti-transpirant/déodorant fraîcheur poudrée trouvé dans un placard et appliqué sous mes aisselles, comme indiqué sur l'étiquette, fera son office.

Mais je m'inquiète pour rien, car il ne nous faut pas plus de quelques minutes pour franchir la masse de chaleur qui nous accueille à l'extérieur et gagner le confort de la voiture gris nacré de Sandra. Le véhicule n'émet pratiquement aucun bruit tandis que nous nous engageons dans la rue, et la température intérieure est immédiatement rafraîchie par un souffle d'air glacé. *C'est sans doute ceci*, me dis-je, comprenant enfin ce qu'elle appelle « air conditionné ».

Les voitures de Paula et de Deepa disposent probablement de la même commodité, car toutes deux bénéficient, me semble-t-il, d'une température bien plus fraîche que l'air extérieur, même si je n'y avais initialement pas prêté attention. La diseuse de bonne aventure a peut-être raison : je ne me préoccupe pas de ce que j'ai sous les yeux. Je me demande alors ce que j'ai bien pu manquer de remarquer, en particulier dans ce monde étrange, où mon attention est si fréquemment captée par de nouvelles choses que j'en éprouve des difficultés à me concentrer sur la conversation attentionnée de Sandra. Celle-ci désire savoir si je suis bien installée, si ma tête me fait souffrir, et me sermonne gentiment pour que je ne laisse pas David m'enfouir sous une montagne de travail dès le moment où je franchirai la porte du bureau. Cependant, je suis davantage absorbée par la vue que m'offrent les vitres placées à l'avant et sur le côté, et contemple avec avidité le défilé d'arbres exotiques au feuillage en plumeau, le ballet des voitures roulant à toute allure ainsi que les bâtiments insolites aux innombrables fenêtres et aux structures étincelantes. Ne parvenant pas à dissiper le malaise qu'ont fait naître les commentaires de Sandra concernant mon salaire apparemment insuffisant, mon propriétaire négligent et l'état de décrépitude de ma demeure, je me vois forcée de conclure que la femme que je suis censée être, Courtney Stone, vit dans des conditions si déplorables qu'une femme de chambre n'hésite pas à lui prodiguer des conseils. Une telle dégradation de ma situation – car le fait que je ne possède pas le moindre servant est pour le moins révélateur de la misère dans laquelle je me trouve – est extrêmement embarrassante pour une fille de gentilhomme.

Pourtant, une femme qui travaille pour assurer sa subsistance et se fait conduire jusqu'à son bureau, une femme qui dispose d'une charmante domestique et d'une voiture clairement plus luxueuse que celles de Paula et de Deepa, peut-elle réellement être considérée comme pauvre ? Une femme possédant une telle abondance de toilettes, ayant les moyens d'entretenir son propre véhicule et habitant, non pas une chambre, mais un appartement rien qu'à elle, n'est-elle pas, par définition, riche ? Peut-être pas riche en termes de terres et de domaines, comme ceux rattachés au manoir Mansfield, ni riche à la manière d'Edgeworth, qui possède deux grandes propriétés ainsi qu'une maison en ville, mais riche comme une femme non mariée pouvait l'être : d'indépendance, de tranquillité et de libre arbitre. Et riche de détermination, en particulier lorsqu'il s'agissait de découvrir ce qui m'attendait face à cette merveilleuse et mystérieuse aventure que l'on appelait « travail ».

— Voilà, on y est ! claironne gaiement Sandra en engageant la voiture dans une allée qui s'enfonce sous le niveau de la rue, menant à un véritable hangar souterrain rempli de voitures.

Un nombre incroyable de véhicules sont rangés là, comme à l'écurie, dans ce lieu à l'éclairage aveuglant, qui semble n'avoir d'autre usage que de les abriter. Sandra arrête son choix sur ce qu'elle appelle une « place de parking », et, bientôt, nous grimpons dans une petite cabine mobile, comme chez le docteur Menziger. La porte s'ouvre, et quelques personnes descendent, mais, comme je m'apprête moi aussi à sortir, Sandra me rattrape par le bras.

— Pas encore…

La porte s'ouvre encore trois fois avant qu'elle se décide enfin à descendre, s'assurant cette fois que je la suive en me prenant par la main. Je suis alors accueillie par un concert de voix. De nombreux jeunes gens m'interpellent, certains assis à leur bureau, d'autres se levant de leur chaise, la plupart munis d'un drôle d'objet dépassant de leur oreille.

« Courtney ! » « Qu'est-ce que tu fais là ? » « On ne pensait pas que tu reviendrais aussi vite ! » sont parmi les exclamations qui me parviennent, le tout accompagné de sourires, voire de quelques clins d'œil impertinents, un homme allant jusqu'à lancer : « Sexy, les cheveux mouillés ! » me faisant rougir sans que je comprenne vraiment pourquoi. Un bruit insistant résonne dans l'air : « brrr-brrr-brrrrip, brrr-brrr-brrrrip ! » ; il s'interrompt momentanément chaque fois qu'une demoiselle ou un jeune homme donne un petit coup sur l'accessoire placé dans son oreille ou se saisit d'un objet rectangulaire posé sur une sorte de pavé illuminé de minuscules lampes clignotantes, et se met à lui parler. Je vois : il doit s'agir d'une sorte de téléphone, simplement bien plus gros que le mien et ceux que j'ai vu Wes, Paula et Sandra utiliser.

Cette dernière ne me laisse pas m'attarder auprès du comité d'accueil.

— Laissez-la respirer un peu, vous tous ! s'écrie-t-elle d'un ton enjoué.

Soudain, elle s'arrête net, et je suis emportée par une sorte de tornade équipée de l'un de ces curieux appendices. L'homme semble conduire deux conversations à la fois : l'une avec cette chose dans son oreille, l'autre avec moi. (Si j'en suis parvenue à cette conclusion, c'est qu'il tend à porter la main à l'objet chaque fois qu'il lui parle.)

Également entraînée dans le sillage de ce véritable tourbillon, Sandra lui dépose un baiser sur la joue, en réponse de quoi l'homme glisse brièvement un bras autour de la taille menue de la jeune femme et lui flatte la hanche de sa main énorme. Si cela n'a pas l'air d'offenser la domestique je suis pour ma part profondément dégoûtée d'être témoin d'un geste aussi déplacé envers le personnel.

— Ménage-la un peu, l'avertit Sandra.

Après m'avoir adressé un clin d'œil d'encouragement, elle disparaît dans l'une des pièces vitrées alignées le long des murs de ce vaste espace plein de tables immenses et de gens parlant dans le vide, le regard rivé sur des boîtes lumineuses et les doigts tapotant à la surface de plaques sur lesquelles sont, semble-t-il, imprimées les lettres de l'alphabet. Je suis si absorbée par le spectacle qui s'offre à moi, si distraite par l'accueil que je reçois, que je ne saisis pas immédiatement tout ce que dit l'ouragan humain.

— Lance ? C'est David, s'écrie-t-il en l'air, la tête inclinée de manière ridicule. Il est temps de boucler ça, OK ? Plus que deux semaines, je te rappelle. « Tic tac », l'horloge tourne. C'est bon, tu es opérationnelle ? Hello… Courtney ?

Il fait claquer ses doigts devant mon nez, et je me rends compte que c'est à moi qu'il parle.

— La journée est déjà bien entamée, et je suis déjà débordé. J'ai besoin que tu fasses le tri dans mes appels et mes mails. Tu es avec moi ? Non, Lance…, on ne peut pas accepter ça. Ho, tu m'entends ?

Il m'observe fixement, et, malgré la température plutôt fraîche de la pièce, je suis en sueur. Derrière ses lunettes à fine monture noire, son regard est glacial.

Puis, sans crier gare, son visage se fend d'un sourire désarmant, et il m'enveloppe de ses bras.

— Monsieur…, m'écrié-je en tentant vainement de me dégager. David, je…

Il me lâche et lève les yeux au ciel.

— Oui, bon, pas la peine d'appeler ton avocat. Tu m'as fait une frayeur, c'est tout. Tout va bien, maintenant ? Super !

Nous sommes arrivés à ce que je suppose être ma table de travail. L'homme feuillette au moins six piles de feuilles affreusement désordonnées, avant d'en tirer une liasse de morceaux de papier ligné rose, qu'il m'agite à la figure.

— L'intérimaire qu'ils m'ont envoyée était incapable de gérer les appels ou de mettre mon calendrier à jour, déclare-t-il avec une moue dédaigneuse en direction des pages roses. Voilà comment elle s'imaginait s'y retrouver. Je te laisse t'en dépatouiller. Et synchronise mon BB, veux-tu ?

Exige-t-on maintenant de moi que je m'occupe d'un nourrisson ?

Il jette alors sur la table un petit objet plus épais et arrondi que le téléphone que je possède (demeuré attaché à son cordon dans mon appartement, je me le rappelle soudain). Comme je le ramasse, je vois le mot inscrit en lettres blanches au-dessus du carré vitré : « BlackBerry », et ris de mon erreur.

— Heureux que ça fasse au moins rire quelqu'un, reprend l'homme, d'un ton qui n'a pourtant rien de ravi. Maintenant, passe-moi Angelo. S'il te plaît.

— Et où trouverai-je cet Angelo, je vous prie ?

— Hein ?

— Où dois-je aller chercher l'Angelo que vous désirez ?

— Contacte-le par téléphone, bon Dieu ! Et depuis quand est-ce que tu me vouvoies ?

Ciel ! Je suis une servante. Cela ne fait plus aucun doute. Les mauvais traitements, les manières tyranniques…

— Monsieur, si vous ne pouvez pas vous adresser à moi de manière civile…

— Courtney, ça n'a rien de drôle.

— Non, en effet. Moi qui pensais avoir un emploi respectable, je découvre que je ne suis rien de plus qu'une bonniche.

— Bordel, Courtney ! Si tu étais ma bonniche, tu t'empresserais de faire ce que je te demande, au lieu de cracher sur un job pour lequel tout le monde se bat.

Un petit ricanement méprisant s'élève à l'un des bureaux non loin, détournant momentanément notre attention l'un de l'autre.

— Désolé, s'excuse le coupable, les joues en feu.

David poursuit alors à voix basse :

— Comment crois-tu que je le vive, Courtney ? Sais-tu au moins à quel point je compte sur toi ?

La machine posée sur mon bureau émet une courte sonnerie : « brrr-brrr-brrrrip ». Puis recommence.

— Ben alors, qu'est-ce que tu attends ? s'exclame-t-il en levant les bras.

— Pardon ?

— Décroche ce putain de téléphone !

Les mains tremblantes, j'attrape l'objet, mais au moment où je le soulève…

— Mais qu'est-ce qui ne va pas chez toi, bon sang ? hurle l'homme.

La machine glisse entre mes mains moites et retombe sur la table ; si seulement j'avais un mouchoir… Le dos de mon corsage est à présent trempé de sueur, un état fort regrettable quand l'on s'efforce de faire preuve d'un minimum d'élégance et de dignité.

— Je ne souffrirai point que l'on me parle sur ce ton plus longtemps. Je vous souhaite le bonjour, monsieur.

Sur ces mots, je tourne les talons et, tête haute, repars d'où je suis venue.

Un silence de mort s'est abattu sur les jeunes gens qui nous observaient ; seule résonne encore la sonnerie de quelques téléphones.

— Tu ne peux pas me faire ça… Courtney ! Je t'en supplie… Sandra ? Sandra ?

J'avance en évitant soigneusement le regard interrogateur des jeunes hommes et jeunes femmes que je croise, gardant la tête haute jusqu'à ce que je parvienne à l'endroit où Sandra et moi avions émergé. Saurais-je conjurer la cabine mouvante moi-même ?

— Courtney, qu'est-ce qu'il a encore fait ?

Sandra. Son regard est plein de compassion. Je secoue la tête et, sans que je puisse me l'expliquer, je sens les larmes rouler sur mes joues. Elle fait mine de passer un bras autour de mes épaules, mais je l'arrête d'une main. Quelle humiliation… D'abord me faire publiquement réprimander par un individu de cette espèce, puis perdre le contrôle de mes nerfs, cette fois encore devant Dieu sait combien de personnes.

Il est assez éprouvant de devoir faire semblant d'être la Courtney Stone que tout le monde connaît alors que je ne sais rien d'elle… Mais me faire pointer du doigt et sermonner de la sorte par ce grossier personnage, voilà qui est intolérable !

Sandra m'offre une poignée de mouchoirs de papier, que j'accepte avec gratitude.

— Pardonnez-moi, dis-je, heureuse de constater que ma voix, elle, ne tremble pas. Tout va bien, à présent. Je vous serais infiniment reconnaissante si vous vouliez bien me reconduire chez moi.

— Je suis sûre qu'il s'est comporté comme un con, comme toujours, mais tu sais qu'il ne pense pas ce qu'il dit…

Les mots exacts que mon père avait employés tant de fois lorsque j'étais encore petite fille et que je pleurais après avoir subi les remontrances de ma mère, qui m'assurait que j'étais l'enfant la plus difficile qu'elle ait jamais connue, me prédisait que je ne vaudrais jamais rien et ne serais jamais une dame, que je ne ferais jamais un bon mariage, car aucun homme ne tolérerait une épouse aussi entêtée.

« Elle ne pense pas ce qu'elle dit, Janey, ma douce », me consolait-il, repoussant une mèche de cheveux de mon front et me proposant son mouchoir pour essuyer mes larmes. « Elle ne le pense pas… »

— Non. Ils ne le pensent jamais…

— Tu veux qu'on s'assoie un moment pour en parler ?

— Dans quel but ? Ma décision est prise. Je donne ma démission et quitte cet endroit. Sur-le-champ.

Toute ma vie, j'avais dû supporter les colères, le manque d'affection et le regret de ma mère quant à mon existence. Je n'avais d'autre choix, ne pouvant pas plus l'écarter de ma vie en tant que femme célibataire que je ne l'avais pu lorsque je n'étais encore qu'une enfant sans défense. Pour cela, il eût fallu que je me marie ou que je prenne un poste de gouvernante, ce qui, j'imagine, m'aurait exposée à de bien pires humiliations que celles que j'endurais auprès de ma mère.

Mais dans un monde où les femmes, les femmes non mariées, ont le droit de vivre seules, libérées du joug parental, de la domination d'un mari, d'un frère, ou même de la protection d'un amant, dans un monde où il n'est pas mal vu qu'elles occupent un emploi autre qu'une profession de gouvernante, de domestique ou pire, afin d'assurer elles-mêmes leur subsistance, comment pouvais-je accepter de demeurer plus longtemps sur la scène de tels affronts ?

La voix de Sandra me ramène à la réalité :

— Ne me dis pas que tu es sérieuse ? De quoi vas-tu vivre ?

La regardant droit dans les yeux, je lui réponds en toute franchise que je l'ignore.

— D'ailleurs, je ne sais même pas comment je vais regagner mon appartement.

— Je vais te reconduire, bien sûr !

Elle presse à plusieurs reprises un cercle lumineux enchâssé dans le mur. Quelques instants plus tard, les portes s'ouvrent, et nous pénétrons dans la cabine. Puis je suis Sandra jusqu'à sa voiture, et nous reprenons rapidement la route.

Après quelques minutes de silence, la jeune femme décide de prendre la parole :

— Tu es sûre que rien ne te fera changer d'avis ?

— Absolument certaine.

— Je suis censée fermer les yeux sur ses défauts ; après tout, je suis folle amoureuse de lui. Mais toi… Disons que je ne te jette pas la pierre.

Voilà une information de taille ; elle ne peut donc être la servante de David. Je jette un coup d'œil furtif à ses mains, mais ne remarque pas d'alliance. Se pourrait-il que je sois assise aux côtés de la maîtresse de mon ancien employeur ?

— Je pense pouvoir lui faire passer ta dernière avance sur salaire en indemnités de licenciement sans problème, et il acceptera peut-être même de te faire cadeau d'une ou deux semaines d'indemnités, en prime. Je devrais arriver à lui forcer un peu la main. Sans oublier une lettre de référence. Mais c'est bien tout…, soupire-t-elle en secouant la tête.

— C'est fort aimable de votre part.

À mon grand soulagement, Sandra se replonge dans le silence pour le reste du trajet ; je suis trop préoccupée par les récents événements pour avoir l'esprit à la conversation. En vérité, je ne suis même pas en état d'analyser ce qui vient de se passer. La course des voitures autour de nous éveille tout à coup en moi une insatiable curiosité : comment fonctionne une telle machine ? Quelle force mystérieuse l'alimente ? Quelle est la source de toutes ces lumières dans la ville, de nuit comme de jour ? Nul ne pouvait demeurer longtemps dans ce monde de merveilles sans désirer en savoir plus. La question étant : comment me renseigner sans trahir l'ignorance la plus crasse ?

J'étudie autant que possible les gestes de Sandra tandis qu'elle conduit, mais ne comprends pas plus comment un simple mouvement du pied lui permet de faire avancer ou d'arrêter le véhicule que lorsque j'avais observé Paula.

La voiture garée devant ma demeure, la jeune femme se jette à mon cou et me serre avec force contre sa poitrine. Lorsqu'elle desserre son étreinte, ses yeux sont humides de larmes, et j'ai beau avoir fait sa connaissance quelques heures auparavant seulement, je ne peux m'empêcher de ressentir un petit pincement au cœur. Enfin, elle m'autorise à sortir du véhicule, sous la promesse expresse de « garder contact » et de l'appeler si j'ai besoin de quoi que ce soit.

À peine me suis-je installée sur le canapé avec *Emma* que de violentes protestations de la part de mon estomac me rappellent que je n'ai pas fait un repas correct depuis le petit déjeuner de la veille. Je devrais peut-être regarder s'il y a un peu d'argent dans le sac de Courtney et m'aventurer jusqu'au restaurateur voisin de la taverne où m'avaient conduite Frank et Wes. Le souvenir des effluves exotiques me fait déjà saliver. J'espère trouver de quoi payer un repas dans le réticule ; je ne connais ni la valeur de la monnaie ni le prix de la nourriture dans ce pays.

Dire qu'il me faut fouiller dans mon sac à main pour déterminer si oui ou non je mangerai aujourd'hui… Chez moi, je n'aurais eu qu'à tirer sur le cordon de la clochette pour appeler Barnes ou à en toucher un mot à la cuisinière, et un délicieux repas m'aurait été porté.

Et si le souci que se fait Sandra à mon sujet n'était pas totalement infondé ? Non seulement je n'ai pas la moindre idée du coût d'entretien de mon foyer, mais je ne sais pas non plus si la paie que je recevais de David était plus que suffisante ou couvrait tout juste ces besoins. En résumé, j'ignore totalement si je dispose librement de ce qui constitue ma fortune, si je perçois une rente ou si je devrai bientôt fuir des hordes de créanciers. Car, si Courtney s'est montrée aussi libérale avec son argent qu'avec sa réputation, cela ne présage rien de bon.

Sans père, frère ni époux, comment établir si, oui ou non, je suis pour le moment à l'abri du besoin ? Je suis toutefois déterminée à le découvrir.

J'ai conscience que je ne devrais ni prendre le temps de me détendre ni me sustenter sans être sûre de ce que je peux me permettre de dépenser, mais, en vérité, je suis plus pressée d'apprendre comment fonctionne ce prodige que sont les voitures et d'où provient la lumière qui éclaire miraculeusement le monde que de connaître l'étendue de mes moyens.

Par ailleurs, ce que je désire par-dessus tout à ce moment précis, c'est apaiser les grondements de mon estomac par un bon repas.

À peine ai-je mis la main sur mon sac pour essayer d'y trouver de la monnaie que l'on frappe à ma porte.

— Courtney ?

Je reconnais la voix de Wes. Une curieuse sensation enfle dans ma poitrine, comme si je retrouvais l'un de mes amis les plus chers après de nombreuses semaines de séparation. J'ignore d'où me vient ce sentiment ; je sais seulement que je me précipite pour lui ouvrir.

— Désolé de faire irruption comme ça, encore une fois, s'excuse-t-il, mais tu ne réponds ni au téléphone ni aux mails, et tu n'es pas encore remise de ta commotion.

Il me dévisage.

— Court', tout va bien ? Est-ce que c'est vrai ?

Je rougis de honte. Il sait qu'embrasser Frank n'est pas ma pire faute.

— Courtney, c'est vrai ? Tu as vraiment démissionné ?

Je dois presque me raccrocher au mur, tant mon soulagement est vif.

Quelle idiote je fais. Il ne semble même pas porter de jugement sur ce qu'il m'a vue faire la veille. Quant au reste, je ne puis en être aussi sûre, mais, bien entendu, il est trop galant pour évoquer un tel sujet.

Wes me prend par le bras et me dirige jusqu'à une chaise, dans la cuisine.

— Ça ira, ne t'en fais pas, dit-il en me servant un verre d'eau. Je me doutais que tu serais assez têtue pour aller au boulot quand même – ou du moins qu'ils te feraient assez culpabiliser pour que tu y retournes –, alors j'ai appelé là-bas. Jay m'a dit que tu avais claqué la porte.

» Tiens, bois, poursuit-il en me tendant le verre, avant de s'asseoir face à moi et de me prendre la main, l'air grave. Si ça peut te consoler, Jay a l'air de dire qu'on ne parle plus que de toi au bureau. Ils n'en reviennent pas que tu lui aies tenu tête comme ça. Si tu veux mon avis : il était temps !

Ses félicitations me réchauffent le cœur.

— Je suis heureuse que vous approuviez. Je vous en prie, ne vous faites pas tant de tracas ; je vais parfaitement bien, je vous assure. Je crois que j'ai seulement faim.

— Ne bouge pas, m'ordonne-t-il avec un sourire. Je reviens dans une demi-heure avec le plat que tu préfères chez *Acme*, OK ?

— O… K.

Je souris. Juste le temps de terminer *Emma*.

Chapitre 14

Moins d'une heure et demie plus tard, je peux me déclarer comblée par la fin heureuse d'*Emma*. Quel roman extraordinaire ! Il mérite tout à fait sa place parmi ses frères *Raison et Sentiments* et *Orgueil et Préjugés*. Même si l'héroïne est décidément un peu trop suffisante à mon goût, du moins, jusqu'à ce qu'elle ouvre elle-même enfin les yeux. Encore un écho aux paroles de la diseuse de bonne aventure… J'admire cependant l'attitude d'Emma, qui se satisfait pleinement de sa condition de célibataire. Rien ne l'en aurait détournée, sinon la plus sincère affection.

Non seulement aux anges d'avoir découvert ce roman si charmant, je suis à présent repue, le ventre rempli du meilleur plat que j'aie jamais goûté. De la « cuisine mexicaine », m'a expliqué Wes, du poulet mole, plus précisément ; c'est ce que je préfère, selon lui, et je n'ai guère de peine à le croire.

Je repose ma fourchette alors que je n'ai pas mangé la moitié de ma part, les portions étant aussi démesurées qu'au restaurant où Paula et Anna m'avaient emmenée prendre le petit déjeuner. Wes verse les restes du repas dans un récipient couvert qu'il range ensuite dans le réfrigérateur, une invention de ce siècle on ne peut plus ingénieuse. Je n'ose pas imaginer quelle serait la joie de notre cuisinière si on lui offrait une telle commodité, elle qui se plaignait sans cesse des quantités de nourriture qu'elle était contrainte de jeter ou de cuisiner de toute urgence si l'on ne voulait pas qu'elle s'abîme.

Mais si le réfrigérateur est là pour prévenir le gaspillage, il me semble comprendre que le plat et les couverts doivent être mis aux ordures.

J'interviens en voyant Wes s'en débarrasser.

— Je veux bien concéder que ces fourchettes et ces couteaux sont de bien piètre qualité, mais n'est-ce pas un terrible gâchis que de les jeter ?

— Ne m'en parle pas… Les joies de vivre dans notre société de consommation. Je ne comprends pas pourquoi ils ne demandent pas si nous avons besoin de couverts ou non avant de nous en mettre dans le sac. Sans parler des boîtes en polystyrène ! Je n'arrive pas à croire qu'il y ait encore des entreprises qui utilisent du polystyrène. Et les emballages en carton, les mecs ? À croire qu'ils n'ont jamais entendu parler du réchauffement de la planète. Ou de l'empreinte carbone. Au moins, ce serait recyclé.

Comme je tente de dissimuler mon ignorance derrière un hochement de tête attristé, Wes s'interrompt et se reprend avec un sourire penaud :

— Désolé. Je m'emporte. À toi. Je te laisse la parole.

Ah. L'occasion que j'attendais.

— Puisque vous insistez, il y a effectivement quelque chose dont j'aimerais vous toucher un mot. Mais cela ne concerne en rien le gaspillage.

— Aucun problème, me répond-il, un petit sourire au coin des lèvres.

— Je me demandais si vous... Je veux dire : voudrais-tu bien me conseiller sur la manière de... eh bien, d'apprendre le fonctionnement de certaines choses ?

— Je ne suis pas certain de comprendre...

Face à son regard interrogateur, je me résous à arranger un peu la vérité afin de simplifier les choses.

— Je suis convaincue que de telles explications m'aideraient à retrouver la mémoire.

— Oh. Mais que veux-tu que je t'explique ?

J'hésite, craignant de passer pour folle.

— Ne t'inquiète pas, Courtney. Tu peux me demander tout ce que tu veux.

Ses manières sont si douces, si encourageantes, que je me lance sans réfléchir :

— J'aimerais tant savoir comment faire fonctionner une voiture.

Là. Je l'ai dit. Et il n'a pas l'air le moins du monde surpris. Au contraire, il arbore un sourire plutôt ravi. Sans doute fait-il partie de ces hommes qui ne manquent pas une occasion de faire étalage de leur savoir à ces pauvres femmes ignorantes.

— Je pourrais te l'expliquer, m'assure-t-il, mais rien ne vaut la pratique... Sur ordinateur.

Il m'entraîne alors jusqu'à la table de ma chambre à coucher, sur laquelle est posée une boîte lumineuse semblable à celles que j'avais aperçues sur ce qui était à présent mon ancien lieu de travail. C'est donc ainsi que cela s'appelle.

Alors qu'il prend place à ma droite, je dois avouer que, si son parfum, évoquant à la fois le citron et le linge séché au soleil, est particulièrement agréable, il rend toute concentration impossible. Je parviens tout de même à focaliser mon attention sur l'écran, ainsi que Wes nomme le grand cadre rectangulaire devant moi. Il me demande alors de « cliquer » sur quelque chose qu'il appelle « Google », mot que je trouve fort amusant. Mon hilarité est cependant de courte durée, se muant en une petite exclamation involontaire des plus embarrassantes lorsque le jeune homme prend délicatement ma main pour la poser sur la « souris » – nom qui provoque un nouvel éclat de rire. Sous le contrôle de ses doigts, je dirige l'instrument et appuie sur les boutons, jusqu'à ce qu'en effet le mot « Google » – quel nom aux sonorités ridicules ! – apparaisse à l'écran.

C'est tout juste si j'entends les instructions qu'il me donne de sa voix douce afin que je tape quelque chose à l'écran tant je suis électrisée par le contact de sa main sur la mienne, son poids, la sensation de sa large paume contre ma peau, la pression de ses doigts sur les miens... De ses doigts splendides, ses doigts de sculpteur, il remodèle ma main, cette main qui n'est pas la mienne, la métamorphosant en...

— Courtney, tu trembles !

Il bondit sur ses pieds pour me resservir de l'eau.

— Tout va bien ? me demande-t-il en posant le verre devant moi.

Je force ma main à s'immobiliser avant de m'en saisir, mais n'ai pas assez confiance en mes nerfs pour le porter à mes lèvres. Quelle petite dinde !

— Tu préférerais quelque chose de plus fort ?

Comment un simple contact de sa main peut-il me mettre dans un tel état ?

— Qu'est-il advenu de tes objections concernant la vodka lorsqu'on a subi une commotion cérébrale ?

— Depuis quand est-ce que tu m'écoutes ?

Cet homme est par trop charmant. Je sens mon visage virer à l'écarlate.

— Quelque chose de plus fort m'aiderait peut-être à retrouver mes esprits.

— Je suppose qu'un petit verre ne peut pas faire de mal, finit-il par concéder.

Il est déjà dans la cuisine, sortant l'énorme bouteille de la partie haute du réfrigérateur. Il m'en sert un minuscule verre.

— Tant que tu n'oublies pas de boire de l'eau à côté.

J'ose un sourire que j'espère effronté.

— À vos ordres !

Grand Dieu, quelle dévergondée je fais ! Mais je n'en ai cure. Je pense mériter ce doigt de vodka. N'ai-je pas fait du bon travail aujourd'hui, en tirant Courtney de sa situation peu enviable sous les ordres de cet épouvantable David Je-ne-sais-quoi ?

Je porte le verre à mes lèvres.

— Ne m'accompagnes-tu pas ?

— Oh, et puis, pourquoi pas, lance-t-il en allant se chercher un verre. À ta santé !

Tandis qu'il avale la boisson d'un trait, je ne m'autorise qu'une petite gorgée, qui suffit toutefois à répandre une douce chaleur dans tout mon corps. Je laisse mes mains flotter au-dessus du clavier, ainsi que Wes appelle la plaque blanche rectangulaire comportant des rangées de lettres et de nombres en relief. « Clavier », comme sur un pianoforte. Tout à coup, mes doigts se meuvent comme de leur propre chef. J'ai effectivement l'impression de jouer du pianoforte, car, de la même manière que je sais d'instinct où placer mes doigts sur le clavier de l'instrument du salon de mon père, je n'ai aucun mal à trouver mes repères sur celui de cette étrange machine.

— Tu vois ! Je t'avais dit que ça reviendrait ! s'exclame Wes avec jubilation.

Je parviens même à faire bouger la souris avec précision, faisant apparaître d'une simple pression toutes sortes de listes de mots et d'images. Cela est fort amusant. Comment se fait-il que j'aie tant de facilité à utiliser ce clavier quand je ne me rappelle même pas en avoir appris les rudiments. Du bout des doigts, je conjure images et mots. Ces mains se souviennent-elles encore de beaucoup d'autres choses ?

de choses que je ne devrais pas connaître, ni même supposer possible ? Voilà qui promet des aventures passionnantes ! Je me trouve assise là, près de deux cents ans après mon époque, devant une machine dont je n'aurais jamais imaginé l'existence, et mes mains savent exactement ce qu'elles ont à faire.

La voix de Wes m'arrache à mes pensées.

— Tu devrais peut-être commencer par relever ton courrier électronique. J'ai reçu au moins cinq messages d'Anna et de Paula ; elles se plaignent que tu ne vérifies pas ta boîte mail, ou que tu fais exprès de ne pas répondre.

Sans même réfléchir, je dirige la souris de manière à amener la petite flèche qui la représente sur l'un des symboles alignés au bas de l'écran. Lorsque j'appuie, un petit rectangle apparaît, annonçant « 56 nouveaux messages », avant d'être aussitôt remplacé par un écran entier de lignes de texte, qui semblent m'offrir un condensé du courrier qui m'a été porté. Mais où sont donc les lettres ?

Certains noms inscrits dans la colonne intitulée « De » me sont inconnus ; le reste des messages émanent de Paula, d'Anna et de Wes. Au moins dix proviennent de David.

— Ça fait beaucoup, déclare Wes. On dirait que tu n'as rien ouvert depuis vendredi.

— Puis-je savoir où je dois récupérer ces lettres ? Et combien cela va-t-il me coûter ?

— Pardon ?

— Ou peut-être les expéditeurs les ont-ils déjà affranchies ?

— Courtney, je ne comprends rien à ce que tu me racontes. Ah, désolé… À te voir taper comme ça sur ce clavier, j'ai cru que tout t'était revenu. Là, regarde.

Il retire ma main de la souris avec délicatesse et entreprend de la faire glisser sur la table.

— Tu n'as qu'à cliquer sur le mail que tu veux lire – celui-ci, tu t'en fiches, ajoute-t-il en m'indiquant le dernier en date, qui porte son nom. Tu peux le supprimer.

— Il n'en est pas question, protesté-je, en dirigeant la petite flèche sur le mail en question.

Quel mot étrange : « mail ». À l'instant où j'appuie sur la souris, un message se déploie à l'écran :

> Courtney,
> Je croyais que l'on avait tiré un trait sur tout ça, mais il est clair que Frank n'est pas la seule personne que tu souhaites éviter. On peut se voir pour en parler? Wes.

Le jeune homme se racle la gorge avec gêne.

— Tant qu'on est dans le courrier : ta boîte aux lettres en bas débordait presque, alors je t'ai tout monté quand je suis revenu avec le repas ; c'est posé sur la table. Je n'ai pas pu m'empêcher de remarquer que tu as quelques enveloppes roses dans le tas.

— Très bien, merci.

— Tu veux que je te les sorte du paquet ?

— Wes, si je t'ai heurté en te quittant précipitamment hier soir, j'en suis désolée. Ce n'était point mon intention. J'étais confuse, et…

Une nouvelle bouffée de honte m'envahit au souvenir de mon comportement de la veille.

Wes pose une main rassurante sur la mienne.

— J'aurais préféré que tu ne lises pas celui-ci. Je te l'ai envoyé depuis mon téléphone, hier soir, avant de te retrouver à *L'Éveil.*

— Oh.

Je risque un coup d'œil en sa direction et, à l'instant où je croise son regard si bon, une douce chaleur se répand en moi.

— Rien ne nous oblige à évoquer le sujet, si cela te met mal à l'aise.

Je le gratifie d'un sourire reconnaissant.

Me rendant alors compte que sa main est toujours sur la mienne, je rougis. Comme s'il lisait dans mes pensées, Wes baisse les yeux et la retire avec un raclement de gorge gêné.

— Je crois que je vais me reprendre un verre, décrète-t-il en se versant une nouvelle rasade de vodka.

Il offre de remplir de nouveau le mien, mais c'est à ce moment précis que je réagis à ce qu'il vient de me dire à propos des lettres.

— Tu me dis que je reçois du courrier de papier en plus de celui-ci, dans l'ordinateur ?

— C'est une question sérieuse ?

— J'ai cinquante-six nouvelles lettres dans cet ordinateur, et, à t'en croire, toute une pile sur la table. Combien penses-tu qu'il y en ait dans la pile ?

— Je n'en sais rien ; une trentaine, peut-être ?

— Et nous sommes lundi, n'est-ce pas ?

Il acquiesce d'un hochement de tête.

— Depuis vendredi, j'aurais donc reçu près de quatre-vingt-dix lettres ? Le courrier n'étant sans doute pas distribué le dimanche, cela représente trente lettres par jour. Qui trouve à la fois le temps de gagner sa vie, de tenir une maison sans l'aide de domestiques et de répondre à trente lettres par jour ?

— Depuis quand es-tu habituée aux domestiques ? Non, laisse tomber…

— Je ne faisais qu'illustrer mon propos…

Il devient nécessaire que je surveille ma langue. Alors que j'étudie la longue liste de messages, il me vient à l'esprit que j'en apprendrais peut-être davantage sur Courtney, ainsi que sur ses liens avec Wes – et les autres –, en étudiant ses lettres. Et son journal, si toutefois elle en tient un.

Le mieux est d'aller droit au but :

— Sais-tu si je possède un journal intime ?

— Je t'en ai offert un à Noël. Mais tu ne t'en souviens pas, n'est-ce pas ?… Tu m'avais dit que tu voulais commencer à écrire, à noter des trucs. Je ne sais pas s'il t'a servi ou non. La couverture est en tissu orange, satiné, avec des broderies et des machins brillants.

Il fait courir un doigt le long des livres alignés sur les étagères, puis s'arrête sur la plus basse.

— Tiens, le voilà, dit-il en m'apportant le carnet.

Sur la première page sont inscrits le nom et l'adresse de Courtney, ainsi qu'une série de chiffres. Cependant, avant que j'aie le temps d'examiner le journal plus en détail, la mélodie désormais familière retentit depuis le petit téléphone posé au sommet du meuble.

Wes se retourne.

— Tu ne réponds pas ?

Saurai-je seulement comment faire ?

De nouveau, il semble lire dans mon esprit et va lui-même chercher le petit objet.

— Tu vois, là ? déclare-t-il en me le présentant. C'est là que tu vois qui t'appelle. Ici, « Paula » et, en dessous, son numéro. Et là, regarde, tu as le choix : tu appuies soit sur « Répondre », soit sur « Refuser ».

Comme je presse du doigt sur le mot « Répondre », Wes place le téléphone au creux de ma paume, puis guide ma main jusqu'à mon oreille.

— Maintenant, tu dis « Allô », me souffle-t-il.

J'obtempère d'une voix forte afin que l'on m'entende à l'intérieur :

— Allô ?

— Waouh, baisse d'un ton ! Tu m'as explosé le tympan, fait la voix de Paula.

Ou, du moins, le spectre de sa voix.

Wes me fait signe.

— Parle comme tu le ferais normalement, murmure-t-il.

— Toutes mes excuses, dis-je à Paula.

Mais comment est-il possible que je sois en train de discuter avec elle ? Comment cette voix désincarnée peut être la sienne quand elle ne se trouve pas dans la pièce ni même dans la pièce voisine ?

— Où étais-tu passée, Courtney ?

Elle semble prise au milieu d'une tempête.

— Anna et moi n'avons pas arrêté d'appeler et de t'envoyer des messages, et on dirait que tu fais tout pour nous éviter, ou que sais-je ! J'ai été obligée de passer un coup de fil à Wes ; il m'a mise au courant pour ton boulot. Bravo, ma fille ! Mais, pitié, dis-moi que tu n'as pas déjà changé d'avis et commencé à paniquer ?

— Pas du tout.

— Bien. Anna et moi avons prévu de te sortir, ce soir. Il est hors de question qu'on te laisse seule chez toi à ruminer et à douter de ta décision, comme à ton habitude. On va dîner. Ou boire un coup. C'est toi qui décides.

Le silence retombe tandis qu'elle reprend sa respiration, et je suppose que je devrais à mon tour prendre la parole…

— C'est pas grave, ma chérie. Tu es encore sous le choc. On sera là pour 20 heures, c'est d'accord ?

Sa voix est comme étouffée, et accompagnée de crépitements.

Communiquer avec quelqu'un qui n'est pas physiquement présent a apparemment un prix : le bruit parasite. Toutefois, ce n'est pas cher payé pour un tel miracle.

Jusqu'à quelle distance deux personnes peuvent-elles donc entretenir une conversation par ce moyen ?

Je décide de lui poser la question :

— Où es-tu ?

— Je suis désolée, le réseau est pourri sur cette portion de la 110. On se voit à 20 heures, OK ?

De nouveau, des bruits de papier froissé et de violentes rafales.

À peine ai-je le temps de répondre « OK » qu'un petit claquement sec résonne dans l'appareil, suivi d'un long silence. Je décolle le téléphone de mon oreille et vois que la face vitrée affiche à présent : « Appel terminé ». J'ai toutes les peines à croire que je viens réellement de converser avec quelqu'un de cette manière, et pourtant… ! Je souris : cela me donnerait presque l'impression de faire désormais partie de ce monde.

Chapitre 15

Informé de mes projets pour la soirée, Wes prend rapidement congé, non sans avoir auparavant évoqué les fameuses enveloppes roses, m'informant – pour une raison que j'ignore – que, si jamais j'ai besoin d'aide, je peux compter sur lui. Il m'indique également la présence de messages sur mon « répondeur » – sans doute une autre machine dans ce monde mécanique – et me montre où appuyer pour les écouter. Je le remercie et lui promets de m'en occuper immédiatement, mais à peine a-t-il tourné les talons que je concentre de nouveau mon attention sur cette chose merveilleuse que l'on appelle « ordinateur » et entreprends de « cliquer » partout où je peux, absorbant autant d'informations que possible concernant les téléphones, les voitures, les réfrigérateurs, la lumière et les films. Beaucoup de ce que je lis à l'écran n'a que peu de sens pour moi ; il existe dans ce monde moderne trop de choses, et par conséquent trop de vocabulaire nouveau qu'il me faudrait connaître afin de tout comprendre, car ces textes sont bien sûr rédigés pour des gens déjà versés dans ce langage, ce qui n'est pas mon cas.

Un certain nombre de minutes, voire d'heures, plus tard, je me sens toutefois un peu moins ignorante. Je sais par exemple que c'est l'électricité qui alimente les incroyables machines occupant mon appartement ainsi que les lampes de la ville. Je sais que les voitures avancent grâce à l'essence et qu'un film consiste en une succession de petites images – vingt-quatre en une seule seconde – capturées par un objet appelé « caméra », un mot qui ne m'est pas totalement étranger, puisque j'ai déjà rencontré le terme de *« camera obscura »*, ou « chambre noire », désignant le dispositif qu'utilisent les grands peintres, au cours de mes lectures.

J'ai également appris que l'Angleterre dut combattre Napoléon durant deux années de plus avant de finalement triompher, que la folie napoléonienne fut surpassée par deux guerres mondiales – quel nom épouvantable – et que l'Angleterre et l'Amérique sont alliées de longue date. Et comment pourrais-je effectuer des recherches sur l'histoire de mon pays sans m'enquérir du sort de mon cher village ? Mais arriverai-je à le trouver ? Oui, il existe des pages entières d'informations sur le sujet ; il s'agit assurément de mon village, car voici un dessin de l'église et de la grand-rue datant du XVIIIe siècle, juxtaposé à une image plus récente qui, excepté de hauts poteaux éclairés à l'électricité et les rangées de voitures, ne présente pas grande différence avec la gravure.

Je finis par remarquer une horloge en haut de l'écran et constate qu'il ne me reste que peu de temps pour ouvrir ces mystérieuses enveloppes roses et changer de toilette.

Des lettres, je parviens seulement à établir qu'il s'agit de demandes de paiement. « Coupure définitive », est-il indiqué. Mais coupure de quoi ? Il me faut un moment pour comprendre que l'une d'entre elles est un avis de coupure d'électricité. Ah. Je suppose que je n'aurai qu'à allumer une bougie et à supporter la chaleur de l'été, ce qui, pour moi, n'a rien d'inhabituel ; même si je dois reconnaître que le climat semble ici – du moins d'après mon expérience limitée de l'endroit – bien plus suffocant que dans mon propre pays.

Toutes questions de confort mises à part, je ne puis souffrir d'avoir une quelconque dette. Ayant toujours mis un point d'honneur à ne pas vivre au-dessus de ses moyens, mon pauvre père méprisait la soi-disant élite qui fuyait volontiers vers la France en laissant derrière elle des montagnes de dettes. Aussi dois-je me hâter de découvrir de quelles ressources je dispose afin de régler ces affaires. Car, en vérité, il ne me plairait guère d'être privée de l'ordinateur : la valeur d'une si vaste réserve de savoir est inestimable pour une personne dans ma situation. De plus, j'aimerais beaucoup voir le film d'*Orgueil et Préjugés* dans son intégralité. Et, pour faire usage de ces machines, il est nécessaire d'avoir l'électricité. En fait, je commence à penser que l'électricité est une chose indispensable.

Je me rappelle soudain que je dois consulter les messages dont Wes m'a parlé. Je presse la touche qu'il m'a indiquée, puis, après l'annonce d'une date et d'une heure par une voix n'ayant rien d'humain, j'entends :

« Courtney, c'est maman. Comment se fait-il que tu ne donnes plus de nouvelles ? Ça fait plus d'une semaine que tu n'as pas appelé. Est-ce que tout va bien ? Si tu m'évites parce que tu ne veux pas m'avouer que tu es une fois de plus fauchée, ce n'est pas la peine. Je l'ai vu venir gros comme une maison, mais tu n'as pas voulu m'écouter. Est-ce que tu tiens un peu compte de ce que je te dis, des fois ? Et ne t'attends pas à ce que je t'envoie de quoi te tirer de ce mauvais pas, tu n'auras pas un sou. Rappelle-moi, d'accord ? »

La rappeler ? J'en tremble de terreur rien qu'à l'idée. Bien que ce soit la première fois que je l'entende, le son de sa voix me noue l'estomac.

Je presse de nouveau le bouton. La même femme a laissé deux autres messages, de plus en plus affolée, mais proclamant avec obstination qu'elle refuse de prêter de l'argent à Courtney.

Au moins, j'aurai appris que, si je n'ai pas de quoi payer les factures, il ne servira à rien de me tourner vers la famille. J'espère seulement que la situation n'est pas aussi dramatique que la mère de Courtney et les lettres roses semblent le suggérer.

Mais comment connaître l'étendue de ma fortune ? Je ferais peut-être bien de demander à Wes de m'aider à déterminer si je possède davantage que l'argent qui se trouve dans mon sac, même si j'ai pleinement conscience qu'il est délicat d'aborder un tel sujet. Il n'est, après tout, pas un parent. Néanmoins, ne m'a-t-il pas de sa propre initiative offert assistance à propos des enveloppes roses ? Je n'ose en parler à Anna et à Paula, qui prendraient sans doute peur, persuadées que j'ai perdu la mémoire. Quant à Deepa, je ne crois pas qu'elle connaisse assez Courtney et son histoire pour être d'une grande aide.

Je décide de mieux étudier un autre de ces courriers et comprends qu'il s'agit d'un avis de coupure de service concernant le téléphone, ce qui, à mon avis, ne serait pas un mal. De cette manière, personne ne pourrait m'importuner et exiger de moi que je lui parle, sans même avoir pris la peine de se déplacer pour me faire une visite matinale, ainsi que l'exige la courtoisie la plus élémentaire.

Il est vrai que le dispositif me donne au moins le choix de répondre ou non. J'espère cependant que, si je décide de ne pas prendre un appel, ma correspondante ne sera pas davantage informée de la vérité que si le valet lui assurait que « Miss Mansfield est absente pour le moment ». Le téléphone et l'ordinateur ont peut-être donc rendu la présence de domestiques superflue.

Ah ! J'imagine que, si je dois devenir une dame de ce siècle, il me faut endosser la panoplie adéquate, téléphone compris.

Oui, je demanderai à Wes son conseil en la matière. De plus, cela sera l'occasion pour moi de mettre à l'épreuve mes nouvelles connaissances concernant le fonctionnement de ce satané instrument. Pour le moment, je range les lettres roses dans leurs enveloppes – quelle bonne idée que cette enveloppe supplémentaire, détachée de la lettre elle-même – et les repose sous la pile de courrier, à l'abri des yeux indiscrets des deux jeunes dames qui ne devraient plus tarder à se présenter à ma porte.

Après un court trajet dans la voiture bleue aux formes arrondies de Paula, me voici à présent chez Anna. Son appartement, au moins quatre fois plus vaste que le mien et dépourvu de barreaux aux fenêtres, profite d'une vue spectaculaire sur une série de hauts immeubles illuminés tels des châteaux de contes de fées. Anna s'active dans la cuisine, séparée de la salle à manger par une sorte de cloison basse, surmontée d'une surface plane. Assise là, sur un haut tabouret, tandis qu'Anna concocte une mixture à boire dans une machine nommée « mixeur », Paula brandit ce qui – je le sais désormais – s'appelle une télécommande, qu'elle pointe en direction d'un écran gigantesque accroché au-dessus de la cheminée ; tout comme celui, de taille plus réduite, que je possède dans mon appartement, celui-ci émet des images tout aussi réalistes que celles du film d'*Orgueil et Préjugés*. Cependant, l'histoire ne cesse de changer à mesure que la jeune femme presse les touches de l'objet. Il s'agit très certainement de la « télévision » – ou « télé » –, dont j'ai pu lire la description lors de mes recherches d'informations sur les films et leur fonctionnement.

Une cuisinière souriante aux lèvres carmin cuisant un poisson tout en citant des noms d'épices laisse place à deux hommes à demi nus, qui luttent sur le sol sous les acclamations assourdissantes du public ; puis apparaît un jeune garçon, piétinant nerveusement à la fin de sa chanson pendant qu'un groupe d'hommes et de dames assis à une table moquent cruellement sa performance, suivi d'un homme caressant une jeune fille à la poitrine dénudée. J'ignore ce qui vient ensuite, car je ne puis m'empêcher de me couvrir les yeux avec un hoquet d'horreur.

— Il n'y a jamais rien à la télé, lance soudain Paula. Je ne sais pas pourquoi je m'entête… Je n'arrive pas à résister à l'appel de cet écran géant, même si, au bout du compte, je finis toujours par télécharger ce qui m'intéresse. Le programme télé est vraiment nul.

— Ouais, ouais, ne m'en parle pas, renchérit Anna. À écouter les collègues, c'est la fin du monde. « La mort de la télévision, c'est la mort du film. Les gens ne jurent plus que par le téléchargement à la demande. » Blablabla, qu'est-ce qu'on en a à foutre… ?

Elle met le mixeur en marche, puis l'éteint deux secondes plus tard afin de verser le mélange jaune vif dans d'immenses verres à pied.

— Smoothie mangue vodka, annonce-t-elle en m'en tendant un.

— Tu ne penses pas ce que tu dis, rétorque son amie.

— Si, figure-toi. Je n'en peux plus de ce milieu. Je suis constamment en train de réfléchir à ce que je pourrais faire d'autre de ma vie.

— C'est cela, oui. Dans dix ans, tu seras à la tête de tes propres studios, et je m'occuperai des décors de tes blockbusters au lieu des merdes sur lesquelles j'ai bossé jusqu'à présent.

— Dans tes rêves, ricane Anna.

Attrapant un torchon qui traîne sur le comptoir, Paula réplique en lui en assenant un coup sec sur les reins.

— Aïe, s'exclame Anna en riant.

— Bon, Courtney, reprend la jeune femme en esquivant le coup de torchon vengeur de son amie, que va-t-on faire concernant ton futur à toi ? Courtney ?

C'est avec peine que je me détache de la scène dramatique qui se déroule à l'écran.

— Oh, pardonne-moi.

S'ensuit une discussion sur mes perspectives d'emploi. Discussion à laquelle j'évite autant que possible de prendre part, m'efforçant plutôt d'en tirer des informations utiles. Dieu merci, Anna éteint la télévision, car, en dépit de mes efforts pour me concentrer sur ce que disent les deux femmes, l'écran accaparait bien trop mon attention. « Optimiser ton changement de poste », « maximiser tes relations », « faire marcher tes contacts »… : les termes incompréhensibles fusent tandis que je sirote avec délices le breuvage à la fois fort et sucré.

— Donc c'est décidé, déclare Paula. Tu commences à envoyer des mails à tous tes contacts, pendant qu'Anna et moi tâtons le terrain du côté des nôtres. Tu vas nous décrocher un job en un rien de temps.

— Voilà qui me semble excellent.

Je souris, bien que je n'aie pas la moindre idée de ce qu'elles entendent par mes « contacts », et encore moins de ce que je dois leur envoyer.

— Autre chose…, risque alors Anna en échangeant un regard avec son amie, assise à ma gauche. Ta façon de t'exprimer ces derniers jours ne joue pas nécessairement en ta faveur.

Paula lève la main pour intervenir.

— Autant crever l'abcès tout de suite, OK ? Il est clair que la commotion cérébrale et le traumatisme de la rupture t'ont sacrément embrouillé l'esprit. Tout ce que j'ai pu lire sur le sujet, et Suzanne me l'a confirmé, semble indiquer que cela devrait rentrer dans l'ordre tout seul. Mais, en attendant, ça ne risque pas de s'arranger si tu t'entêtes à te repasser Mr Darcy en boucle ou à fréquenter ces toqués de la société Jane Austen – et, par pitié, ne me dis pas que tu es en contact avec eux, je ne veux même pas le savoir… Redescends un peu sur terre, nous sommes au XXIe siècle, Courtney. Personne ne parle plus comme ça, alors il va falloir que ça cesse. Et, bon sang de bois, lis-moi donc un roman à suspense ou un policier. Ou mieux : un magazine ou un journal. Quelque chose de plus moderne. Il n'y a pas que Jane Austen dans la vie, tu sais !

Une « société » Jane Austen ? Un groupe entier de personnes vouant la même passion que moi à cette auteure ? Malgré la difficulté que j'éprouve à contenir ma joie, je fais de mon mieux pour me maîtriser.

— Je vous sais gré de vos bons conseils, mesdemoiselles, dis-je simplement.

— Tu vois ? s'écrie Paula en levant les yeux au ciel. Tu ne fais même pas l'effort !

— Ne sois pas si dure. Nous ne savons pas ce qu'elle vit.

— Je vous promets d'en dire peu et d'écouter davantage.

Et ce ne sont pas des paroles en l'air. Plus je serai attentive à la façon dont conversent ces dames, ainsi que le reste du monde, mieux je saurai les imiter.

Paula ne paraît guère convaincue, mais elle se contente de soupirer en se resservant un verre. Je prends pour ma part garde à ne pas boire avec trop d'avidité, car il me faut rester lucide.

La jeune femme, en revanche, avale un long trait de sa boisson.

— Nous voulions également te parler de Wes.

Anna acquiesce d'un hochement de tête.

— Tu es une grande fille, poursuit son amie, mais je n'ai vraiment pas l'impression que tu as toute ta tête, en ce moment. De quel côté est ce type ? Non seulement il est inexcusable de sa part d'avoir couvert Frank alors qu'il se prétendait ton ami, mais Frank a l'air de dire qu'il avait des vues sur toi… la fiancée de son meilleur ami, ça craint !

— Frank… ?

Sont-elles au courant que je l'ai vu la veille et… ?

Je déglutis tant bien que mal en tentant de conserver un visage impassible.

— Quand lui avez-vous parlé pour la dernière fois ?

Paula agite la main pour me signifier que cela n'a que peu d'importance.

— Zen ! Je l'ai appelé hier en fin d'après-midi, puisque tu ne répondais pas.

Elle désigne l'autre jeune femme d'un geste du menton.

— Anna aussi. Même si je ne le supporte pas, je dois avouer qu'il avait l'air inquiet à ton sujet.

— Et en quoi cela importe-t-il ?

Je l'entends encore murmurer à mon oreille : « Tout le monde mérite une seconde chance, tu ne crois pas ? »

— Il pense aussi que tu devrais te méfier de Wes…

— Ah… Et Frank est bien entendu digne de confiance.

— Je n'ai pas dit ça.

— Pourtant, tu ne doutes pas de ses dires concernant Wes.

— Attends un peu, me rétorque Anna. Tu oublies que Wes savait où se trouvait Frank le soir de votre rupture. Non seulement il ne t'a rien dit, mais il a accepté de le couvrir.

— Je n'ai pas envie qu'on se dispute, tempère Paula. Nous ne voulons que ton bien. Tu comprends ?

Je hoche la tête.

— OK.

— Bien. Mais, maintenant, il est temps de décider de ce que l'on fait ce soir.

Cependant, je peine à prêter attention à la discussion, car trop de questions restent en suspens. Ce qui m'intrigue sans doute le plus, ce sont les raisons qui ont pu pousser Wes à vouloir protéger cette fripouille plutôt que Courtney, quand bien même il prétend être son ami.

Il est possible qu'un grand sens de l'honneur l'ait empêché de trahir Frank, si celui-ci lui a fait des confidences sous le sceau du secret. Cependant, son sens de l'honneur envers une dame, une amie, qui plus est, n'aurait-il pas dû prendre le pas sur la parole donnée à un autre gentilhomme ? Toutefois, Wes avait peut-être estimé qu'il n'avait aucun droit de dire à cette jeune femme du mal de son futur mari.

Un beau casse-tête, en vérité, en particulier lorsqu'on ne peut se fier qu'aux divers récits de tiers, dont aucun n'est réellement objectif.

Wes avait peut-être appris à quel point Courtney avait compromis sa réputation et avait donc jugé qu'il valait mieux pour elle qu'elle épouse Frank.

Après tout, aurais-je eu vent de ses incartades à mon époque, dans mon propre pays, cela n'aurait rien changé. J'aurais pu le trouver au lit avec sept autres femmes, cet homme serait aujourd'hui mon mari. La seule autre voie aurait été le déshonneur. Car, lorsqu'une femme choisissait de se donner à un homme, elle ne pouvait plus revenir en arrière. À moins que celui-ci ne l'abandonne à son sort, ce qui n'était visiblement pas le cas de Frank.

Pourtant, aucun des proches de Courtney ne semble juger déraisonnable sa décision de rompre les fiançailles. Bien au contraire. Même s'ils ne peuvent en aucun cas savoir qu'elle… que je… avec Frank… Toutefois, en suis-je si sûre ?

Wes est-il au courant ? S'il venait à l'apprendre, à supposer qu'il ne le sache pas déjà, il n'aurait certainement pas à l'égard de Courtney les sentiments qu'Anna et Paula lui prêtent. Ou, du moins, il en serait guéri. Car il ne viendrait à l'idée d'aucun homme respectable de faire la cour à une jeune femme ayant ainsi terni sa réputation.

Je ne puis répondre moi-même à toutes ces interrogations. J'ignore totalement si les codes de l'honneur ont encore une quelconque signification. De plus, je ne cesse de repenser aux révélations de la diseuse de bonne aventure, au fait que l'on ne connaît jamais toute l'histoire de chacun.

Néanmoins, il devient nécessaire que je me renseigne à propos des règles qui régissent le mariage dans ce monde nouveau. Ce que j'ai vu et entendu m'a pour l'instant grandement déconcertée. Mais comment m'y prendre ?

— Doit-on prendre ce sourire pour un « oui », Courtney ?

Les deux jeunes femmes me regardent avec insistance, et je prends soudain conscience qu'elles essaient d'attirer mon attention.

— Anna a vraiment envie de voir ce film. Moi, ça ne me dérange pas, tant qu'on sort après et qu'on se met en route tout de suite pour l'*Arclight*. J'exige un bon approvisionnement en cochonneries et une excellente projection.

— Ça te va ? me demande Anna.

— Tout à fait.

Apparemment satisfaites, toutes deux sourient. Grâce à l'ordinateur, j'en ai assez appris sur les films et le cinéma pour ressentir une pointe d'excitation, même si je n'ai pas la moindre idée de ce qu'est l'*Arclight*. Je préfère cependant taire mon ignorance et garder le silence. Confortablement installée dans la voiture de Paula, je profite du trajet, m'émerveillant une fois de plus du spectacle des hauts immeubles.

Soudain, un gigantesque dôme à la surface alvéolée se dresse devant nous, assez semblable à celui de Saint-Paul, mais sans la cathédrale.

— Super ! sourit Anna. Nous sommes largement en avance.

Une fois sorties de la vaste structure de stationnement, nous nous dirigeons vers un grand bâtiment aux immenses portes et au sol recouvert de tapis. À l'intérieur, sur la gauche, se trouve une sorte d'échoppe, tandis que ce qui m'a tout l'air d'un restaurant occupe le côté droit. Nous marchons cependant tout droit vers une rangée de guichets. Quand Anna s'approche de l'un d'entre eux, présente une liasse de billets de banque et demande « Trois places pour la séance de 22 heures », je comprends que c'est là que l'on achète les places.

Tickets à la main, nous gravissons les marches d'un escalier monumental. Tout ici est de dimension colossale, y compris la nourriture, dont Paula fait provision à un long comptoir. Une jeune femme tout sourires se tenant de l'autre côté me tend un récipient léger comme une plume, rempli de pépites blanc et or ressemblant étrangement à de petites fleurs tout juste écloses.

— Un petit popcorn, m'annonce-t-elle en me le plaçant entre les mains.

Goûtant l'un de ces flocons salés à la perfection, je souris à Paula. Anna, quant à elle, mâchonne de longues confiseries souples couleur framboise, tandis que son amie se fait un dîner d'une saucisse arrosée de moutarde, accompagnée d'un énorme seau de popcorn et d'une boîte de bonbons.

— Je n'ai rien avalé depuis hier soir, se justifie-t-elle, une trace de sauce au coin des lèvres.

Transportant chacune un plateau léger, nous allons prendre place dans la salle ; une fois assise, je savoure à petites gorgées une boisson délicieusement glacée et très sucrée, du nom de « Coca ».

Alors que le cinéma se remplit, les lumières se font plus tamisées, et je m'abandonne au spectacle qui s'offre à moi. Sur l'écran qui nous fait face apparaissent de gigantesques images mouvantes. L'écran lui-même est considérablement plus grand que celui qui surmonte l'âtre chez Anna et mesure aisément vingt pieds de haut. Les sons, tonitruants, jaillissent de toute part ; les visages des acteurs sont hauts comme des maisons. Je pourrais dénombrer les cils de cette femme !

Cette femme qui contemple la rue depuis le toit d'un immeuble affreusement haut. Les yeux baissés, elle oscille dangereusement sur le rebord, et, regardant avec elle en contrebas, je suis moi-même prise de vertige. Une paire de mains l'agrippent par la taille ; l'effet de surprise nous coupe le souffle à toutes les deux. Elle se retourne, et la joie se peint sur son visage lorsqu'elle reconnaît l'homme qui l'enlace. Je souris moi aussi, soulagée. Soudain, la scène s'évanouit, remplacée par de grands caractères proclamant : « Ce Noël sur vos écrans. »

Aussitôt ce texte laisse place à deux voitures se précipitant l'une sur l'autre, n'échappant que de peu à la catastrophe. L'image suivante montre l'intérieur de l'un des véhicules, où deux hommes négligés et crasseux boivent au goulot de bouteilles brunes avec de grands éclats de rire. Un troisième fait étalage de son, hum… arrière-train depuis la banquette arrière. À mon grand étonnement, le public signifie son approbation en riant avec eux. Je sais que ce que je vois se dérouler sous mes yeux n'est pas plus réel qu'une pièce de théâtre ; toutefois, si un acteur baissait son pantalon durant une représentation, je ne manquerais sans doute pas de quitter la salle. Curieusement, je n'éprouve à cet instant aucun désir d'exprimer mon mécontentement d'une manière aussi radicale, et ce n'est de toute évidence pas non plus le cas de mes deux compagnes. Comme je jette un coup d'œil furtif du côté d'Anna, c'est avec bonheur que je la vois se tourner vers moi et lever les yeux au ciel, révélant des valeurs guère différentes des miennes. Paula, en revanche, essaie en vain de réprimer un sourire.

La première se penche à mon oreille :

— Je ne vois vraiment pas pourquoi ils nous servent de la pub pour ces nanars dégoulinants de testostérone avant une comédie romantique.

Je me contente de lui répondre par une monosyllabe, ignorant complètement ce qu'elle entend par là. Bientôt, la série de courtes histoires prend fin, et Anna murmure :

— C'est parti.

Et notre film commence.

Presque immédiatement, la voiture que conduit l'héroïne entre en collision avec un autre véhicule ; l'impact et le vacarme sont si puissants et réalistes que je me surprends à me mordre la lèvre, me retenant d'attraper le bras d'Anna. Puis je me rappelle que ce sont là des acteurs et que l'accident dont je suis témoin est l'un de ces « effets spéciaux » dont il était question dans mes lectures.

Il ne me faut que quelques minutes pour m'accoutumer au bruit de tonnerre ainsi qu'aux images impressionnantes, et oublier que je suis assise dans une salle de cinéma. Très vite, je me trouve captivée par le drame qui se déroule sous mes yeux, une sensation qui n'est pas sans rappeler les rares fois où j'ai eu l'occasion d'assister à une représentation de qualité exceptionnelle au théâtre.

Malgré un début marqué par cet effroyable accident, je déduis des rires qui s'élèvent dans la salle qu'il s'agit, dans l'ensemble, d'une comédie ; parfois, il m'arrive de saisir moi-même l'humour d'une scène. L'histoire comporte néanmoins une grande dimension tragique, car elle traite de la vie d'une jeune femme célibataire ayant récemment mis un terme à sa « relation » avec son « petit ami » après avoir découvert qu'il « se tapait » une autre femme. Tant de vocabulaire nouveau !

— Je ne sais pas à quoi pensait Anna, grommelle Paula à mon oreille, au cours d'une scène durant laquelle l'héroïne pleure à chaudes larmes, dévastée par les infidélités de son petit ami.

— Je suis désolée, Courtney, me chuchote l'autre jeune femme quelques instants plus tard. Tu veux qu'on s'en aille ?

— Pas du tout !

En effet, c'est précisément ce qu'il me faut, car ce film saura peut-être m'éclairer sur les pratiques obscures de la cour amoureuse dans ce monde futur, et j'espère ainsi mieux comprendre la vie de Courtney.

Par la suite, l'héroïne tente de dissimuler ses larmes alors qu'elle visite une boutique en compagnie de sa meilleure amie, qui, tout juste fiancée, se lance dans les préparatifs de mariage. Le magasin est abondamment fourni en robes blanches et en longs voiles immaculés. Des robes de mariée. Il faut croire que le blanc est la couleur des épousées. Ce qui me rappelle – grand Dieu ! – la robe que j'ai enfilée à mon réveil... Il n'est guère étonnant que Wes et les deux jeunes femmes aient été abasourdis de me voir dans ce qui aurait dû être la tenue de mariage de Courtney. Car, contrairement à l'époque qui m'est familière, où les robes blanches se portent en toutes occasions et où une toilette de mariée, peu importe sa couleur, peut être portée de nouveau – voire retaillée –, dans ce monde de jupes courtes, de jeunes dames en pantalon et de vêtements noirs, la tenue blanche n'a qu'une seule signification.

Une fois de retour chez elle, l'héroïne s'autorise enfin à pleurer toutes les larmes de son corps et entreprend de jeter aux ordures de grands albums d'images, intitulés *Mariage* ou encore *Mariée moderne*.

Glissant quelques regards furtifs en direction de mes amies, je constate qu'elles ne paraissent nullement affectées par les scènes qui se déroulent sous leurs yeux. Leur expression révèle une pointe de tristesse lorsque les acteurs expriment leur chagrin, une ombre de joie lorsqu'ils sont heureux. Le reste du temps, elles grignotent leurs en-cas et sirotent leurs boissons. *Et pourquoi en serait-il autrement ?* me dis-je. Après tout, cela n'est pas la réalité. Il ne s'agit que d'une histoire ; étonnante de réalisme, mais néanmoins imaginaire.

Le plus surprenant à mes yeux demeure sans doute la scène qui suit un long débat durant lequel l'héroïne se demande si elle va ou non « coucher » avec le jeune homme qu'elle commence tout juste à « fréquenter » – et, à sa manière d'évoquer le sujet, elle pourrait tout aussi bien parler de prendre le thé, tant « coucher » semble de peu de conséquence –, scène qui nous la montre à demi nue, au lit avec son nouveau petit ami.

Je me couvre partiellement les yeux, jetant un coup d'œil à mes deux compagnes. Loin d'être scandalisées, celles-ci sont toujours aussi absorbées et arborent toutes deux un léger sourire. Un éclat de rire résonne même dans le public ; clairement, l'humour de la situation m'échappe.

Au lendemain de son aventure, la voilà qui fait part des moindres détails à sa meilleure amie. Je suis alors amenée à me demander si Courtney a tenu la véritable nature de ses relations avec Frank aussi secrète que je l'aurais espéré. Aurait-elle mis Anna et Paula – ou, pire, Wes – au courant ?

Je n'ai pas le loisir de m'attarder très longtemps sur ces inquiétantes considérations, car le héros déclare enfin son amour à l'héroïne (sans toutefois lui demander sa main). Les lumières sont rallumées, et mes deux amies m'entraînent hors du cinéma, dissertant avec passion sur la qualité de l'histoire, du jeu d'acteur et des effets.

Quant à moi, je ressors de la projection avec plus de questions que de réponses.

Chapitre 16

Enfin chez soi… J'ai réussi à convaincre Paula et Anna que j'étais simplement lasse, et non indisposée, mais, en réalité, après un tel déferlement de sensations, ma seule envie était de retrouver le calme de mes appartements. Même le trajet du retour dans la nuit, le long des routes fortement éclairées, fut éprouvant. Ajouté à l'émotion du film, le ballet étourdissant des phares – ou « feux » – de centaines de voitures roulant à toute allure m'a vidée de toute énergie, et je n'aspire plus qu'au confort tranquille d'une pièce à l'éclairage tamisé.

J'ai bien l'intention de découvrir si le film – avec ses aventures charnelles et ses incroyables préparatifs de mariage – est une représentation exacte de la cour et des unions dans le monde de Courtney, ou s'il ne s'agit que d'une fantaisie de l'auteur.

La première chose à faire est de consulter le journal de Courtney. J'ouvre le volume orange constellé de paillettes et feuillette les pages réglées. Les premières ont visiblement été arrachées, et il n'en reste plus qu'un talon déchiqueté.

Après plusieurs pages blanches, je découvre ceci :

« Invités : compte total, 150

Fleuriste : pas de gypsophiles

Robe : essayage samedi

Weymouth Cakes : acompte à payer lundi au plus tard »

De nouveau, une dizaine de pages blanches, puis cette note, de la même écriture fluide :

« Ce connard se fait surprendre à poser ses sales pattes sur une autre femme, et tout ce qu'il trouve à répondre c'est : "Wes était censé te dire que j'étais en réunion" ? S'étaient-ils bien amusés de ma crédulité ? Wes m'aurait-il tout avoué si Frank ne me l'avait pas dit lui-même ? Tu parles d'une idiote ! Depuis combien de temps est-ce qu'il se tape cette planche à pain hypocrite ? Cette pétasse a intérêt à fermer boutique si elle ne veut pas que je leur fasse une réputation d'enfer, à elle et à ses tartes ! Comment a-t-il pu me faire une chose pareille, c'est tellement humiliant ; qu'on me laisse mourir... »

Une autre série de pages vierges, puis :

« E. est adorable et si jeune, et super au lit, mais je me sens de nouveau vide. Je ne compte pas le rappeler. Le sexe pour le sexe n'est pas ce dont j'ai besoin en ce moment. Je n'arrête pas de repenser à Frank quand il est venu reprendre ses affaires ; j'aurais tellement voulu de nouveau sentir le contact de ses mains sur ma peau, et je me déteste d'en ressentir encore le désir. Wes m'inonde de coups de fil et de textos. Pourquoi Frank n'appelle-t-il pas ? Il a vaguement essayé une fois, et puis plus rien. Je ne comprends même pas pourquoi j'ai envie qu'il le fasse. Je suis vraiment pitoyable. »

C'est tout ce qui figure dans le journal, mais, en dépit du peu d'entrées, je suis grandement choquée par ma lecture. Il est clair que Courtney considère que Frank et Wes sont non seulement malhonnêtes, mais aussi cruels. Et Frank n'est pas l'unique homme dont elle a partagé la couche, il y a également eu un certain « E. ».

Il semblerait donc que la conduite de l'héroïne du film soit plus réaliste que je ne l'aurais espéré. Est-ce la norme, ou ces deux femmes sont-elles l'exception ? Peut-être Courtney possède-t-elle une sorte de manuel de convenances qui pourra m'apporter une réponse.

Une rangée de livres pique ma curiosité, dont un volume en particulier :

« NE VOUS FAITES PLUS JAMAIS LARGUER !

Tout ce qu'il faut savoir pour mettre tous les hommes à ses pieds et épouser le bon, le tout en moins de trois ans. »

Un ouvrage qui intéresserait plus d'une jeune femme de ma connaissance.

« MARIAGE : COMMENT DÉCROCHER LE GROS LOT »

Est-ce donc un jeu, désormais ? Sans doute n'est-ce pas pire que la foire aux bestiaux de mon époque…

« QUAND LES HOMMES NE VEULENT PAS S'ENGAGER »

S'engager où cela ? Dans l'armée ?

Comme je prends les trois volumes sur l'étagère, je remarque une sorte d'in-folio souple confectionné dans du papier lisse et brillant, coincé dans l'interstice entre la planche et le mur. Je parviens à l'en dégager sans trop de peine. Ah, ah : un magazine de mariées, comme ceux du film ! Je parcours rapidement quelques pages, mais l'existence même d'un tel ouvrage est la preuve de l'extrême importance accordée à la cérémonie de mariage dans ce monde moderne.

Et pourtant, lorsque je referme le dernier livre bien des heures plus tard, avec les yeux qui piquent, et incapable de déchiffrer une phrase de plus, je me sens à la fois désorientée et nauséeuse, telle ivre d'avoir bu trop de vin. Comment s'y retrouver ?

D'où je viens, la réputation de Courtney serait entachée à jamais. Ici, les femmes font l'amour avant le mariage, et ce, avec autant de partenaires qu'il leur plaît. Celles qui attendent d'être mariées sont jugées soit prudes ou bizarres, soit très courageuses, ou encore religieuses à outrance, selon le point de vue de l'auteur sur le sujet.

« Faire l'amour ». Cette expression a le mérite d'être préférable à « s'envoyer en l'air », activité qui me semble fort risquée.

Un risque peut-être pas si imaginaire que cela, car si elles s'adonnent volontiers à ces choses, en temps normal réservées à l'intimité conjugale, sans la protection d'un contrat de mariage, les femmes demeurent terriblement effrayées des conséquences de ce passage à l'acte déterminant. Une peur qui les conduit à établir pléthore de règles et de formules visant à évaluer le « degré de sérieux » d'un homme avant d'accepter de partager sa couche, à déterminer au bout de combien de « rendez-vous » il devient acceptable de le faire et la meilleure façon de s'assurer que de telles pratiques ne viennent pas entraver leurs chances de se faire épouser.

Il apparaît donc que, malgré l'importance qu'elles accordent à leur prétendue liberté sexuelle, les femmes craignent de trop donner, trop tôt, et d'ainsi encourager les hommes à oublier l'importance du mariage. À mon humble avis, ceux qui profitent le plus de cette « liberté » sont donc les hommes, et non les femmes. Et je commence à croire que le risque de voir sa réputation ruinée est tout aussi grand dans ce monde que dans le mien.

Il y a, je dois dire, au moins un aspect de cette affaire qui représente une avancée en matière de liberté, soit la possibilité pour les femmes d'avoir des relations sexuelles sans qu'une grossesse résulte automatiquement de celles-ci, avant comme après le mariage. Le but de l'union officielle n'est donc plus, contrairement à ce que proclame le sermon du prêtre, de procréer ni même de remédier à la fornication. Mes lectures et le film de ce soir m'ont amenée à la conclusion que tout ce qui compte à présent, ce sont l'extravagance des célébrations, la richesse de la robe et la forte impression que l'on va produire sur le reste du monde.

Mais les grands atours et la splendeur de la fête ne sont-ils pas également ce qui attire principalement les jeunes femmes de mon époque ? L'idée du mariage n'éclipse-t-elle pas sa réalité ? Si je n'ai jamais assisté à une grandiose réception de deux cent cinquante invités, telle qu'en décrivent ces magazines, combien de fois ai-je entendu une camarade s'extasier à propos de belles toilettes, de nouveaux carrosses et autres menus détails ayant en vérité bien peu à voir avec le bonheur conjugal ? Et n'ai-je pas trop souvent entendu évoquer, ou vu de mes yeux, la triste métamorphose qui s'opère chez ces futures mariées, une fois devenues épouses ?

En dépit de tous les artifices déployés, la principale préoccupation demeure de faire un mariage d'amour. En fait, les femmes de ce siècle sont même convaincues que c'est leur droit le plus strict.

Mes yeux me brûlent d'avoir trop lu ; je devrais vraiment me retirer avant le lever du soleil. Bien que je n'aie plus l'obligation de me lever au matin, il ne sera pas dit que je me complais dans l'oisiveté.

Lorsque je m'éveille et m'habille, il est presque 11 heures, et mon ventre se serre au son pourtant attendu des coups frappés à la porte. Il est temps d'aborder le sujet tant redouté, mais, pour la vingtième fois au moins, je me demande par où commencer. J'invite Wes à entrer, tâchant d'esquisser un sourire enjoué.

Je n'ai pas à me forcer beaucoup, car je suis en réalité sincèrement heureuse de le voir.

J'ai beau essayer de rester sur mes gardes, ainsi que me l'ont conseillé Paula et Anna, il y a dans sa contenance quelque chose de si angélique que je me trouve incapable de faire preuve d'une quelconque méfiance. Toutefois, j'ai besoin de savoir pourquoi il a choisi de mentir pour Frank plutôt que de se montrer honnête avec Courtney. Car si je suis là pour remettre de l'ordre dans la vie de celle-ci, comme le pense la diseuse de bonne aventure, n'est-il pas essentiel que je découvre la véritable nature de Wes ?

Je l'ai donc invité chez moi. Non seulement je suis particulièrement fière d'avoir su utiliser le téléphone pour ce faire, mais j'ai profité de l'occasion pour me renseigner sur le fonctionnement de la machine à café. Il semblerait qu'il n'y ait rien que je ne puisse apprendre de cet oracle qu'est l'ordinateur. Cependant, Wes arrive avec deux tasses fumantes ainsi que des pâtisseries composées de pâte feuilletée et de confiture de fraises. Faisant néanmoins l'effort de goûter le breuvage que j'ai préparé pour lui, il m'assure que celui-ci est délicieux.

— Bien, dit-il après s'être essuyé la bouche sur une serviette de papier, vas-tu enfin me dire quel est ce « problème délicat » dont tu voulais me parler ? J'essaie de me convaincre que, si tu acceptes de prendre le petit déjeuner avec moi, c'est que tu n'as sans doute pas l'intention de couper définitivement les ponts, même si je suppose que tes deux consciences t'ont fortement recommandé de le faire.

Je me sens pâlir.

— Est-ce que tout va bien ? s'inquiète-t-il alors, l'air grave ? Peu importe ce dont il s'agit, je suis prêt à l'entendre.

Après avoir pris une grande inspiration, je me lance.

— Je te suis reconnaissante d'avoir fait preuve de tant de gentillesse à mon égard. Tu as veillé sur moi, t'es montré soucieux de mon confort, et, pour cela, je te remercie du fond du cœur.

Une chaleur électrisante se répand en moi au contact de sa main sur la mienne.

— C'est moi qui te remercie, Courtney. Jamais je n'aurais osé espérer que tu me permettes un jour de faire de nouveau partie de ta vie.

Il plonge alors son regard intense dans le mien, et, l'espace d'un instant, j'oublie de respirer.

— Tu sais que je ferais n'importe quoi pour toi, n'est-ce pas ? poursuit-il.

— Je veux bien le croire… C'est pourquoi il est particulièrement embarrassant de devoir te poser cette question…

— Peu importe ce que c'est, je suis là pour toi.

Il y a tant de bonté dans son regard, son expression est si bienveillante, que je ne parviens pas à former les mots nécessaires. Je n'arriverai jamais à lui demander pourquoi il a menti. C'est impossible. La souffrance dans ses yeux alors que je mettrais son honneur en doute serait plus que je ne pourrais supporter. Lui qui a été si bon envers moi… Que sont les mots inscrits dans le journal de Courtney en comparaison de mon propre ressenti ? Non, il s'agit sans doute de quelque malentendu, et la vérité éclatera au grand jour en temps voulu.

Par chance, il y a une autre question que j'aimerais lui poser, une question au moins aussi gênante, mais plus aisée à formuler.

— Eh bien, j'ai besoin de ton conseil. Vois-tu, j'ignore de quelle manière je puis évaluer l'état de ma… de mes finances. J'ai là des factures que j'aimerais régler au plus tôt, et je ne sais pas… c'est-à-dire…

— Oh, les avis de coupure de service, répond-il, l'air presque déçu.

Que s'imaginait-il que j'allais lui demander ?

— Aucun problème, c'est de mon ressort. Quelle est la date limite ?

— Ce dont j'ai le plus besoin, c'est de déterminer de combien d'argent je dispose.

— Oui, pardon. Tu ne te souviens plus de tes mots de passe. Je vais voir ce que je peux faire.

S'asseyant devant l'ordinateur, il entreprend de faire courir ses doigts sur le clavier.

— Cela va peut-être prendre un peu de temps, me lance-t-il par-dessus son épaule. Ne t'inquiète pas. Quoi qu'il arrive, on s'en sortira.

« On » ?

Hier, j'aurais sans doute jugé la tournure impertinente, mais, aujourd'hui, je n'en ai cure. En réalité, j'aime plutôt cela.

— En attendant, tu peux peut-être éplucher les factures et voir ce qui est le plus urgent, OK ?

Je me sens déjà mieux quand, ayant enfin réussi à déchiffrer les lettres, je me rends compte que l'on m'accorde un délai de dix jours pour payer l'électricité, de cinq pour le téléphone. Tout à coup, Wes me fait signe de le rejoindre à l'ordinateur : il a trouvé où mes mots de passe étaient stockés et tente de me montrer quelque chose. Mais le parfum de cédrat qui se dégage de sa peau me trouble tant, lorsqu'il se penche vers moi, que je peine à me concentrer sur les chiffres affichés à l'écran.

— Voici ton solde, m'explique-t-il en désignant une somme de plus de 300 dollars. Ce n'est pas brillant.

Je fais quelques calculs de tête.

— Mais cela se monte à 80 livres sterling, au moins !

— Plutôt dans les 200, je dirais, mais je ne vois pas bien le rapport… Livres, euros, dollars ou roupies, tu vas probablement devoir vider ton compte pour couvrir tes notes de téléphone et d'électricité. Je ne suis même pas sûr que tu aies assez.

Il me tend un petit livret rectangulaire.

— J'ai trouvé ton chéquier dans le tiroir du haut. Il va peut-être falloir vérifier que tu n'as rien d'autre en attente d'être débité.

Puis, désignant une nouvelle fois l'écran :

— Loin de moi l'idée de te prendre pour une idiote, mais j'espère que tu as conscience que ton solde réel n'est peut-être même pas de 317,25 dollars ? Je ne vois aucun dépôt récent. Tu as reçu ton dernier chèque de David ?

— Non, je…

— Essaie de prendre contact avec Sandra, peut-être, pour voir si elle peut faire accélérer un peu les choses.

— Elle m'a promis qu'elle demanderait à David de « me faire cadeau », selon ses termes, d'une ou deux semaines d'indemnités, mais elle n'était pas sûre qu'il accepte.

— Génial !

— Elle a aussi parlé de faire passer une dernière avance sur salaire en indemnités de licenciement, mais je ne suis pas certaine d'avoir saisi…

— Ah, grogne le jeune homme. S'il t'avait accordé une avance, il ne te doit peut-être rien… Il ne nous reste plus qu'à espérer qu'elle arrive à le faire céder. Dans l'intervalle, tu es comment en liquide ?

Comme je vais récupérer mon sac, il me reprend le chéquier des mains.

— Donne, je vais regarder si j'arrive à démêler tout ça pendant que tu cherches ton porte-monnaie.

Il feuillette le carnet, puis jette un nouveau coup d'œil à l'écran et fait la grimace.

— En admettant que tu aies tout noté là-dedans, ton solde est en réalité inférieur à ce que l'on pensait d'une centaine de dollars. Si Sandra peut te décrocher des indemnités, elles ont intérêt à arriver vite.

Je lui dévoile finalement le contenu de mon porte-monnaie : ma fortune semble s'élever en tout et pour tout à 200 dollars en banque et à 27 de plus dans mon sac.

Wes plonge alors la main dans sa poche et en tire une liasse de billets ; voyant qu'il s'apprête à me les offrir, je l'arrête d'un geste.

— Je ne puis certainement pas accepter…

Les larmes qui me montent aux yeux m'empêchent de poursuivre ; toutefois, je parviens à repousser la liasse.

— C'est très généreux de ta part, mais je ne suis pas en si grande difficulté.

— Et que feras-tu s'ils te coupent tout ? Laisse-moi au moins te faire un chèque ; tu me rembourseras dès que tu seras retombée sur tes pieds.

— J'ai quelques jours devant moi, et la situation sera réglée d'ici là. Je t'assure.

— Tu en es certaine ?

Il fait un geste en direction des lettres éparpillées sur le lit.

— Tu veux que je regarde ?

— Mon incompétence a ses limites, cher monsieur.

J'espère de tout cœur que le sourire que je lui adresse apparaît confiant.

— J'aime quand tu m'appelles « monsieur », rétorque-t-il en souriant, avant de se lever pour s'étirer. Tu as un plan d'action, alors ?

— Un plan d'action ?

— Concernant ton prochain job. À quoi Courtney Stone compte-t-elle employer ses multiples talents ?

— Que lui conseilles-tu ?

— Eh bien, nous savons déjà que tu es douée pour ce qui est de tenir la main du patron, de le conforter dans ses idées et attitudes débiles et de flatter son ego. Sans parler de lui fournir sur un plateau moult concepts créatifs desquels il retire ensuite tous les lauriers.

— Ce n'est pas là un portrait très flatteur.

Il sourit.

— Je crois que tu devrais changer de voie.

— Je ne peux qu'être d'accord.

— En attendant que tu décides dans quelle branche tu veux te diriger, que dirais-tu de travailler pour moi ?

— Je te demande pardon ?

J'ignore même quelle profession cet homme exerce.

— Ce ne serait que temporaire. Et pas de panique, je ne te parle pas de m'aider à monter des sites Web. J'ai seulement besoin que quelqu'un mette un peu d'ordre dans mes comptes.

— C'est tout à fait hors de question.

Il semble presque blessé.

— Pourquoi pas ?

— Parce que…

Je sens mes joues s'empourprer.

— Je ne devrais même pas avoir à te le… Parce que ce serait fort inconvenant.

— Tu n'es quand même pas sérieuse ?

— D'où je viens… Tout ce que j'ai fait, tout ce que je suis en train de faire, va à l'encontre des principes qui m'ont été inculqués. Absolument tout : de ce mode de vie, dis-je en désignant l'appartement d'un geste large, au fait de recevoir un homme célibataire sans un chaperon…

Il me devient difficile de soutenir son regard.

— Comment te faire comprendre ? Ce n'est pas que je n'apprécie pas la solitude et l'indépendance, c'est simplement que tout cela est… très inédit. Même si, à dire vrai, j'affectionne beaucoup nos conversations…

Pourquoi la chaleur de mes joues se répand-elle à présent dans mon cou ?

— … Mais tu as bien conscience que, si je devenais ton employée, je ne serais plus ton égale. Je me trouverais dans la même situation que Jane Fairfax qui, en se faisant embaucher en tant que gouvernante, n'était plus autorisée à se mêler à la famille. Suis-je claire ?

— Qui est cette Jane Fairfax ?

— Oh. Je pensais que tu avais peut-être lu *Emma*.

— Je peux, si tu le souhaites…

— Là n'est pas la question. Ce que je veux dire, c'est que personne n'est, ni ne peut être, sur un pied d'égalité avec son employeur.

— C'est l'argument le plus rétrograde que j'aie jamais eu l'occasion d'entendre. Courtney, ce que je te demande, c'est une simple faveur. De travailler avec moi, plus que pour moi. La vérité, c'est que mon comptable va me tuer si je ne trie pas un minimum mes reçus. Mais j'ai tellement de projets en ce moment que je n'ai pas le temps de m'en occuper moi-même.

Et si son offre était tout à fait acceptable ? Je me mets soudain à faire les cent pas.

— Es-tu certain que tu n'agis pas par pitié ?

— Si quelqu'un mérite un peu de pitié ici, c'est moi ! Si tu ne m'aides pas, je serai contraint d'engager un parfait étranger et de lui donner accès à mes documents les plus confidentiels.

Effectivement, je ne puis guère me montrer trop regardante et refuser mon assistance à un ami qui a su faire preuve d'un soutien sans faille envers moi, et ce, quelles que soient ses erreurs passées. Et travailler avec un tel homme est une perspective bien plus réjouissante que de risquer de me faire embaucher par un autre David.

— Je vais y réfléchir.

Une musique au rythme syncopé s'élève, et Wes sort son téléphone de sa poche.

— Excuse-moi. Je suis obligé de prendre ça, dit-il en s'éclipsant dans la cuisine.

Il est fascinant de découvrir que chacun semble avoir son propre signal sonore – sa « sonnerie », comme on dit.

Tandis que je dis au revoir à Wes, forcé de prendre congé afin de rencontrer un client, je me demande si je lui ai promis de penser à sa proposition par volonté de lui rendre service après tout ce qu'il a fait pour moi ou par peur de la misère. Il n'est assurément pas facile de répondre à cette question.

Désireuse de couper court à ces sombres réflexions, je décide de m'essayer à l'utilisation du lave-linge trônant dans la minuscule pièce attenante à la cuisine, près de l'escalier extérieur. Je ne puis nier qu'une grande partie de mon envie de travailler pour Wes – car il s'agit bien de travailler « pour », et non « avec », en dépit de ses belles paroles – vient de la crainte de manquer.

Il est plus aisé d'avoir de grands principes quand on est assis sur une jolie petite fortune que lorsque l'on se trouve dans l'embarras. Ainsi, enveloppée de tout le confort, de tous les luxes, bien à l'abri au sein d'une famille de propriétaires terriens respectables, je n'avais eu aucun scrupule à éconduire deux soupirants tout à fait convenables avant qu'Edgeworth entre dans ma vie. Mais me voici là, à présent, sans plus grande réputation à protéger ni revenus d'aucune sorte. Je n'ai même plus les fonds pour régler mes factures de téléphone et d'électricité. Comment vais-je payer mon loyer et acheter de quoi manger ?

Je ne suis pas sûre d'avoir le courage de vivre une vie entière dans le besoin en Amérique au XXIe siècle. La pauvreté, quelle que soit l'époque, est une chose bien triste à contempler, et je n'ai pu m'empêcher de remarquer un certain nombre de personnes peu soignées, leurs vêtements en loques, dans les rues de cette ville prodigieusement moderne, qui semble avoir été purgée de tous les aspects incommodants de l'ancien temps, à l'exception de celui-ci. J'espère sincèrement que Sandra saura persuader David de me payer une semaine supplémentaire ou deux. Et que l'argent arrivera rapidement. Il me reste quelques jours avant de voir mon électricité et mon téléphone coupés. En revanche, aussi tentée que je sois de me reposer une fois de plus sur la bonté et la générosité de Wes, je doute que travailler pour lui soit une bonne idée. Non, je ne veux pas risquer de mettre en péril cette amitié, qui m'est devenue si chère au fil de ces derniers jours, des jours si riches en événements. Je trouverai un autre emploi. Je n'ai pas d'autre choix.

Je dois mettre ces pensées de côté. Je dois rester maîtresse de moi-même. Du moins, jusqu'à ce que mes vêtements soient propres.

À peine deux heures plus tard, je dépose ma pile de linge sur le couvre-lit rouge. Ma satisfaction d'avoir appris à faire fonctionner la machine à laver se trouve néanmoins entachée, car j'ai beau être certaine d'avoir suivi à la lettre les instructions inscrites sur le couvercle de l'appareil, je tiens à présent entre mes mains la version miniature de la robe blanche que j'ai voulu laver. Je n'ai plus qu'à découdre le vêtement et à en faire une série de mouchoirs. Ou un fichu. Si toutefois je parviens à dénicher du fil et une aiguille. Je n'ai pour l'instant vu ni panier à ouvrage ni porte-aiguille. Pas le moindre dé à coudre dans cette maison…

C'est seulement en pliant le tas d'habits que je découvre que chacun comporte également des instructions individuelles. Il semblerait que tous les vêtements ne se lavent pas à la même température et nécessitent différentes méthodes de séchage. J'ose espérer que le nombre de personnes sachant lire aujourd'hui est plus important qu'à mon époque. Sinon, beaucoup risquent de se retrouver propriétaires d'une garde-robe de poupée.

Le linge rangé, j'estime mériter une récompense : le film d'*Orgueil et Préjugés*. De plus j'ai recherché dans Google le terme de « carte de crédit » et ainsi appris qu'il existait un autre moyen de payer le strict nécessaire jusqu'à ce que je dispose de nouveau d'un revenu. Certes, c'est aussi le moyen de s'enfoncer dans les dettes, mais, s'il me faut emprunter, je préfère m'adresser à une banque qu'à mes amis. Non, j'ai décidé de chasser ces idées de mon esprit pour aujourd'hui. Je me saisis de la télécommande du DVD. Je suis devenue une telle experte dans la manipulation des divers appareils de ce monde (en réalité, mes doigts semblent savoir mieux que moi comment fonctionnent les objets) qu'il ne me faut guère plus d'une minute pour mettre le disque en place et lancer le film, confortablement installée sur le dessus-de-lit doux, une boisson fraîche à la main. Cela est assurément l'une des meilleures manières d'occuper le reste de ma journée.

« Permettez-moi de vous dire l'ardeur avec laquelle je vous admire et je vous aime… »

Soudain Mr Darcy disparaît, englouti dans le noir, et, moi qui étais perdue dans le monde d'Elizabeth Bennet au point d'en oublier l'heure, ou même toute notion de temps, je vois mes rêveries brutalement interrompues. J'appuie sur les boutons de la télécommande, en vain ; l'écran demeure vide et silencieux. Me demandant ce que cela signifie, je m'aperçois alors que la pièce entière est en fait plongée dans le silence et qu'il y fait aussi sombre qu'il se peut dans cette ville à la nuit tombée ; la lumière du lampadaire proche pénétrant par la fenêtre aux rideaux grands ouverts me permet de discerner la disposition des meubles de la chambre et ainsi d'éviter de m'y cogner. Même l'écran de l'ordinateur est éteint. Je tente de rallumer la lumière, l'air conditionné, le film. En vain.

Je repense soudain à l'avis de coupure d'électricité. Comment est-ce possible ? La lettre indiquait clairement que j'avais dix jours pour payer avant que j'en sois privée.

Tâtonnant à la recherche de bougies dans l'obscurité de la cuisine, je finis par en trouver quelques-unes dans un tiroir. J'en allume deux et me penche au-dessus de la table afin d'étudier la lettre de la compagnie d'électricité, la cire goûtant sur les feuilles tandis que je m'efforce de retrouver le passage mentionnant le délai. Il doit y avoir une erreur, car je n'ai reçu cet avis qu'hier. Comment se fait-il… ? J'examine encore la lettre et avise la date en haut de la première page, soit celle d'il y a onze jours. Comment est-ce possible, quand je n'ai reçu cet avis que la veille ? Ah, c'est vrai : Wes m'a dit que j'avais laissé le courrier s'entasser. C'est mon quatrième jour ici, et qui sait depuis combien de temps Courtney n'ouvre plus ses lettres, ou même combien de temps il faut à une enveloppe pour parvenir à son destinataire, ou… Oh, après tout rien de tout cela n'a d'importance : tout ce qu'il y a à savoir est que je me retrouve assise là, dans le noir.

Pourquoi a-t-il fallu que j'hérite d'une vie si chaotique ? Cette femme est incapable de faire un choix raisonnable, que ce soit en matière d'amour ou d'argent. Eh bien, eh bien. Voyez-vous cela… Tant que je me contente d'admirer ces jolies rondeurs et ce teint de rose dans le miroir, tant que je trouve à m'extasier sur ces modestes appartements, remerciant le ciel d'avoir un toit que je peux appeler mien et de ne plus avoir à dépendre des caprices et des envies de quiconque, tout va bien dans le meilleur des mondes. Pourtant, si je désire profiter de tous les avantages de ma nouvelle situation – y compris ma nouvelle silhouette, mes amis dévoués, les ingénieuses machines et la superbe collection de livres –, ne serait-il pas naturel d'accepter les inconvénients qui vont avec elle ? Car comment pourrais-je prétendre aux uns sans endosser la responsabilité des autres ?

Mais rien ne sert de se lamenter, car le plus pressant reste de rétablir la lumière, si cela est même possible, de finir ce film et…

Je réprime un petit rire : me voilà bel et bien devenue une dame du XXIe siècle, mise à rude épreuve par une simple interruption du courant. Moi qui ne connaissais que la lueur de la chandelle il y a encore quatre jours… Quatre jours et cent quatre-vingt-seize ans.

Que faire pour remédier à la situation ? Je redoute que Wes ne découvre dans quelle posture délicate je me trouve, car il prendrait sans nul doute sur lui de régler mes dettes à ma place, avec ou sans ma permission, de même qu'Anna et Paula. Mais, si je reconnais avoir une chance inouïe de compter parmi mes amis des personnes si attentionnées, je refuse de devenir un fardeau pour quelqu'un avec qui je n'ai aucun lien de parenté. Mon souhait le plus cher est donc de trouver le moyen de tout arranger moi-même.

Quel serait mon premier geste si je devais faire face à une telle situation dans mon pays d'origine, à ma propre époque, mais loin de chez moi. Je ferais bien entendu parvenir une lettre à mon père, le suppliant de bien vouloir me venir en aide ; le problème serait réglé en moins de temps qu'il ne faut pour le dire, et ma mère n'en aurait jamais vent. Il est curieux qu'à mon réveil dans cette demeure Wes m'ait demandé si je désirais qu'il appelle ma mère, mais n'ait dit mot à propos de mon père. Peut-être Courtney n'en a-t-elle pas. Or, sa mère n'est visiblement pas une personne vers laquelle on peut se tourner en temps de crise. J'ai besoin de faire un peu le vide dans mon esprit. De marcher. Une promenade me met toujours du baume au cœur et m'inspire des idées pleines de bon sens. J'attrape donc mon sac sur la table et dévale les escaliers.

Chapitre 17

Même si je n'ai aucunement l'intention de dépenser le peu de monnaie dont je dispose, je décide de rejoindre la grande artère, où se trouvent toutes les boutiques, à quelques rues de là. Ayant terminé les restes du délicieux poulet mole d'hier un peu plus tôt dans la journée, je n'ai fort heureusement plus faim. Mais cela ne durera pas.

Comme je me dirige vers la rue principale, une voiture attire mon regard. Enfin, pas tant la voiture elle-même, car sa silhouette brune, ternie par une épaisse couche de poussière, est nettement moins remarquable que nombre de ses voisines. Non, ce qui a ainsi happé mon attention derrière la grande vitre avant, éclairée par le lampadaire, est un lion miniature pendu au rétroviseur intérieur. Je reconnais sa forme avant même de m'être assez rapprochée pour distinguer les détails de l'animal. Soudain, je me revois, dans la peau de Courtney, offrant le petit jouet à Frank. C'est le jour de son anniversaire, et le lion est un présent. Je suis assise sur un haut tabouret, accoudée au comptoir de la taverne où travaille Glenn. Le nom de *Bonne Fortune* s'impose à moi, et je sais alors que ce qui se déroule en ce moment même dans mon esprit n'est autre qu'un souvenir, même si je suis absolument certaine qu'il ne s'agit pas du mien. Cela est un autre souvenir de Courtney. Je suis au bar avec Frank, l'estomac noué, car il vient de refuser mon cadeau.

— Allons, admets-le ! dit-il, ses lèvres pleines entrouvertes sur un sourire. C'est un cadeau que tu t'es fait à toi-même, pas à moi. Tu sais, comme ces dessous en dentelle rouge que je t'ai offerts pour la Saint-Valentin. C'est sans aucun doute à moi qu'ils ont fait le plus plaisir. Pourquoi tu n'accrocherais pas ce petit gars à ton rétro ? Il te protégera des conducteurs du dimanche et des contractuelles cupides. J'aime bien ce mot : « cupide ». Pourquoi on utilise si peu ce genre de mot au quotidien ?

— Parce qu'on n'a pas envie de passer pour une bande de connards prétentieux ? rétorque Paula, se matérialisant brusquement à nos côtés dans un nuage bleu pâle, une écharpe vaporeuse et une robe assortie, un sourire malicieux sur ses lèvres peintes d'un rouge brillant, et s'asseyant entre Frank, resté debout, et moi.

Je range prestement le petit lion dans mon sac, à l'abri des regards, tandis que Frank gratifie l'intruse d'un coup d'œil assassin.

Paula ouvre de grands yeux faussement innocents.

— Ai-je dit quelque chose qu'il ne fallait pas ?

— Il est certain que ce n'est pas avec ce genre de langage que tu risques de passer pour plus cultivée que tu ne l'es… Maintenant, si vous voulez bien m'excuser, mesdames, déclare-t-il en allant se réfugier à l'autre bout du comptoir – où l'atmosphère est sans nul doute plus conviviale – pour entamer la conversation avec un grand et beau jeune homme souriant, aux bras fins et aux cheveux bruns dressés en pointe sur la tête.

— Tu pourrais être sympa, sifflé-je entre mes dents à l'adresse de Paula. C'est son anniversaire, bordel !

Trois petits coups frappés à la fenêtre de la voiture m'arrachent avec un sursaut à cette étrange expérience. Je suis assise à l'intérieur, n'ayant plus qu'un souvenir confus de la manière dont j'ai ouvert la portière afin d'y prendre place, tant j'avais l'esprit ailleurs. C'est alors que, comme invoqué par son simple souvenir, Frank apparaît en chair et en os de l'autre côté de la vitre et me sourit. « Toc-toc ».

Avec une bouffée de colère qui ne manque certainement pas de m'empourprer les joues, j'insère la clé que je serre entre mes doigts crispés dans l'espèce de serrure près du gouvernail – non, le « volant » – et la tourne. Le moteur s'éveille avec un ronflement.

« Toc-toc ». Je jette un coup d'œil à ma gauche. Frank arbore une expression interrogatrice ; ses lèvres forment des mots que je n'entends pas, que je ne veux pas entendre. Je détourne la tête et regarde droit devant ; je ne lui dois rien. Et pour qui se prend cet homme, à me rendre visite à toute heure de la journée sans même s'annoncer, et ce, après m'avoir ainsi trahie ?

M'avoir trahie ? C'est Courtney qu'il a trompée, pas moi.

Mais Courtney et moi ne formons-nous pas qu'une seule et même personne ? Que je le veuille ou non, que cela me semble impossible ou non, c'est pourtant bien le cas. C'est son reflet que je vois dans le miroir, c'est à son nom que je réponds, c'est chez elle que je vis. Les personnes qui sont là pour elle sont aussi là pour moi. Et celles qui la trahissent me trahissent moi.

J'enclenche le levier de vitesse ainsi que j'ai vu Paula et Sandra le faire. Jusqu'à cet instant, j'ignorais totalement quelles pédales presser pour avancer ou freiner, mais, à ma grande surprise, mes mains et mes pieds savent exactement ce qu'ils ont à faire. Je fais pivoter le volant en direction de la rue, la voiture commence à rouler, puis…

Frank cogne violemment contre la vitre, et j'entends sa voix étouffée crier le nom de Courtney. Mon pied droit appuie sur une pédale, et la voiture fait un bond. Un rugissement, un bruit de corne, et mon pied enfonce la pédale de frein tandis qu'un véhicule à deux roues lancé à pleine vitesse passe à quelques centimètres à peine de ma portière. Une femme est assise derrière le pilote de l'engin, de longues mèches de cheveux blonds dépassant de son casque et fouettant l'air ; mon sang ne fait qu'un tour, et mes mains se crispent sur le volant. L'espace d'un instant, je cesse de respirer, puis tout mon corps se met à trembler, et mes poumons s'emballent.

J'aurais pu les tuer.

La passagère se retourne et dresse le majeur dans ma direction, puis ils disparaissent dans le lointain.

Je remets le levier en position neutre et tourne la clé en sens inverse. La voiture se tait. Comment ai-je pu penser une seconde que je serais capable de maîtriser un véhicule aussi puissant, complexe et nouveau pour moi ?

Frank ne cesse de frapper à la vitre. Lorsque je me retourne, je découvre son regard plein de bienveillance. Je lui adresse un signe de tête, puis tire la poignée de la porte. Il se redresse et attend patiemment que j'émerge du véhicule. Je trébuche légèrement en posant le pied par terre ; on dirait que je suis quelque peu désorientée. Frank me rattrape vivement par la taille, et je ne résiste pas. La fureur que je ressentais quelques minutes auparavant ne me semble plus qu'un mauvais rêve, le spectre de cet étrange souvenir.

— Ça va ? s'inquiète-t-il. Tiens, donne-moi les clés, je m'occupe de la voiture.

Il me conduit jusqu'à un mur séparant un espace de verdure du trottoir.

— Là, appuie-toi une minute ; je reviens tout de suite.

Ainsi que promis, il gare le véhicule à son emplacement initial. Je frémis en songeant à ces deux pauvres gens que j'ai bien failli renverser ; ils l'ont échappé belle. Frank est bientôt de retour à mes côtés.

— Viens, je te raccompagne chez toi.

— C'est fort aimable de ta part… Je veux dire : OK, merci.

Puis je me rappelle qu'il n'y a plus de lumière chez moi. Quelle explication pourrais-je bien lui donner ?

— Enfin, non. Je te remercie, mais je ne préfère pas. Je suis parfaitement capable de faire le chemin toute seule.

Un sourire vient fendre le visage de Frank.

— Ne t'inquiète pas, je ne demanderai pas à monter. Je n'aurais pas cette audace.

Je détourne les yeux. Toujours cette impertinence…

— Excuse-moi, Courtney. C'était juste une mauvaise blague. Je patienterai seulement en dessous de chez toi jusqu'à ce que tu allumes, histoire d'être sûr que tu es bien rentrée.

Voilà qui risque de poser un problème.

— À dire vrai, m'exclamé-je d'un ton guilleret, j'aimerais me promener un moment avant de rentrer.

— Certainement pas toute seule. C'est Los Angeles, pas la petite maison dans la prairie. Laisse-moi t'accompagner. Peu importe où.

J'accepte d'un signe de tête, et nous poursuivons notre chemin en direction de la rue principale.

— Ne te sens surtout pas obligée de m'adresser la parole, me dit-il, un sourire taquin au coin des lèvres, après quelques minutes de silence.

Puis il reprend son ton sérieux :

— Je préférerais cependant que tu me parles.

Je ne réponds pas. Bien que je répugne à l'admettre, cet homme a la capacité de me faire fondre d'un simple regard, et je le soupçonne d'en avoir parfaitement conscience.

— Ou mieux encore, reprend-il comme nous approchons de la porte rouge du *Bonne Fortune*, tu pourrais me laisser te payer un verre. Après toutes ces émotions, ça ne te ferait sans doute pas de mal… Je te promets que je ne te forcerai pas à me faire la conversation.

La proposition est ma foi plutôt bienvenue.

Étrangement, j'ai l'impression de pénétrer chez moi en franchissant le seuil de l'établissement au décor surchargé mais néanmoins douillet. Je prends place sur l'une des confortables banquettes incurvées dans un renfoncement, tandis que Frank va nous chercher à boire. Tout ici me semble familier, plus familier que ma précédente visite ne le justifie : les chérubins servant d'appliques, les fauteuils de velours, et, plus que tout, la haute silhouette et l'accueil chaleureux de Glenn, qui approche justement, un sourire jusqu'aux oreilles, ses boucles blondes et châtain étonnamment seyantes et tellement lui.

— Salut, toi, dit-il en se penchant pour me prendre dans ses bras.

Cette fois pourtant, j'apprécie le geste au lieu de m'inquiéter de ce que les gens pourraient penser ; même le dragon violet et doré sur son avant-bras semble m'apporter un certain réconfort.

— Content que tu sois passée. Mais qu'est-ce que tu fous avec ce sale type ? grogne-t-il en haussant les sourcils. Si tu as besoin que je l'assomme avec un shaker, tu n'as qu'un mot à dire.

Il me quitte sur un clin d'œil alors même que Frank revient du bar, un verre dans chaque main, et s'assoit à distance respectable.

— Il pourrait au moins faire un effort... J'ai compris qu'il ne pouvait pas me voir en peinture, déclare ce dernier en lançant un regard triste en direction de Glenn. Si je n'avais pas peur qu'il crache dans mes consommations, j'arrêterais de lui filer des pourboires.

— Il le fait peut-être déjà, dis-je avec douceur.

Je plaque aussitôt la main sur ma bouche, effarée de ce que j'ai involontairement laissé échapper.

— Très marrant, rétorque Frank, si bien que je ne peux qu'éclater de rire. Sans blague, Courtney. Tu n'as pas idée de ce que c'est quand tout le monde te hait. Et pourquoi ont-ils tous l'air de penser que tu es la seule à souffrir, dans cette histoire ? Après tout, c'est toi qui as annulé le mariage. Moi je t'aurais épousée sans broncher.

— Un peu comme on se fait arracher une dent.

— Qu'est-ce que ça veut dire ?

Savourant une longue gorgée de mon cocktail, je le scrute de mon air le plus indifférent.

— Insinues-tu que nous aurions quand même dû nous marier ?

Il s'étrangle et tousse dans son verre.

— Tout ce que je veux dire, c'est que je n'étais pas le seul à ne pas être prêt.

Brusquement, je me rends compte que cet homme, qui pourrait à présent être mon mari, cette personne dont Courtney était apparemment terriblement amoureuse, n'est en réalité qu'un enfant.

Vidant son verre, il lève les yeux sur moi.

— Tu sais que tu comptes toujours énormément pour moi. Est-ce que tu pourrais au moins arrêter de me traiter en pestiféré ?

— Je ne vois pas de quoi tu parles.

— Tu es presque rentrée dans une moto en essayant de me fuir.

Je suis parcourue d'un frisson.

— Cela ne se reproduira plus.

— Heureux de l'apprendre, rétorque-t-il en riant.

Il fait signe à une jeune femme aux jambes interminables, les cheveux rouges coupés court et un plateau entre les mains, mais celle-ci est trop occupée à lancer des sourires aguicheurs au client de la table voisine pour remarquer Frank.

— Décidément, tout le monde a décidé que j'étais invisible dans ce bar, gronde-t-il. À ce propos, si tu pouvais arrêter de me pourrir derrière mon dos, j'apprécierais. Le rôle de paria, c'est vite lassant.

— J'essaierai.

J'aperçois soudain Glenn qui, appuyé au comptoir, bras croisés, m'observe en secouant la tête.

— Il est vraiment temps que je m'en aille, dis-je en glissant au bas de la banquette.

— Très bien. Je te raccompagne.

Cette fois, je ne cherche pas à lutter.

Comme nous parvenons à mon immeuble, il me rappelle d'allumer la lumière de manière à s'assurer que je suis en sécurité chez moi.

— J'allumerai une bougie à la fenêtre, plutôt. Je trouve la lumière des lampes trop agressive depuis que je me suis cogné la tête.

Frank plonge son regard dans le mien avec l'un de ses sourires en coin.

— Romantique.

Je sens la chaleur se répandre de mes joues à ma poitrine. Il se penche alors vers mon oreille et en effleure le lobe de ses lèvres, déclenchant un incontrôlable frisson le long de ma colonne vertébrale.

— Que dirais-tu que je monte t'aider à allumer quelques chandelles ? susurre-t-il. J'étais sérieux lorsque je te parlais de seconde chance l'autre jour. Tu me manques, tu sais.

L'air me fait défaut. Est-il sur le point de… ?

Me prenant la main, il la caresse du bout des doigts.

— Nous étions si bien ensemble, souffle-t-il, sa bouche dangereusement proche de la mienne. Tu t'en souviens, non ? Tu n'as quand même pas déjà tout oublié ?

Ce corps, ce corps qui n'est pas le mien, n'a rien oublié ; avide du contact de sa chair, de ses lèvres, il s'arque contre celui de Frank, et je ne peux l'en empêcher. Dieu du ciel, que m'arrive-t-il ?

— Tu trembles, murmure-t-il dans mes cheveux en m'enveloppant de ses bras. Laisse-moi rester avec toi, ce soir.

Ah ! Tout s'éclaire. Il n'attend qu'une seule chose : que je l'invite dans mon lit. Et dire que j'ai failli m'y laisser prendre !

— Non, je ne m'en souviens pas, dis-je fermement en m'extirpant de ses bras.

— Comment ?

— Je ne me souviens de rien.

Ce n'est qu'un demi-mensonge, d'ailleurs, puisque seuls me sont revenus ces souvenirs physiques, si je puis dire, – je réprime un frisson d'horreur – et l'incident du lion miniature.

— Je pourrais t'aider à te rappeler, insiste-t-il en me caressant la joue du dos de la main.

Je recule alors d'un pas.

— Non. De quel droit… ?

— Je ne te comprends pas. Comment se fait-il que Wes ait droit à une seconde chance et pas moi ? s'insurge-t-il, heurté. Je t'ai dit que j'étais désolé pour Amy.

— Et je suppose que cela devrait tout effacer ?

— Bon sang, Courtney, je n'ai même pas couché avec elle !

Il baisse un instant les yeux sur ses chaussures, puis reprend :

— Mais je suis tout de même désolé.

Je n'arrive pas à croire que je tiens une telle conversation avec quiconque, et encore moins avec un homme de cette espèce.

— Ce pour quoi tu es si désolé est très probablement quelque chose que ne devrait pas faire un homme qui s'apprête à se marier. Non pas que cela m'importe : je ne me rappelle presque rien de toi.

Il me regarde alors, comme stupéfié.

— Tu as vraiment oublié !

Je ne prends pas la peine de le contredire.

— Et, pourtant, tu es toujours en colère contre moi.

Je suis en colère. Non pas tant contre cet individu égoïste et vaniteux, qui a bien failli me convaincre de ses sentiments pour moi, mais contre moi, qui ai manqué de tomber dans le piège. Cependant, il est hors de question que je lui donne satisfaction en lui dévoilant le fond de mon cœur.

— Tu te méprends. Je ne fais qu'exprimer mon indifférence à ton endroit.

— Tu ne te souviens plus de moi, marmonne-t-il comme pour lui-même. C'est tout simplement impossible…

Je le considère d'un œil glacial, refusant de laisser transparaître à quel point ses paroles sont proches de la vérité, la surpassent, même.

— Courtney…

Je m'apprête à monter les marches quand il me rattrape par la main.

— Peut-être que si nous passions plus de temps ensemble, cela te reviendrait. En fait, tu devrais emménager chez moi. Sans forcément abandonner ton appartement. Pas tout de suite, du moins. Mais pourquoi ne pas faire un essai ? Réapprendre à se connaître. Un nouveau départ.

Je laisse échapper un petit rire.

— Tu plaisantes, j'espère !

Sur quoi je récupère ma main et commence à gravir l'escalier.

— Si nous parvenions à nous retrouver, nous pourrions reparler de fiançailles, me lance-t-il du bas des marches.

Mais je ne réponds pas.

— C'est Wes, n'est-ce pas ?

Sans me retourner, je poursuis mon ascension, puis, une fois rentrée, j'allume une bougie que je place à la fenêtre. Jetant un coup d'œil dehors, je distingue Frank, les yeux levés en direction de mon étage. Me saluant de la main, il finit par faire demi-tour, et je regarde sa silhouette se fondre dans l'obscurité, soulagée d'avoir su m'arracher à son emprise.

Et dire que j'avais cru – l'espace d'une seconde seulement, mais tout de même – qu'il allait me demander de l'épouser, et non de passer la nuit avec moi… et de devenir sa maîtresse, tout en étant forcée de continuer à travailler et à payer mon loyer, et en gardant bien sûr à l'esprit que je pouvais me faire chasser à tout moment, à moins qu'un jour peut-être il ne se décide à me formuler une proposition plus honnête. Une vraie chance à saisir.

Il est pourtant préoccupant de constater quel mal j'ai eu à lui résister, ce soir. Avant de me ressaisir, bien sûr. Car, à présent bien à l'abri chez moi, je suis en réalité plus que soulagée de le voir disparaître. Mais il est indéniable que, l'espace d'un moment, cette attirance a failli avoir raison de moi ; j'étais tel un oiseau qui vole un peu trop près du chat. Que je me laisse encore charmer, ne serait-ce qu'un instant, – et ce, en dépit de tout ce que m'ont raconté Wes, Paula et Ann, en dépit de ce que j'ai moi-même observé de son comportement et, surtout, en dépit de ses propres aveux – dépasse l'entendement.

Les sentiments qui m'ont envahie sur le moment étaient-ils ceux de Courtney ou les miens ? Je ne puis en vouloir à Courtney d'être irrésistiblement attirée ; après tout, n'a-t-elle pas partagé avec Frank ce qui ne devrait l'être que dans le mariage ? Et, au dire de tous, elle l'aimait plus que tout. Lui-même l'aurait, selon ses propres mots, « épousée sans broncher ». Tous les hommes n'auraient pas fait preuve de tant de noblesse.

Cela dit, cela ne l'empêche pas de me prendre pour de la « marchandise de seconde qualité ». Sinon, il ne se serait jamais permis de me faire une proposition aussi insultante.

Pour la première fois depuis que je vis dans sa peau, je me rends compte du courage qu'il a fallu à Courtney pour rompre ses fiançailles. D'où je viens, ce choix n'aurait sans doute pas été le plus prudent, mais c'était assurément le plus sage.

Chapitre 18

C'est avec frustration que je redécouvre les inconvénients de la lecture à la bougie, en particulier quand il n'y a en tout et pour tout que deux chandelles à la maison. Contrainte de me coucher plus tôt que je ne l'aurais souhaité, je me lève donc aux premières lueurs de l'aube, afin de dévorer le roman *Mansfield Park.* Ce volume-ci me permet non seulement de me plonger avec délices au cœur d'une histoire inédite, mais aussi d'en apprendre davantage sur l'auteure, car la préface du livre fournit quantité d'informations sur sa vie ; ainsi, j'apprends qu'elle avait accepté la demande en mariage d'un gentilhomme fortuné, ami de la famille. Mais bien que cette union eût sauvé Miss Austen, sa sœur et sa mère de la misère, elle n'éprouvait point d'amour pour son prétendant et s'était finalement rétractée. Un acte courageux au regard de son âge et de sa situation, car elle avait à l'époque près de vingt-sept ans ; il y avait peu de chances qu'une telle occasion se présente de nouveau, et la déception de ses proches avait dû être immense. Au moins, Courtney avait la chance de pouvoir compter sur le soutien de ses amis.

Je me demande si nos chemins se sont déjà croisés, en ville ou à Bath. Peut-être avons-nous assisté aux mêmes assemblées aux Upper Rooms, ou acheté des rubans dans la même boutique sur Bond Street. Que n'aurais-je donné pour avoir la chance de rencontrer cette femme ! Et comme j'aurais aimé pouvoir lui dire combien elle serait reconnue et chérie près de deux cents ans après sa mort !

Lorsque je quitte enfin le lit, le soleil est haut dans le ciel, et la chaleur qui règne dans l'appartement est déjà des plus inconfortables, même avec toutes les fenêtres ouvertes. S'il n'y avait eu les barreaux, j'aurais été tentée de passer la tête au-dehors, sachant pourtant que cela serait vain. Il n'y a rien à faire, le climat de ces contrées est terriblement étouffant.

Je me rends à la cuisine pieds nus (mes ongles bleus ne m'effraient plus ; je crois que je commencerais même presque à les aimer) et ouvre le réfrigérateur. Dieu du ciel ! Je me couvre le nez, agressée par une odeur de soufre. Il semblerait que la laitue, qui faisait déjà grise mine, n'ait pas supporté la chaleur, et son cadavre en putréfaction empeste à présent la pièce.

Quelle horreur ! Retenant ma respiration, je me saisis de cette abomination dégoulinante à l'aide d'une serviette jetable, l'enfouis dans un sac de papier, puis me précipite jusqu'au bas de l'immeuble pour m'en débarrasser dans le grand réceptacle où j'ai un jour vu Paula jeter son gobelet de café. C'est uniquement lorsque je regagne la chambre à coucher et que j'avise mon reflet dans le miroir du placard grand ouvert, que je m'aperçois avoir fait tout cela vêtue d'une simple chemise exposant mes jambes jusqu'à mi-cuisse. Cinq jours au contact de cette société, et j'expose déjà mes charmes au monde entier…

Que dirait Mary si elle me voyait m'exhiber de cette manière ? Bien entendu, elle ne me reconnaîtrait pas. D'ailleurs, je ne me reconnais pas moi-même.

Ah, Mary. Comme vous me manquez ! Si je vous avais à mes côtés, je n'hésiterais pas à vous révéler qui je suis.

Grand Dieu, quelle chaleur ! Une douche fraîche serait fort bienvenue ; je ne m'imagine même pas me vêtir sans m'être d'abord lavée. J'ôte donc ma chemise de nuit et me glisse sous la cascade glaciale ; je pourrais y rester toute la journée, à savourer avec délices la fraîcheur vivifiante de l'eau, la divine fragrance de pâte d'amande du gel de douche… Un vrai paradis.

Alors que je sèche ce corps bien fait à l'aide d'une douce serviette blanche, je suis frappée de constater quel contraste existe entre ma silhouette et celles des demoiselles incroyablement minces, aux airs presque faméliques, qui figurent dans le magazine de mariage lu de bout en bout l'autre jour. Le corps de Courtney, avec ses membres potelés et le joli arrondi de son ventre, est loin d'être empâté ; cependant, il est d'un genre de beauté nettement différent de celui de toutes ces femmes, à la morphologie plus longiligne encore que l'enveloppe dépourvue de formes que j'ai laissée derrière moi. La couturière de ma mère affirme sans cesse que j'ai la morphologie idéale pour les robes à taille haute, très en vogue, pourtant j'ai toujours rêvé de courbes plus féminines.

Dans ce monde futur, en revanche, il semblerait que plus une femme est squelettique, plus ses clavicules et ses coudes saillent sous sa peau, plus elle est jugée jolie.

Il n'est guère étonnant que Courtney ait pour habitude d'égrener une litanie de plaintes concernant ses formes, ainsi que l'avait proclamé Anna. Quel dommage ! De mon temps, elle aurait été considérée comme un idéal de beauté par nombre d'hommes et de femmes. J'ai la ferme intention de faire oublier à ce corps magnifique toutes ces années de dévalorisation en l'encensant chaque jour.

Comme je parcours ma garde-robe à la recherche d'une toilette convenable, des protestations s'élèvent de mon estomac. Apparemment, c'est ce qu'endurent volontairement certaines femmes, qui pourtant ne manquent de rien, pour obtenir cette silhouette émaciée, car les diverses méthodes pour parvenir à ce résultat, ainsi qu'il est évoqué longuement dans le magazine de Courtney, impliquent en effet de s'affamer délibérément. C'est une pratique à laquelle je me refuse, pourvu que j'aie de quoi me nourrir. Je n'ai encore rien avalé depuis hier après-midi. Par chance, j'ai dans mon sac de quoi m'offrir un repas dans l'un des restaurants le long de la rue, et il me reste un peu d'argent à la banque ; je n'ai cependant toujours pas la moindre idée de ce que je ferai quand ces ressources seront épuisées. Mais je n'ai point le temps de m'appesantir sur ces considérations ; il me faut m'habiller et sortir trouver de quoi manger. Ainsi qu'une réserve de chandelles.

Je déniche enfin dans le placard une longue jupe ample, que je complète avec un corsage blanc sans manches. Il fait, comme le dirait Mary, atrocement chaud, et, après tout, les femmes d'ici ne déambulent-elles pas toutes en public jambes et bras nus ? Je ris, car, de toute évidence, l'impair que j'ai commis en sortant uniquement vêtue d'une courte chemise de nuit a considérablement nuancé l'opinion que je me faisais jusqu'alors de ce qui constitue une tenue acceptable.

Alors que je m'apprête à quitter l'appartement, mon téléphone, oublié sur l'étagère dans ma hâte, entonne la joyeuse mélodie d'*Orgueil et Préjugés*.

« Maman », indique l'écran. « Répondre. Refuser. »

Mon ventre se noue à l'idée d'avoir une conversation avec cette inconnue, dont les messages de plus en plus irrités sur le répondeur ne sont guère encourageants. Toutefois, cette femme est supposée être ma mère, quand bien même je ne sais rien d'elle, et il serait indigne de ma part de refuser son appel.

Dieu du ciel.

— Allô ?

— Courtney ? Enfin, ce n'est pas trop tôt ! D'abord tu ne donnes pas de nouvelles pendant deux semaines, et, quand j'appelle, on me dit que ton numéro n'est plus en service. Bon sang, à quoi ça rime ?

Je n'aurais peut-être pas dû répondre, finalement.

— Alors, je t'écoute. Tout va bien ?

— Tout va très bien, mère.

— Depuis quand est-ce que tu m'appelles « mère » ?

Sa voix est plutôt grave, et son élocution rapide n'a rien de commun avec celle de ma propre mère, dont le ton clair et calme ainsi que la diction impeccable sont fort trompeurs quant à ses sentiments.

— Mama ? corrigé-je, incertaine.

— Aurais-tu bu ?

— Je doute fort que…

— « Maman », ça ne te convient plus ?

— Toutes mes excuses…, maman. Bien sûr !

Triple idiote ! C'était le nom affiché sur le téléphone. Et celui qu'elle utilisait dans les messages.

— Vas-tu enfin me dire ce que tu fabriques, Courtney ?

— Je me rendais sur Sunset Boulevard pour m'acheter à manger.

— Tu n'es pas au travail ? Tu t'es fait virer ? C'est pour ça que tu n'as plus de ligne fixe ? Mon Dieu, Courtney !

Je tâche alors d'adopter un ton aussi calme qu'assuré.

— J'ai quitté mon travail. C'était la meilleure chose à faire.

Malgré tous mes efforts, je ne peux empêcher ma voix de trembler un peu. Il m'apparaît clair que la mère de Courtney a tout autant le don de me déstabiliser que la mienne.

— Sans en avoir trouvé un autre auparavant ? Tu as perdu la tête ?

Elle baisse alors la voix :

— De combien as-tu besoin ?

— Où es-tu ? lui demandé-je, me surprenant à murmurer moi aussi.

Toujours à voix basse, elle reprend :

— Je ne veux pas que Don apprenne que je t'envoie de l'argent.

Don ? Elle ne parle quand même pas de mon père…

— Je sais que ce ne sont pas ses affaires, poursuit-elle, mais tu sais comment c'est.

Ah ?

— Ses gamins sont de vrais vautours, et je ne voudrais pas qu'il pense…

— Que je te plume et me pais de toi comme d'une charogne ?

Je n'arrive pas à croire qu'une chose pareille se soit échappée de mes lèvres. Et qui est donc ce Don ?

— Tu es dégoûtante… Et injuste. Don s'est toujours bien occupé de moi. Comme de toi, d'ailleurs. Ce n'est pas sa faute si ton père a oublié qu'il avait une famille. Mais tu ne lui laisseras jamais sa chance, n'est-ce pas ?

Mon Dieu… Qu'est-ce que cette famille ? Le père de Courtney aurait abandonné femme et enfant ? Et sa mère se serait remariée à ce Don ? À moins que… ?

— Désolée. Je n'aurais pas dû mêler ton père à cela.

— Non, c'est à moi de m'excuser.

— On oublie ça, d'accord ? Tu sais que je ne roule pas sur l'or, mais tu es ma fille, et, si une mère ne trouve pas en elle d'aider son enfant, quel genre de mère est-elle ?

— Ne te donne pas cette peine. Je ne tarderai pas à trouver un nouvel emploi.

— Dans ce climat économique ? Tu devrais m'écouter un peu et tirer une croix sur le monde du cinéma. Assistante. Tu parles d'une impasse professionnelle ! Et pour des clous, en plus. Je sais, je sais, certains de tes amis ont gravi les échelons. Eh bien, tant mieux pour eux ! Mais, moi, j'en ai assez de voir ma fille traitée comme une moins que rien. Assistante. Ah, c'était bien joli quand cela a été la mode de modifier les appellations et qu'ils ont renommé mon poste de secrétaire en celui d'« assistante administrative », mais ça ne veut pas dire que j'ai arrêté d'aller chercher les cafés ou que je pouvais soudain prétendre au poste de mon patron. Bien entendu, dans un cabinet d'avocats, cela ne risquait pas d'arriver, mais, au moins, cela payait bien. Pourquoi n'as-tu pas opté pour des études de commerce, comme je te le conseillais, plutôt que pour un ridicule diplôme de littérature anglaise, je te le demande… ?

Moi ? Un diplôme ?

— Tu aurais pu faire une école de droit. Maintenant, c'est trop tard ; il est temps que tu penses à fonder une famille… Oh, flûte. Je mets les pieds dans le plat ; pardonne-moi, ma chérie. Je sais que tu souffres. Je suis inquiète pour toi, c'est tout. Apprendre que tu n'as plus de travail, en plus du reste…

— Tout va très bien…, maman. Vraiment.

J'ai fait des études et reçu un diplôme. Moi. Une femme. Oh, comme j'avais envié mon frère, parti pour l'université de Cambridge. Là où il ne voyait que le moyen d'échapper aux pressions de la vie familiale, j'aurais su chérir plus que tout cette occasion d'enrichir mes connaissances.

— Courtney, tu m'écoutes ? Depuis quand démissionnes-tu de ton travail sans en avoir décroché un autre ? Ça suffit. Je te rejoins à L.A.

— Non !

J'ignore ce qui motive ce cri du cœur, mais je suis au moins certaine d'une chose : je dois à tout prix l'empêcher de venir me voir. Je m'efforce d'adoucir le ton.

— Je t'assure. Tu n'as pas à t'inquiéter. Tout va parfaitement bien.

— Je ne pourrai pas te soutenir financièrement toute ta vie, tu sais. Pour tout dire, je suis pratiquement à sec. Je sais que je t'ai dit que ce n'était rien et qu'on n'en parlerait plus, mais la somme que j'avais versée en acompte pour ton mariage, ce sont 2 000 dollars que je ne reverrai jamais. Il faut que tu te trouves un boulot. Fissa. Tu devrais me laisser t'aider. Donne-moi deux semaines pour éplucher toutes les annonces de la ville et remanier ton CV, et je te promets que tu auras des résultats.

En dépit de la chaleur qui règne dans l'appartement, cette perspective me glace jusqu'à l'os.

— Mais le coût du voyage ne sera-t-il pas…

— Avec les miles de fidélités dont dispose Don, le vol ne me coûtera rien.

« Miles de fidélité ». Je ne comprends rien à ce qu'elle me raconte, en particulier cette histoire de « vol », mais je n'ose pas poser de questions. Je suis alors terrorisée par une vision de cette étrangère ailée prétendant être ma mère, venant frapper à ma fenêtre.

— Et puis tu m'offriras l'hospitalité.

Non. Je ne peux pas laisser cela se produire. Devais-je lui parler de l'offre de Wes, ou était-ce sceller mon sort ?

— Maman, ce n'est vraiment pas nécessaire. J'aurai un nouveau travail dans la semaine, c'est promis.

— Comment peux-tu en être aussi sûre ?

— J'ai un plan.

Évidemment, cela est un mensonge éhonté.

— Et, je t'en prie, ne m'envoie pas d'argent.

— Tu es sûre ?

Bien sûr que non, je ne suis pas sûre. Je n'ai même pas de quoi régler les factures d'électricité et de téléphone. Mais je refuse de sacrifier mon indépendance pour une quelconque aide pécuniaire.

— Une semaine, c'est tout ce que je demande, et, si je n'ai pas trouvé d'emploi au terme de ce délai, je me plierai à ta volonté.

— J'attends de voir ça.

Puis, après avoir marqué une pause :

— Très bien. Une semaine.

Merci, mon Dieu. Je peux enfin respirer.

— Maman ? Je suis touchée par tant de générosité. Vraiment.

Et je le dis en toute sincérité. Même si je suis également terrifiée de la voir apparaître sur le pas de ma porte. Ou à ma fenêtre.

— Ne disparais plus comme ça, Courtney. Je t'aime, tu sais.

Mon regard se trouble, et je sens ma gorge se nouer. J'ai toutes les peines du monde à la remercier, et c'est grandement soulagée que je termine l'appel. Grandement soulagée, et en proie au même sentiment écrasant de culpabilité qu'après chaque conversation que j'avais pu avoir avec ma propre mère à propos de mon avenir incertain. Si elle avait seulement pu voir ce qu'il en était advenu…

Si je ne sors pas d'ici, je me roulerai bientôt sur le sol, en proie à un fou rire hystérique. J'attrape donc mon sac et quitte prestement l'appartement.

Chapitre 19

Le soleil est aveuglant, la chaleur palpable. Je fouille dans le réticule, dans l'espoir d'y trouver une paire de lunettes aux verres sombres, telles celles que portaient Anna et Paula, ainsi que la plupart des conducteurs de véhicules. Mes doigts entrent en contact avec une petite pochette contenant une paire de ces « lunettes de soleil ». Dernièrement, un large éventail de vocabulaire semble fleurir dans mon esprit, me permettant de nommer des choses jusqu'ici inconnues.

J'enfile les lunettes. Ah, en effet. La luminosité est à présent supportable. En arrivant à hauteur d'*Acme Taqueria,* je dois rassembler tout mon courage, car, d'où je viens, aucune demoiselle respectable n'oserait pénétrer seule dans un établissement de restauration. En réalité, il serait même étrange d'y trouver une dame distinguée, accompagnée ou non. Mais ce monde n'est pas le mien, et peu de ses règles s'appliquent ici.

Plantée devant la porte, et consciente pourtant de l'agréable fraîcheur qui m'attend à l'intérieur, je suis incapable de franchir le seuil du restaurant. J'étudie les diverses configurations de dîneurs. Des femmes.

Des hommes. Des femmes et des hommes. Un homme seul. Mais pas une seule femme non accompagnée.

Pourtant, il ne peut guère y avoir de mal à ce que je déjeune seule ici, car n'ai-je pas dit à la mère de Courtney – ma mère – que je sortais en quête d'un repas ? Elle ne s'était pas souciée de savoir si oui ou non j'étais accompagnée, et encore moins de qui. Elle ne se préoccupait que de mon emploi et de mes soucis d'argent.

Mais pourquoi n'y a-t-il donc aucune demoiselle seule à table ?

Je suis sur le point de tourner les talons pour rentrer à la maison, malgré les protestations de mon estomac, lorsque j'entends une voix familière m'interpeller.

— Halte-là. Viens plutôt déjeuner avec moi !

Je me retourne et aperçois Deepa, seule dans sa voiture.

— Allez, monte ! Il fait une chaleur à crever dehors.

Je n'ai jamais été aussi soulagée de voir quelqu'un ; son simple sourire, d'une blancheur éclatante sur sa splendide peau brune, suffit à me rassurer tandis que je prends place sur le siège moelleux couleur crème.

— Je n'arrive pas à croire que j'ai oublié de te demander ton numéro, l'autre soir… Du coup, je me suis dit que j'allais passer te faire une visite matinale, façon Jane Austen, déclare-t-elle en posant sur moi un regard espiègle, mais madame n'était pas chez elle. Une chance que je t'ai trouvée là !

Je lui souris.

— En effet, quelle chance !

— Bon, à te voir hésiter comme ça devant la porte du restaurant, je déduis que tu n'es pas aussi affamée que moi ?

— Bien au contraire : je meurs de faim !

— Excellent. Tu pourras patienter quarante-cinq minutes ? Je ne sais pas quelle mouche m'a piquée, mais j'ai été prise d'une envie soudaine d'aller à la plage, où il doit faire nettement plus frais que dans cet enfer ; seulement ce serait quand même plus drôle à deux.

— La plage… C'est une merveilleuse idée.

Je ne me suis pas rendue en bord de mer depuis mon séjour à Brighton, il y a quatre ans.

— Je t'offre le déjeuner !

— Mais je…

— J'insiste. C'est moi qui t'embarque dans mon aventure, et je suis contente de t'avoir avec moi.

Elle ne peut être au courant de la précarité de ma situation ; non, cela n'est pas un geste de pitié, mais un acte de pure amitié. Elle souhaite réellement ma compagnie, et pas seulement pour une visite de courtoisie d'une quinzaine de minutes, mais pour une excursion au bord de la mer. J'accepte donc volontiers sa générosité, et lui rendrai la pareille dès que j'en aurai la possibilité.

Nous ne roulons pas depuis dix minutes quand j'avise dans le ciel quelque chose qui manque de me faire pousser une exclamation de surprise : une véritable machine volante, munie d'ailes, tel un oiseau, et fendant les cieux à la manière d'une flèche.

Deepa l'a-t-elle aperçue elle aussi ? Elle ne semble rien avoir remarqué d'extraordinaire. Se pourrait-il que, dans ce monde, ce miracle volant soit aussi banal qu'une voiture à cheval à mon époque ? Quelle fabuleuse invention ! Je ne sais comment je parviens à détacher les yeux du ciel lorsque Deepa me demande avec amabilité comment je me suis portée depuis la soirée au club.

Quand nous quittons enfin la voie express – un autre mot qui m'est récemment revenu – pour nous engager dans une rue au bout de laquelle scintille l'océan, je peux me vanter d'avoir vu deux autres de ces engins volants. Et, sans que je sache comment j'en suis arrivée là, j'ai, dans l'intervalle, également confié à Deepa que je me retrouvais sans travail, que ma mère m'avait proposé de m'assister financièrement et qu'elle menaçait de me rendre visite (c'est alors que je comprends que, lorsqu'elle parlait de « voler », elle devait songer à ces machines aériennes).

— Il me faut avouer que c'est là une offre très généreuse, et j'ai honte de redouter une visite de sa part.

— Tu rigoles ? Écoute, j'ai beau adorer ma mère, quand il lui prend l'idée de venir m'envahir, elle passe généralement le moindre aspect de ma vie au microscope. Et elle n'aime jamais ce qu'elle voit. Tu as fait ce qu'il fallait en refusant d'accepter qu'elle te prête de l'argent. Il finit toujours par y avoir des contreparties, crois-moi.

Je n'aurais pu rêver d'une compagnie plus agréable, sauf, peut-être, si Mary était soudain apparue au pied de l'imposant hôtel de brique et de pierre, rappelant la pierre de Bath, devant lequel nous nous garons.

— Qu'en penses-tu ? s'enquiert Deepa tandis que nous pénétrons à l'intérieur.

Je suis si émerveillée par le vaste espace aéré qui se présente à moi que je peine à exprimer mon admiration. Un double escalier légèrement incurvé et décoré d'une mosaïque aux couleurs vives nous conduit à un grand salon agrémenté de colonnes, de canapés et de confortables fauteuils, où se prélassent de jeunes gens et de jeunes demoiselles, un verre à la main. Les murs sont couverts de livres, et il y a même là quelques bureaux surmontés d'une lampe, donnant l'impression de se trouver au cœur de la bibliothèque d'un grand domaine plutôt que dans un espace public. Mais aucune bibliothèque au monde ne débouche sur un bar tenu par deux jeunes femmes aux longs cheveux blonds. Toutes deux de teint, de taille et de silhouette identiques, on se demanderait presque si elles ont été recrutées pour leur physique, tels des valets de pied.

Ces questionnements sont vite balayés quand la source de lumière éclatante qui baigne la riche salle tout entière m'apparaît dans toute sa splendeur, alors que nous approchons du comptoir. Le souffle coupé, j'admire le véritable mur vitré d'au moins six mètres de hauteur, dont la forme semi-circulaire révèle une vue spectaculaire sur la grève et l'océan. Et, comme Deepa me mène jusqu'à une table au pied des immenses fenêtres, je comprends que c'est en ces lieux que nous allons déjeuner !

— Tu as perdu ta langue ? demande-t-elle en riant.

Je souris. Des voiliers oscillent paisiblement à la surface de l'étendue étincelante, tels des jouets d'enfant, tandis que d'autres bateaux, sans voiles, fendent les vagues à toute allure. La juxtaposition de l'ancien et du moderne est pour le moins saisissante, car, si les voiliers pouvaient appartenir à mon époque, les embarcations sans voiles ni rames m'étaient tout aussi étrangères que les voitures sans chevaux. Autre engin fascinant : les machines à deux roues alignées l'une devant l'autre, que chevauchent gaiement hommes, femmes et enfants le long des trottoirs sinueux qui traversent les étendues sableuses.

Alors, comme si le tableau grandiose qui se déployait devant mes yeux ne suffisait pas, une autre de ces choses ailées, ressemblant fort à celles que j'ai aperçues un peu plus tôt, s'élève au loin, haut dans le ciel. Si mon père, qui s'extasiait à la vue des ballons de Bath, avait pu voir cela !

À ce moment précis, j'ai l'impression que le sol se dérobe ; je suis comme à la dérive, transportée par l'ampleur de ce dont je suis témoin, par la simple idée de vivre à cette époque, de faire l'expérience de ce monde où de tels prodiges sont possibles et paraissent même faire partie du quotidien, à en croire l'attitude blasée des autres clients qui, face aux fenêtres, ont pourtant le même spectacle que moi sous les yeux. Je ressens soudain une profonde gratitude envers Courtney, sans qui je n'aurais jamais découvert ces merveilles.

— Tu comptes regarder le menu, ou tu sais déjà ce que tu veux ? me demande Deepa.

En vérité, j'ai grand-peine à arracher mon regard de la vue assez longtemps pour me concentrer sur le menu.

Ma compagne rit.

— J'ai trop faim pour poireauter une heure. Et si je passais commande pour nous deux ?

J'acquiesce avec un sourire. Elle s'occupe donc de commander notre déjeuner, sans oublier les boissons.

— Leurs margaritas à l'orange sont à tomber par terre, m'explique-t-elle.

Les cocktails arrivent bientôt, accompagnés d'une panière de petits pains qui semblent tout juste sortis du four. J'en tartine un d'une généreuse couche de beurre, qui fond dès que le couteau touche la mie, puis savoure la première bouchée les yeux fermés. Exquis.

Il me faut également goûter la boisson ; aussi, j'en avale une grande gorgée. Délicieux, jamais je n'avais rien goûté de pareil.

— Doucement, ma grande ! s'exclame Deepa en souriant. C'est du costaud. Je serais toi, je finirais mon pain d'abord.

Mais c'est plus fort que moi. La margarita, à la fois acide, sucrée et salée, est si rafraîchissante que je vide mon verre avant même d'avoir de nouveau croqué dans mon pain.

— Ou pas, continue Deepa en riant.

Par chance, le garçon de salle vient placer une assiette devant moi, et je peux m'attaquer à ce que l'on appelle un « hamburger », qui s'accompagne d'un fromage jaune acidulé et d'oignons frits. C'est un repas divin, mais il arrive trop tard. L'alcool m'est déjà monté à la tête.

— Alors, reprend Deepa en reposant sa fourchette, tu as une idée de la branche dans laquelle tu veux t'orienter, concernant le travail ?

— Ah. Voilà une question intéressante. Si seulement j'avais la réponse.

Le serveur m'apporte une nouvelle margarita. Voyant Deepa secouer la tête alors que j'en prends une longue gorgée, je repose mon verre, penaude.

— Ma mère pense que j'aurais dû étudier le droit. Ou le commerce. Ou que j'aurais dû déjà avoir des enfants. Mais, apparemment, il est trop tard, à présent.

Deepa éclate de rire.

— Jolie façon de te mettre au pied du mur. Ma mère aussi est passée maître dans l'art de me faire culpabiliser et de jouer sur mes angoisses.

— J'avais en effet l'impression d'avoir le couteau sous la gorge. Mais que dirait-elle, je me le demande, si elle savait que Wes m'a proposé un emploi ?

La jeune femme hausse les sourcils.

— Ah bon ? Qu'est-ce qu'il fait comme métier ?

Haussant les épaules, je laisse échapper un petit rire.

— Je n'en ai aucune idée !

— Il me semble que cela a quelque chose à voir avec les ordinateurs, non ?

— C'est fort probable.

Je repense à la grande main de Wes, couvrant la mienne alors qu'il m'apprenait à me servir de la souris. Je sirote une nouvelle gorgée de nectar et glousse.

Soudain, Deepa me retire mon verre.

— M'est avis que tu es un peu soûle.

Morte de honte, je plaque une main sur ma bouche.

— Bon, dis-moi, tu vas accepter de travailler pour lui, alors ? Peu importe le job ?

— Certainement pas !

— Bien. Ce serait trop compliqué.

— C'est exactement ce que je me suis dit.

— Ouais, renchérit ma compagne. Parce qu'il est fou de toi.

Je manque de m'étrangler, toussant tellement que Deepa est obligée de venir me taper dans le dos.

— Ça va aller ?

Avalant une gorgée de margarita, je la rassure d'un hochement de tête.

— Bref, si tu te mets à bosser pour lui, il n'osera sans doute pas passer à l'action et, si tu veux mon avis, il est trop craquant pour qu'on lui préfère un travail.

— Tu penses réellement que…

— Oh, arrête ! Il faudrait être aveugle pour ne pas remarquer comment il te regarde, s'exclame-t-elle avec un petit sourire en coin. Tu rougis… Est-ce que ça veut dire que tu n'es pas complètement insensible à ses charmes non plus ?

A-t-elle raison de croire que l'estime que me porte Wes va au-delà de la gentillesse ou de la simple amitié ? Cela signifierait qu'il n'a pas connaissance de tout ce qu'il s'est passé entre Frank et moi. Quoi qu'en disent les livres de Courtney, aucun homme respectable ne voudrait s'associer à une femme qui… D'ailleurs, ces mêmes livres avertissaient des dangers de se donner, trop tôt, au mauvais homme.

— Courtney ? Tu es dans la lune ?

Avec un sourire plein de compassion, elle pose sa main sur mon bras.

— Si j'ai touché un point sensible, j'en suis désolée. Ce ne sont pas mes affaires.

— Non, non, ce n'est rien

Mais, sentant mes joues s'empourprer davantage, je choisis de me concentrer sur la vue et le défilé de promeneurs légèrement vêtus, qu'ils soient à pied, à cheval sur l'un de ces engins roulants ou chaussés de bottines à roues.

— Que dirais-tu d'arrêter d'admirer le monde à travers une vitre et d'aller en profiter, plutôt ?

Elle fait signe au serveur, avant de reprendre :

— Je pensais qu'on pourrait peut-être se balader le long de l'eau, peut-être aller nager un peu ?

Ces mots lui valent toute mon attention.

— Mais je n'avais pas prévu de me baigner !

Je parcours la plage des yeux, mais ne vois aucune voiture de bain. Aucune trace non plus de maîtres-nageurs pour accompagner dames et gentilshommes lors des trois immersions habituellement prescrites.

— Comment ferons-nous ?

Néanmoins, les gens ne semblent guère découragés par l'absence de cabines et de maîtres-nageurs, puisque je les vois courir dans les vagues sans la moindre assistance ni pudeur. En effet, tous jouent, s'aspergent et nagent, vêtus de costumes de bain minuscules, couvrant à peine les parties les plus intimes de leurs corps et exposant, pour la plupart, davantage de peau que celui que Wes m'avait présenté comme le mien à mon réveil, quelques jours plus tôt.

Bien que l'idée de porter un tel vêtement me répugne, le plaisir que les baigneurs semblent prendre à l'exercice me donne envie de me joindre à la fête. Moi qui aurais tant aimé me baigner à Brighton, en dépit du fait que ma mère jugeait des plus inconvenants de plonger son corps dans une eau où nombre d'hommes, et même quelques femmes, disait-on, s'immergeaient dans le plus simple appareil. Peu lui importait que j'aie la ferme intention de me couvrir de la longue robe de bain de flanelle singulièrement peu flatteuse qu'arboraient en fait la plupart des baigneurs. Peu lui importait que les plages ne soient en réalité pas mixtes, ou même que les nageurs soient abrités des regards indiscrets par les voitures de bain – un nom qui me paraissait à présent parfaitement absurde. L'idée d'appeler « voitures » les cabines tirées par des chevaux que les baigneurs utilisaient pour se changer puis s'immerger dans la mer est tout aussi ridicule que d'imaginer que ces nageurs du XXIe siècle puissent désirer dissimuler leur corps à demi nu derrière l'une d'elles.

Que ne donnerais-je pour voir le visage de ma mère devant un tel spectacle. Pourtant, personne ne semble accorder un regard à tous ces gens ; sauf peut-être à cette Vénus émergeant des flots, son corps élancé ceint d'un costume deux pièces ridiculement petit ruisselant d'eau, vers qui plus d'une tête se tourne.

Je remercie le ciel de ne pas disposer d'un tel costume.

— Je n'ai que ces vêtements, dis-je.

Deepa hausse un sourcil.

— Tu ne t'en sortiras pas aussi facilement. Allez, viens.

Après avoir payé la note en hâte, elle me prend par la main et me conduit jusqu'aux toilettes pour dames. Là, elle ouvre le grand sac blanc luisant qu'elle porte à l'épaule et en sort deux de ces vêtements miniatures, l'un orange vif, l'autre jaune pâle. Elle me présente les deux tour à tour.

— Qu'en penses-tu ? J'ai été incapable de choisir celui que je voulais mettre, alors j'ai apporté les deux. J'ai même un paréo de secours, annonce-t-elle en tirant du sac deux longueurs d'étoffe multicolore. Je suis plus grande que toi, mais celui-ci est ajustable, poursuit-elle en me tendant le costume jaune. Je pense qu'il devrait t'aller.

—Mais je…

À l'idée de parader sur la plage si peu vêtue, je sens un nœud se former dans mon estomac.

—Allez, tu seras superbe ! Et avec ça autour des hanches, ajoute-t-elle en désignant le morceau de tissu qu'elle appelait « paréo », ce sera parfait.

Je déploie le paréo au niveau de ma taille. Cette jupe de fortune m'arrivant aux chevilles rend à mes yeux les minces ficelles et le dos nu un peu plus acceptables. Mais à peine.

—Essaie-le, m'ordonne-t-elle en m'indiquant l'une des petites cabines.

Après bien des contorsions et un peu d'aide de Deepa, venue à mon secours, me voilà accoutrée du costume de bain jaune, le paréo noué autour de la taille. Je peine à me dire que je suis sur le point de quitter la pièce dos et bras découverts, mais ma compagne me prend la main et m'entraîne hors de l'hôtel sans que je puisse résister. Je la suis, tête baissée et lunettes de soleil sur le nez, tandis qu'elle fait le tour de l'édifice pour gagner la plage. Là, elle quitte ses chaussures et m'invite à l'imiter.

Afin de traverser la langue de sable, nous louvoyons entre les enfants qui jouent, les groupes d'hommes et de femmes, jeunes et vieux, allongés ou assis sur de grandes couvertures aux couleurs vives, en train de lire, de grignoter, de causer, ou simplement plongés dans la contemplation des vagues.

Tandis que nous approchons de l'eau, je suis gagnée par l'excitation, car jamais encore je ne suis entrée dans la mer, je n'ai même jamais trempé un orteil dans l'océan. Deepa fait halte un instant pour retirer son paréo et l'étaler sur le sable, plaçant ses chaussures et son sac dessus pour l'empêcher de s'envoler. Elle fait quelques pas en direction de l'eau, puis se retourne, l'air interrogateur. Je suis clouée sur place. S'attend-elle à ce que j'ôte le mien et lui emboîte le pas ?

Elle fait alors demi-tour, un grand sourire aux lèvres, et, avant que j'aie le temps de protester, elle défait elle-même le nœud du paréo et me l'enlève.

— Non !

Dans un vain effort pour les dissimuler, je croise les jambes et me couvre les cuisses des mains.

— Qu'est-ce qui ne va pas, Courtney ? s'inquiète-t-elle. Il y a un problème ?

— Je… je…

Paralysée de terreur, je ne parviens plus à former une phrase.

— J'ai fait quelque chose de mal ?

— Tous ces gens, et je…

Je baisse les yeux sur ma quasi-nudité, puis relève la tête et croise le regard plein de gentillesse de Deepa.

— Courtney, tu ne vas quand même pas me dire que tu as honte de ce corps magnifique ? Qui a été te filer des complexes pareils ? Tu es fabuleuse. Et tu es plus couverte que n'importe qui sur cette plage. C'est sans doute le maillot de bain le plus sage de la ville !

Avec un sourire rayonnant, elle me tend les mains.

— Allez, viens dans l'eau. Une fois dans l'océan, tu te ficheras de ce que tu portes.

Encouragée par les rires ravis des baigneurs, je lui donne la main et m'élance avec elle en direction de l'océan infini et du ciel azuré. De l'eau jusqu'aux chevilles, je sens le sable aspirer mes pieds. Nous avançons dans la mer, toujours main dans la main, telles deux fillettes en vacances. Bientôt, nous avons de l'eau jusqu'à la taille et bondissons en riant au rythme des vagues.

— On nage un peu ? suggère Deepa.

— Mais je ne sais pas nager !

Mon amie m'observe un long moment avant d'éclater de rire.

— Dit la fille qui s'est cogné la tête dans une piscine…, s'exclame-t-elle avant de me lâcher la main et de plonger dans les vagues.

Alors qu'un gros rouleau est sur le point de s'écraser sur mon crâne, je me surprends à plonger moi aussi au travers, pour aussitôt en émerger de l'autre côté, propulsée par de puissants mouvements de bras. Moi qui n'ai pourtant jamais nagé de ma vie, me voilà qui évolue dans l'eau avec l'aisance d'une créature marine. Je nage, nage, puis me retourne sur le dos, embrassant toute la gloire de ce ciel bleu azur ponctué de nuages cotonneux, les rayons de soleil qui réchauffent mon visage, ainsi que la caresse rafraîchissante de l'eau. Un véritable paradis.

Chapitre 20

Envoûtée par le roulis des vagues et les eaux étincelantes, j'ignore combien de temps je passe ainsi, avant que Deepa me rejoigne et me propose de « souffler » un moment. Je regagne la plage sans effort, puis émerge des vagues, ma peau et mes cheveux ruisselants d'eau de mer. Cette fois, c'est à peine si je m'inquiète de me trouver à demi nue tandis que je me dirige vers nos paréos, étalés comme des couvertures sur le sable. Enfilant ses lunettes de soleil, Deepa s'étend sur le dos. Je l'imite, laissant les rayons du soleil sécher les gouttes sur ma peau et me caresser jusqu'à ce que je m'assoupisse presque. Oh, comme j'aime le bord de mer !

Deepa tire une grande bouteille d'eau de son sac blanc et me la tend ; acceptant l'offre, je bois à longues gorgées, captivée par la vue de deux structures à quelque distance de là, sur notre droite. L'une est une immense roue, l'autre une sorte de petit train serpentant le long de ce qui est sans doute un genre de rail. Toutes deux sont à la fois en mouvement et stationnaires. Probablement d'autres machines. Je n'ose m'enquérir de leur usage auprès de Deepa, mais celle-ci satisfait ma curiosité sans que j'aie besoin de parler.

—Ah, la grande roue… La première fois que je suis montée dessus, j'avais dix-huit ans. C'était mon premier voyage aux États-Unis, avec mes parents.

—Comme ce devait être amusant !

Deepa retire alors ses lunettes de soleil, et son regard se perd au loin.

—J'étais sortie en douce de la chambre d'hôtel pour rejoindre un garçon sur la plage. Il avait vingt ans, tu te rends compte ? Un charme particulièrement exotique, même si, au final, il n'était pas plus exotique que moi…, mais tout ce qui était américain me paraissait tellement différent, excitant. Bref, il m'a amenée sur la jetée. Et quand, du haut de la roue, le bras bronzé de mon Californien autour des épaules, j'ai vu cet océan infini à mes pieds, je suis tombée folle amoureuse.

—Et tu l'as épousé ?

Deepa s'esclaffe.

—Je suis tombée amoureuse de L.A., nounouille ! Pas du type. Il était prévu que je fasse mes études en Angleterre, mais j'ai décidé de poser ma candidature pour une école ici. Mes parents ont fini par céder, et j'ai été acceptée à l'université de Californie du Sud, où j'ai obtenu mes diplômes ; inutile de dire qu'ils s'en mordent encore les doigts.

—Et toi ?

—Je suis heureuse ici. Surtout depuis que j'ai réussi à m'affranchir de ce mariage raté. À un homme tout à fait différent, que j'ai rencontré des années après avoir quitté l'université, précise-t-elle, avant de me décocher un sourire radieux. Tu sais, je suis contente de t'avoir rencontrée après mon divorce. Comme ça, tu fais partie de ma vie post-mariage. Une nouvelle amie pour une nouvelle vie !

— Une nouvelle amie pour une nouvelle vie… C'est la même chose pour moi.

Deepa me presse la main, et nous partageons un silence complice en regardant les vagues s'écraser sur le rivage. Enfin, elle reprend la parole.

— Tu veux qu'on y aille ? Si nous partons maintenant, on évitera les bouchons des heures de pointe.

« Heures de pointe ». Un autre mot à décrypter.

Je fais donc de silencieux adieux à la plage, me promettant d'y revenir. Cette fois, après s'être garée devant mon immeuble, Deepa n'oublie pas de me donner sa carte ; m'embrassant une fois sur chaque joue, elle me fait jurer de l'appeler bientôt et m'invite à passer la voir au club quand j'en ai envie.

Si je suis heureuse de cette amitié naissante, il n'en va pas de même de mon retour chez moi et, tandis que je m'attarde devant la porte, je prends de nouveau toute la mesure de ma situation. Je doute qu'il fasse meilleur à l'intérieur de mes appartements que dans le couloir, où il fait déjà considérablement plus chaud qu'à la plage. Et à présent que je n'ai plus ni les nouvelles expériences de la côte ni l'aimable compagnie de Deepa pour me distraire, la promesse faite à la mère de Courtney de trouver un nouvel emploi revient me peser sur l'esprit. D'ailleurs, je sens de nouveau poindre une migraine.

Je pousse le battant avec un soupir, préparée à affronter une bouffée de chaleur oppressante, mais j'ai la surprise d'être accueillie par une agréable fraîcheur, une lumière éclatante et la douce musique d'*Orgueil et Préjugés*.

Comment est-ce possible ?

Par un phénomène inexplicable, l'électricité est revenue. J'ignore comment une telle chose a pu se produire, mais je décide d'en profiter tant que cela durera. Ce soir, je vais pouvoir regarder un film, dans une pièce tempérée, avec une boisson fraîche, et passer une délicieuse soirée. Demain, j'irai peut-être même acheter de quoi remplir le réfrigérateur, car je sais désormais comment me servir de mes cartes de crédit, et j'ai aperçu un épicier non loin de là.

Comme je m'installe sur le lit et lance *Orgueil et Préjugés*, une voix tonitruante vient noyer tout autre son.

« *You should give me a chance*
This can't be the end
I'm still loving you »

Le plancher vibre sous mes pieds. La source de la musique doit se trouver à l'étage du dessous, comme le jour de mon arrivée, lorsque Wes et les deux demoiselles m'avaient amenée chez le docteur Menziger.

Quelle est cette mélodie ? Elle me semble douloureusement familière, mais cela ne se peut…

« I need your love
I'm still loving you
Still loving you, baby »

Soudain, je me trouve transportée à un autre jour, là, dans cet appartement, et la musique, ce morceau précisément, résonne à l'étage d'en dessous. Je suis avec Frank. Ou, du moins, je l'observe. Je le regarde empiler livres et CD dans de grandes boîtes ; celui-ci est à moi, je crois, mais cela n'a aucune importance, car il déménage ses affaires, et je le regarde faire, perdue, en colère après le voisin et sa musique, consciente que notre couple n'est plus, que Frank m'a trahie… et, pourtant, je ne peux m'empêcher de l'admirer, de le désirer, de vouloir le garder près de moi. Impossible d'effacer de mon esprit l'image, la sensation de son corps sur le mien.

Des coups à la porte m'arrachent à mes rêveries, et je bondis sur mes pieds, me ruant à la porte. Wes.

Je me sens virer à l'écarlate. C'est tout juste si je parviens à lever les yeux vers lui, n'osant croiser son regard clair, si plein de bonté. Une bonté qui mérite mieux qu'une femme girouette se complaisant dans des pensées impures à propos de cet affreux… Aurais-je perdu la tête ? À m'entendre, on croirait que Wes est mon soupirant et a failli me surprendre dans la couche d'un autre homme.

Sa voix me ramène cependant à la réalité.

— On dirait que la trêve avec Monsieur Scorpions est terminée, hurle-t-il par-dessus le vacarme.

— Comment ?

— Ton voisin, répond-il en désignant l'appartement du dessous. J'irai lui parler.

— Non…, c'est mon voisin. C'est à moi de le faire.

— Mais tu ne le supportes pas.

— Raison de plus pour faire la paix ! Entre, je t'en prie.

Comme il passe devant moi pour gagner la cuisine, je respire son parfum à pleins poumons. Et, lorsqu'il se retourne pour m'offrir un sourire d'encouragement, je fonds. Deepa se fait-elle des idées concernant l'affection de Wes ou a-t-elle détecté quelque chose qui m'a jusqu'alors échappé ? Souvent, une demoiselle peut s'imaginer bien des choses lorsqu'elle est impatiente de voir ses amies trouver un mari. Bon… Il me faut maintenant m'arracher à lui et m'occuper de régler une situation plus pressante.

Ainsi, après avoir inspiré un grand coup pour me donner du courage, je descends au palier suivant, me préparant mentalement à une rencontre avec je ne sais trop qui, mais certainement pas le petit homme rond et dégarni qui m'ouvre la porte sans même un bonjour et me toise de derrière ses lunettes sales.

— Pardonnez-moi de vous importuner, monsieur, mais je me demandais s'il vous serait possible… Verriez-vous un inconvénient à jouer votre musique un peu plus… piano ? Je suis consciente que le volume n'est pas déraisonnable chez vous, mais le bruit est tel dans mon appartement que je ne puis conduire une conversation sans crier.

Il demeure impassible, bras croisés sur la poitrine.

— De plus, ajouté-je avec quelque maladresse, j'avais espéré regarder un film.

Ce à quoi l'homme répond d'une voix faussement basse, teintée d'un fort accent, russe peut-être :

— « Permettez-moi de vous dire l'ardeur avec laquelle je vous admire et je vous aime… »

Je ne puis m'empêcher de sourire, et je remarque qu'il se retient lui-même à grand-peine.

— En effet. Comment avez-vous deviné ?

— Mes murs sont aussi fins que les vôtres.

— Oh, ciel ! Si je vous ai causé quelque dérangement, je vous présente toutes mes excuses.

Il semble à présent véritablement estomaqué.

— Vous savez, je commencerais presque à croire cette histoire à dormir debout que votre petit copain m'a racontée à propos de votre accident à la tête.

Je rougis, plus flattée de la méprise de mon voisin que je ne voudrais l'admettre.

— Il n'est pas mon petit ami, monsieur, mais il est vrai que j'ai reçu un coup à la tête.

— Peu importe qui il est. Même si je dois avouer qu'il me plaît mieux que l'autre. Sans vouloir vous vexer, le dernier était un sale petit… Bref, je me sers bien du casque que m'a donné celui qui n'est pas votre petit ami, poursuit-il en me montrant deux espèces de coupelles argentées, reliées entre elles par un bandeau courbe, qu'il place un instant sur sa tête, comme pour m'en faire la démonstration. Je dois dire que le son est excellent. Il ne s'est pas fichu de moi, votre pas-fiancé, là, c'est de la bonne qualité. Enfin, tout ça pour dire que, si je ne l'avais pas mis cette fois, c'est parce que vous n'étiez pas chez vous. Ou, du moins, je croyais que vous n'y étiez pas.

— Puis-je savoir comment vous sauriez ou non si je suis rentrée ?

— C'est simple, je vous entends piétiner au-dessus de ma tête avec vos talons hauts, « clac, clac, clac » sur le plancher, comme vous entendez les pulsations de ma musique sous vos pieds. Voyez, mademoiselle Stone, ça marche dans les deux sens, n'est-ce pas ?

— Je suis vraiment navrée de vous avoir dérangé d'une quelconque manière. Comment puis-je me racheter ?

L'homme hausse les sourcils, et ses lèvres pleines esquissent un sourire bienveillant.

— Vous vous êtes cogné fort ?

— Je l'ignore…

— Aucune importance. Qu'en diriez-vous si nous jouions tous deux notre musique et nos films pianissimo ? Si nous voulons les écouter plus fort, nous n'avons qu'à opter pour le casque. Ou alors je m'assure que vous n'êtes pas chez vous. Et, si vous trouvez que je fais trop de bruit quand vous rentrez, vous appelez ou vous frappez, et je baisse le son.

» De votre côté, est-ce que ça vous dérangerait de ne plus marcher en chaussures dans votre appartement ? Ou de mettre de la moquette ? Ça irait aussi.

Quel scandale ferait ma mère si on lui suggérait de ne plus porter de chaussures à l'intérieur ! Elle qui me punissait lorsque, enfant, je jouais pieds nus dans l'herbe. Évidemment, ce ne serait rien en comparaison de ce qu'elle dirait de me voir non seulement me baigner, mais aussi nager comme un poisson, et ce, pratiquement nue !

Pouffant à cette idée, je souris à mon voisin.

— Plus de chaussures ? Quelle bonne idée !

— À votre service, déclare-t-il avec une petite courbette.

Son nom est Vladimir, je me rappelle soudain, alors que je remonte à mon appartement. Encore l'une de ces choses que je devrais ignorer, mais dont je semble me souvenir par bribes. Je me surprends à chantonner une mélodie – celle de la chanson de Vladimir, que je suis censée haïr –, et je m'esclaffe, songeant à Courtney, à moi-même, à la futilité des conflits auxquels nous nous livrons inlassablement contre notre prochain. Une mémoire trop fidèle est en effet impardonnable. Pourquoi en vouloir à l'ombre d'un souvenir qui n'est même pas le mien ? Et n'est-il pas gratifiant d'avoir moi-même pris les choses en main et résolu mon problème, plutôt que de compter, une fois de plus, sur Wes. Ou Paula. Ou Anna. Ou Deepa. Si je désire être une femme indépendante, c'est le moment ou jamais.

Je franchis le seuil de l'appartement, après avoir retiré mes chaussures, et rejoins Wes, qui se redresse sur le canapé, le regard interrogateur.

Je le rassure d'un sourire.

— J'en déduis que les négociations se sont bien passées. Bravo !

— Il s'est montré fort raisonnable. Il a accepté d'utiliser son casque si j'enlève mes chaussures.

Je baisse involontairement les yeux sur les pieds de Wes. Dieu du ciel…

Suivant mon regard, le jeune homme rit, puis s'agenouille afin de retirer ses souliers.

— J'espère que ce n'est pas trop demander… Je n'avais pas pensé qu'un tel arrangement affecterait également mes amis.

Il m'interrompt d'un geste.

— Ne t'excuse pas. Je suis fier de toi, Courtney. Surtout après t'avoir entendue dire que tu préférerais déménager que d'essayer de communiquer une nouvelle fois avec cet homme.

— C'est un peu grâce à toi. Je n'aurais jamais pensé à lui donner un casque.

Surtout parce que je venais d'en découvrir l'existence.

— C'est très généreux et attentionné de ta part.

Quel homme adorable il fait !

Il a beau hausser les épaules, son visage rayonne de bonheur.

— L'idée m'est venue quand je t'ai ramenée de l'hôpital. Tu avais besoin de te reposer, et il se trouve que j'avais ce casque dans la voiture. À propos, j'en ai aussi donné un au vieil homme d'en face ; pas un Bose, comme à Vladimir, mais des écouteurs pas trop mauvais non plus. En revanche, ajoute-t-il avec un petit sourire, je n'ai rien pu faire pour le coq d'à côté. Impossible de l'acheter à coups de petits cadeaux. Disons qu'il apporte un certain charme rural au paysage, tu ne crois pas ?

— Il me rappelle le domaine de mon père…, ma vie à campagne.

— Tu as vécu à la campagne, toi ?

Il faut que je fasse davantage attention à ce que je dis.

— Je… euh… Tout cela pour dire : donner ton casque était un geste très généreux. Et je crois deviner que ce n'est pas le seul dont tu es l'auteur…

Son air innocent est parfaitement charmant.

— La lumière ? l'air conditionné ? C'est bien toi qui as dû t'en mêler.

— Grillé.

Baissant la tête, il rougit.

— Hier soir, j'ai essayé de te joindre, mais, comme tu ne répondais ni à ton portable ni à tes mails, j'ai décidé d'appeler sur ton fixe, et un message disait que la ligne était suspendue. Quand je suis passé devant chez toi en voiture, j'ai aperçu la lueur des bougies. Je sais que je n'aurais pas dû m'en occuper sans ton autorisation, mais je craignais que tu ne refuses encore. Alors j'ai réglé les deux factures.

— Wes, je ne peux…

— Je t'en prie. Laisse-moi au moins faire ça pour toi. De toute façon, il est trop tard pour revenir sur ma décision. Tout a été payé. Il faudra tout de même attendre vingt-quatre heures pour qu'ils remettent le téléphone en fonctionnement. Au moins, maintenant que l'électricité est revenue, tu vas pouvoir recharger ton portable.

Il enfonce les mains dans ses poches et baisse le regard sur ses pieds un moment. Lorsqu'il relève les yeux, je suis sur le point de me laisser submerger par les larmes.

— Courtney ? Tu ne m'en veux pas, j'espère ?

— C'est que je suis accablée de tant de bonté, monsieur.

Ma voix tremble. Je marque une pause et tente de reprendre contenance.

Ses yeux expriment toujours la même bienveillance derrière ses lunettes.

— Je ne suis pas sûr d'autant apprécier que tu m'appelles ainsi quand tu es si sérieuse.

J'ébauche un sourire.

— Pardon… Ne va pas penser que je ne te suis pas reconnaissante. Tu es d'une gentillesse sans égale. Je me dois cependant d'insister pour te rembourser dès que j'aurai trouvé un emploi.

J'espère ne pas avoir fait une erreur en refusant l'aide de ma mère. Mais comment aurais-je pu savoir que cela m'amènerait à devoir de l'argent à Wes ?

Je m'éclaircis la voix et reprends :

— À ce sujet…

Cela se révèle plus dur que je ne le croyais.

— J'ai réfléchi à ton offre, et…

Il m'arrête d'une main.

— J'ai une meilleure proposition à te faire.

Le souffle me manque. Il n'a tout de même pas l'intention de… ? Serait-il sur le point de me faire la seule vraie proposition qu'un gentilhomme puisse faire à une femme qui lui est chère ?

Mon cœur bat si fort que je crains qu'il n'éclate.

— Court', est-ce que tout va bien ? Tu es toute rouge.

— Je… j'ai simplement soif. Il faisait très chaud dehors.

Il se précipite à la cuisine pour me rapporter un verre d'eau fraîche.

— Tiens. Bois ça

Il me sourit d'un air contrit.

— J'ai eu peur que tu ne croies que je te proposais un boulot pire que de m'aider avec mon dossier des impôts. Pas de panique : je t'ai trouvé un bien meilleur emploi !

Triple idiote. J'aurais dû me douter qu'il n'allait pas me demander en mariage. Apprendrai-je jamais à parler la langue de ce siècle ? Dieu merci, il est incapable de lire dans mes pensées ; de nouveau, mon visage s'empourpre. Baissant les yeux sur mes genoux, je plaque le verre glacé contre ma joue. Voilà qui apaise un peu le feu.

— Allez, viens, je te paie un café. Un café frappé, si tu veux. Et je t'expliquerai tout, c'est d'accord ?

Je parviens à esquisser un sourire.

— Seulement si c'est moi qui t'invite !

N'est-ce pas ce que ferait une femme indépendante ?

Chapitre 21

Cinq minutes plus tard, nous arrivons à destination : une façade carrée, jaune vif et brun foncé ; l'endroit dégage un air de gaieté avec ses murs rugueux fraîchement repeints et ses fenêtres étincelantes. Wes proclame qu'il s'agit de son nouvel établissement préféré, récemment ouvert, le meilleur café de la ville. J'avise alors mon reflet dans la porte vitrée. Oui, mon reflet, j'ai de moins en moins de mal à l'admettre. À l'instant où la porte s'ouvre, je souris, car, accueillie par le parfum entêtant du café fraîchement moulu, je me rends compte qu'il s'agit d'un café ; qui aurait un jour imaginé que je mettrais les pieds dans un café ! Aucune femme n'aurait jamais osé à Londres. Et me voilà, sans chaperon, en compagnie d'un homme célibataire. Un homme célibataire que je trouve plus agréable et charmant à chaque seconde qui passe.

Non, pas d'accès de pudibonderie, cette fois. Rien ne viendra gâcher ce moment.

Cet estaminet n'a rien de commun avec ceux que mon frère s'est parfois vanté de fréquenter. Point de fumeurs de pipe bruyants, traitant d'affaires ou débattant de politique. Non, le seul bruit ici, mis à part la musique syncopée – qui me rappelle celle que j'ai entendue dans la voiture de Paula –, est visuel. De jeunes gens tatoués et couverts de bijoux ainsi que des jeunes femmes minces aux coiffures extravagantes et bigarrées savourent tranquillement leurs boissons, servies dans d'immenses tasses. Certains sont plongés dans leur lecture et grignotent une pâtisserie ; d'autres conversent à voix basse. D'autres encore semblent aveugles et sourds à tout ce qui les entoure et pianotent sur le clavier de leur ordinateur portable.

Tandis que Wes et moi patientons dans la queue, je sens le trac me gagner : c'est en effet la première fois que je vais moi-même payer ma commande, et je ne voudrais pas faire preuve de maladresse. J'ai déjà étudié en détail la valeur de la monnaie dont je dispose, j'observe donc la file de jeunes personnes qui nous précèdent, en particulier leurs comportements et leurs gestes. Je remarque par exemple qu'ils déposent tous un billet de plus – ou quelques-unes des plus grosses pièces – dans un bocal de verre placé près de la machine – la « caisse ».

Comme nous approchons du comptoir, la serveuse, une jolie jeune femme aux longues jambes, à la peau pâle et aux yeux brun clair bordés de cils épais, vient saluer Wes avec un sourire étincelant.

— Sharon, répond ce dernier en la gratifiant d'un baiser sur la joue.

Sa chevelure châtain profond est négligemment ramenée sur le sommet de son crâne et retenue par ce qui me semble être une longue baguette émaillée.

— Qui est-ce que tu m'amènes ? s'exclame-t-elle avec un autre sourire.

Ses manières sont si avenantes que ma réaction instinctive, qui est de prendre ombrage de sa familiarité avec Wes, est aussitôt oubliée. Je n'ai de toute façon aucun droit d'être jalouse.

Wes nous présente l'une à l'autre. Comme elle me serre chaleureusement la main, je suis instantanément conquise par la douceur de son sourire et la réelle sympathie que je lis dans son regard. En ces temps modernes, un homme non marié peut d'ailleurs parfaitement embrasser la joue d'une jeune demoiselle sans que cela soit jugé inconvenant. Souriant intérieurement, je me souviens de combien j'avais d'abord été choquée que Glenn m'enveloppe de ses bras, la première fois que j'étais entrée au *Bonne fortune*.

— Alors, dis-moi, Sharon. J'ai entendu dire que tu abandonnais tout ça ? déclare Wes en désignant la salle d'un geste ample.

— Ne crois pas que ça ne va pas me manquer, soupire la jeune femme. C'est le meilleur job que j'ai jamais eu. Et je suis tout à fait sérieuse.

Wes me décoche un sourire.

— Je te promets que je ne l'ai pas payée pour dire cela. Sharon a été acceptée en droit. D'ici à quelques années, elle fera une avocate de choc.

Levant les yeux au ciel, l'intéressée se tourne de nouveau vers moi avec un sourire chaleureux.

— Pas vraiment. Je compte me spécialiser dans le droit public, ce qui n'a rien de très glamour, surtout quand on commence. Enfin, ça fait quelques années que je n'ai plus mis les pieds dans une salle de cours, sauf si on compte les heures d'études intensives pour le concours d'admission, et j'ai encore du boulot avant de démarrer ma nouvelle vie.

— Sam doit être dévasté.

— Il survivra, rétorque-t-elle en riant.

Une fois notre commande passée, je paie fièrement pour nos cafés et nos gâteaux – des « muffins » –, et laisse ce que j'espère être un pourboire généreux dans le bocal de verre, puis nous allons nous installer dans de douillets fauteuils, près de la fenêtre.

Sirotant son breuvage, Wes pousse un soupir de contentement.

— J'adore cet endroit.

Me carrant dans mon siège, j'acquiesce.

— On y est en effet fort bien.

Le jeune homme examine un moment sa tasse, avant de redresser la tête et de me regarder droit dans les yeux.

— Tu penses que tu pourrais passer quatre ou cinq jours par semaine ici ?

— Je ne comprends pas.

— Sam, le patron, est un bon ami à moi. Je lui ai parlé de toi, et… il est prêt à te confier la place de Sharon, sans même t'avoir rencontrée. C'est dire s'il me fait confiance. À moi, mais aussi à Sharon. Si tu acceptes, ce sera elle qui te formera. Je sais que ce n'est pas le boulot le plus prestigieux du monde, mais ce n'est pas pour du long terme. Sam a parfaitement conscience que, pour toi, ce ne serait qu'un petit job, en attendant mieux. Tout ce qu'il demande, c'est que tu lui donnes un préavis suffisant quand tu trouveras autre chose, pour qu'il ait le temps de se retourner.

— Je… je ne sais que dire.

— Réfléchis-y. Tu n'as pas à prendre de décision maintenant. Il serait bon que tu le saches demain, en revanche.

Moi, fille de gentilhomme, servante dans un café. Comment pourrais-je ne serait-ce qu'un instant envisager d'accepter une telle situation ? Servir des boissons contre salaire. Accepter des pourboires. Porter un plateau.

J'observe Sharon qui rit aux éclats avec un jeune homme tandis qu'elle débarrasse sa table des tasses vides et les empile sur son petit plateau.

Non. Je refuse même d'y penser une seconde de plus. M'abaisser à des tâches que même ma gouvernante dédaignerait ? Je ne puis souffrir l'idée. C'est tout simplement hors de question, il n'y a aucun doute à avoir.

Aucun doute, vraiment ?

— Ça te vexe, c'est ça ? lance Wes, légèrement sur la défensive.

Sans m'en rendre compte, je me suis pris la tête entre les mains.

Je croise son regard. Je ne veux pas paraître ingrate. Mais est-il pire de paraître ingrate ou de l'être ? Qui suis-je pour rejeter un emploi rémunéré, alors que je suis sans le sou ?

Je me sens rougir du cou jusqu'au front.

— C'est que… je ne sais que penser.

— Courtney, il n'y a aucune honte à travailler dans un café. J'ai moi-même été serveur, un été. Et regarde Sharon. Elle a notre âge, meilleure de sa promo, bientôt avocate… mais même si elle n'avait pas décidé de reprendre des études, elle aurait un job correct dans cet établissement, et ce, aussi longtemps qu'il existera. Qu'y a-t-il de mal à cela ?

Comment lui expliquer ? Devais-je lui dire que je n'étais pas celle qu'il croyait ? Que j'étais fille de gentilhomme et que l'on m'avait inculqué que ce genre de travail était avilissant pour une femme de mon rang ?

Non, il ne comprendrait pas, même si je parvenais à le convaincre que je ne suis pas Courtney Stone et que je viens d'un siècle différent, où la vie est tout autre et où les différentes sphères de la société sont hermétiquement cloisonnées.

— Ne le prends pas mal, Courtney, poursuit-il, mais qu'y a-t-il de plus dégradant que ton travail d'assistante auprès de quelqu'un comme David ? J'aimerais autant bosser ici jusqu'à la fin de mes jours… Surtout avec

Sam comme patron. Tu sais ce qu'il m'a dit quand il a ouvert, il y a quelques mois ? Qu'il voulait avoir l'impression de servir le café à un invité, comme s'il était chez lui. C'est également l'impression qu'il veut donner à ses employés. C'est sa vision de l'ambiance au travail.

Servir le café à un invité. Combien de fois avais-je officié au service du thé dans le salon du manoir Mansfield, préparant et offrant le breuvage à nos hôtes, m'occupant de leur resservir du café ou leur proposant du gâteau ? Cela n'avait rien de déshonorant, mon devoir et mon privilège en tant qu'hôtesse étant de faire preuve d'hospitalité.

Ne pourrais-je pas faire de même ici ou, du moins, m'imaginer accueillir chez moi ces gens, même si je suis en réalité payée pour me prêter à ce fastidieux cérémonial ? Je doute que cela soit plus pénible que ces après-dîners interminables, durant lesquels ces dames feignent de se passionner pour des histoires de dentelles, d'enfants gâtés et de cancans à n'en plus finir… Au fond, qu'y a-t-il de réellement dégradant à exercer une activité honnête ?

Wes a raison : servir du café, du thé et des muffins dans cet établissement – ce café – n'est pas plus humiliant que de satisfaire au moindre caprice de cet abominable personnage qu'est David. J'irais même jusqu'à dire que c'est un travail infiniment plus louable.

— C'est d'accord, m'entends-je déclarer avant même d'être certaine d'avoir pris une résolution ferme. J'accepte. Et je te remercie de me donner cette chance.

Wes manque de s'étrangler dans sa tasse, mais il se ressaisit vite et s'essuie la bouche dans une serviette de papier.

— Est-ce que tout va bien ?

— Tu es sûre ? Personne ne t'oblige à prendre cet emploi. Ni aucun autre d'ailleurs. Tu ne me dois rien. C'est d'accord, Courtney ? Je ne veux pas que tu te forces parce que tu penses m'être redevable de quoi que ce soit.

Je tente d'en rire, mais son air grave m'arrête aussitôt.

— C'est la meilleure chose à faire.

— Je suis sérieux, Courtney.

— Moi de même, dis-je en souriant. Et c'est avec joie que j'accepte ta proposition.

Je sais que Sharon nous observe et, songeant soudain qu'elle pourrait, telle Mrs Jennings dans *Raison et Sentiments*, se faire sa propre idée de ce que le mot « proposition » signifie ici, je rougis. Une fois de plus.

Un silence gêné plane dans la voiture de Wes sur le chemin du retour. Je m'entends encore redire « Et c'est avec joie que j'accepte ta proposition » et ne cesse de rougir comme une écolière. J'ignore en revanche pourquoi Wes se tait, car lui n'a aucune raison de se sentir embarrassé. À moins qu'il ne regrette de m'avoir recommandé un peu trop chaudement ce travail.

— Voici le numéro de Sam, dit-il finalement en me tendant une carte, alors que nous arrivons chez moi. Tu devrais l'appeler ce soir pour officialiser tout ça. Il se pourrait qu'il te demande de commencer demain, si tu peux. Oh, et, avant que j'oublie, lance-t-il avec un sourire, appelle-moi si tu as besoin d'indications pour retrouver le café. Je sais que tu as tendance à ne pas faire attention à la route quand tu ne conduis pas. Heureusement pour toi, ce n'est qu'à cinq minutes.

Je comprends alors qu'il attend de moi que je prenne ma voiture.

Durant une seconde, j'en perds ma langue.

— Je… j'aime autant marcher.

— Toi ? Marcher ?

Il étouffe un petit rire.

— Je ne vois pas ce qu'il y a de drôle.

— Tu prendrais ta voiture pour faire vingt mètres si tu ne craignais pas qu'on te voie.

— Pourtant, marcher est un bon exercice, n'est-ce pas ?

Le jeune homme s'efforce tant bien que mal de rester impassible.

— Pour sûr, mademoiselle.

— Dans ce cas, c'est réglé : j'irai à pied.

— T'es-tu cognée si fort que cela, Courtney ?

Du bout des doigts, il repousse une mèche de cheveux tombée devant mes yeux et frôle mon front.

Le contact de sa peau contre la mienne, la douceur de son regard me coupent le souffle.

Est-ce là, le témoignage d'affection d'un ami ou y a-t-il véritablement quelque chose de plus, là, dans le fond de ses prunelles ?

Je ris afin de dissimuler mon trouble.

— Tu es la deuxième personne à me poser la question, aujourd'hui.

Nous sommes garés devant mon immeuble, mais il ne donne aucun signe de vouloir ouvrir sa porte ; en fait, il n'a même pas coupé le moteur.

Dois-je l'inviter à l'intérieur ou serait-ce trop… Oh, et puis flûte !

— Voudrais-tu monter ?

Lorsqu'il me sourit, mon cœur s'enflamme.

— J'aimerais beaucoup, mais j'ai une deadline à respecter. Je rentre travailler. Je vais sans doute y passer la nuit, soupire-t-il tristement.

« Deadline ». J'ignore de quoi il s'agit, mais cela m'a l'air particulièrement déplaisant.

— Très bien.

Je pose la main sur la poignée, désirant plus que tout sentir de nouveau ses doigts dans mes cheveux. Sur ma main. Ou…

— Que comptes-tu faire ce soir ? me demande-t-il.

— Je pense que je vais lire un peu et regarder mon film.

Il s'esclaffe.

— « Mon » film. Bien sûr. Dans ton petit monde, il n'en existe qu'un !

J'en reste bouche bée.

— Tu veux dire qu'il y en a d'autres ?

Je me rends aussitôt compte de ma bêtise. Bien entendu, il en existe d'autres : je suis allée en voir un avec Paula et Anna.

— Crois-le ou non : oui. Dans ton cas, tout un tiroir.

Un tiroir entier de films. Je ris à mon tour. Pourquoi s'embarrasser d'un homme quand on a un tas de livres et de films à disposition ? Il est possible que je décide de ne plus jamais sortir de chez moi. Sauf pour me rendre au travail, cela va sans dire.

Chapitre 22

Il est 11 heures du matin, et je suis à mon poste derrière le comptoir du *Home Sweet Home*, le nom du café. Sam, l'ours à la belle carrure à qui l'endroit appartient, m'a rapidement mise à l'aise lors de notre brève rencontre du matin, et Sharon me transmet à présent l'art et la manière de faire le café, ce qui n'est pas une mince affaire dans cet établissement. La machine, m'informe-t-elle avec fierté, est l'une des deux cents à peine disséminées dans tout le pays, ce qui m'apparaît comme un grand nombre, jusqu'à ce qu'elle me précise que cela ne représente qu'un pour cent de tous les cafés des États-Unis.

— Évidemment, la bête coûte 10 000 dollars, déclare-t-elle. Imagine-toi… Qu'est-ce qui se fait de mieux en matière de caisses bourgeoises, tu dirais ?

— « Caisses » ?

— En terme de voitures, si tu préfères.

— Oh ! Laisse-moi réfléchir… Une barouche ?

— Je ne la connais pas, celle-là, mais moi, tu sais, les bagnoles…, je considère un peu ça comme de gros appareils électroménagers sur roues. Ah, trouvé !

Une Maserati. Tu as sous les yeux la Maserati des machines à café.

Elle me tend la tasse qu'elle vient de préparer.

— Si tu ne me crois pas, tu n'as qu'à goûter !

La première gorgée est si exquise que je ne trouve pas les mots pour l'exprimer. Un arôme léger, délicat, mais tonifiant. Une pointe de chocolat. Quant au parfum… cerise, mûre, ou autre chose ?

Sharon est rayonnante de plaisir.

— Tu as vu ça ? Rien à voir avec le café de maman, hein ?

J'éclate de rire. Quand vient mon tour de passer à mon premier expresso, sous l'étroite supervision de ma collègue, que j'apprécie un peu plus à chaque seconde, je ressens une bouffée de fierté. Car il est en réalité très gratifiant de gagner sa vie en faisant quelque chose de ses deux mains. Même si celles-ci ne sont pas exactement les miennes. Et, désormais, je sais que j'aurai de quoi payer les provisions que j'ai achetées ce matin à l'aide de ma carte de crédit. L'expérience avait été fascinante : je n'avais eu qu'à tendre la carte, et mes achats m'appartenaient.

De toute évidence, Sharon aussi tire une grande fierté de son travail, elle qui s'apprête pourtant à partir étudier le droit. En dépit de sa récente ascension sociale, elle demeure simple et ne montre aucun mépris pour la tâche à accomplir. Il semblerait qu'ici le travail et le mérite importent davantage que la lignée ou le rang. Et c'est là un concept qui me plaît finalement beaucoup.

À la fin de la journée, après avoir écouté Sharon m'expliquer comment fermer la boutique et lui avoir souhaité le bonsoir, je retrace mes pas selon l'itinéraire que Wes a eu la gentillesse de m'indiquer. Et, alors que je flâne dans les rues animées qui s'illuminent progressivement dans la nuit tombante, je me demande si je ne fais pas preuve d'un certain manque de discernement. Car il semble que je me passe très bien des privilèges que me confère normalement ma situation de fille de gentilhomme, ainsi que des pièces richement parées et des domestiques si omniprésents qu'ils en arrivent à presque faire partie du mobilier. Bien sûr, il ne serait pas désagréable de trouver le petit déjeuner servi à mon réveil et de ne pas avoir à me soucier de la lessive, mais je reconnais maintenant avoir été tout ce temps prisonnière d'une cage dorée, régie par les principes et la dignité. Personne ne m'a jamais demandé ce que je désirais, si ce n'est lorsqu'il s'agissait de choisir un plat à table ou de déterminer si je préférais une soirée de lecture ou de broderie. Tout le reste – devoir filial, choix d'activités et de talents à cultiver en tant que jeune fille de bonne famille, mariage, enfants – était déjà décidé pour moi, telle la robe bleue que j'avais dû porter à dîner, et malheur à moi si j'osais refuser. C'est pourtant ce que j'avais fait. Non pas d'exercer la broderie ni de porter la robe, mais de me marier et d'avoir des enfants. Jusqu'à ce que je me laisse presque piéger. Presque.

La seule chose qui me manque, ce sont mes amis. Que ne donnerais-je pour revoir mon père, Mary et Barnes. Je me languis aussi de la verdure et de la fraîcheur de la campagne ; ici, l'air est brûlant, lourd et chargé de suie, comme Londres en hiver. Et, si les arbres-plumeaux sont une vision extraordinaire, l'endroit manque désespérément de gazons et de plantes.

Dans ces moments de mélancolie, j'en viens même à songer à ma mère : j'ai toutefois conscience que celle qui me manque est celle que j'aurais tant aimé avoir, celle que j'avais façonnée en esprit, et non celle qu'elle était en réalité. Cette dernière demeure néanmoins ma mère, et elle a tout de même laissé un vide là où elle aurait dû se trouver.

Il m'arrive parfois de repenser à Edgeworth, mais ces instants sont en général fugaces, et, chaque jour, le souvenir de la souffrance qu'il m'a infligée s'estompe un peu plus. Le plus souvent, il vient me rendre visite alors que je sombre dans le sommeil. C'est dans ces moments que son visage m'apparaît le plus clairement, dans ces moments qu'il m'est presque doux de le revoir. Il m'apparaît tel que je l'ai aimé, en homme brillant, grand amateur de poèmes et de théâtre, champion de tout ce que je trouve bon et spirituel.

Mais, hier soir, tandis que je naviguais entre éveil et songes, c'est Wes qui m'est apparu, et je me suis sentie rassurée d'avoir le jeune homme avec moi, de pouvoir de nouveau contempler son visage. Suis-je donc si inconstante, pour désirer un jour devenir la femme d'Edgeworth et me découvrir une semaine plus tard une passion pour Wes, un homme que je connais à peine ? Et, quand Frank s'immisce à son tour dans mes pensées, mon trouble ne fait que s'intensifier. Si je n'ai aucunement envie de le revoir, je crains toujours que sa présence ne mette ma détermination à rude épreuve. Car je me sais incapable de repousser très longtemps ces souvenirs qui me déroutent tant. C'est d'ailleurs pour cette raison que je n'ai pas répondu aux deux messages de lui qui m'attendaient à mon retour.

Je n'ai toutefois pas le loisir de tourner et de retourner davantage dans mon esprit toutes les questions que je me pose, car j'arrive bientôt à hauteur d'un groupe de jeunes gens, plantés sur le trottoir, et je remarque que tous me détaillent de manière fort déplaisante. L'un d'eux chuchote un mot à l'oreille d'un autre, qui s'esclaffe. Tous sont vêtus de culottes bouffantes, beaucoup trop grandes et tombant bas sur leurs hanches ; certains portent une espèce de chemise lâche à manches courtes, sans col ni boutons ; d'autres vont torse nu. Je suis désormais accoutumée à croiser une variété apparemment infinie de costumes excentriques. Ce qui me met en revanche sur mes gardes, ce sont leurs regards perçants et railleurs.

Un autre siffle dans ma direction, provoquant l'hilarité du groupe.

Me drapant dans ma dignité et m'efforçant de ne pas leur accorder un regard, je traverse la rue aussi rapidement que possible, sans pour autant courir.

— Hé, miss, lance une voix.

Je trébuche sur un tas de détritus.

Les rires fusent.

Le cœur battant, je marche droit devant moi. Lorsque enfin je tourne au coin de la rue, je risque un coup d'œil à l'attroupement ; aucun des hommes ne m'a suivie.

Je pousse un soupir de soulagement.

J'imagine que ce ne sont que de jeunes hommes, de jeunes garçons même, qui éprouvent le besoin de fanfaronner. Cependant, je ne puis m'empêcher de me dire que, dans mon village, à mon époque, pas un fils de fermier ni aucun jeune paysan ne se serait permis davantage qu'un léger coup de chapeau à mon adresse.

Ma présence seule dans cette rue aurait-elle été perçue comme une invitation à leur impertinence ? Peut-être n'est-il guère sage de me promener seule à la nuit tombée. Peut-être aurais-je dû tenir compte des avertissements de Frank. Peut-être y a-t-il, tout compte fait, certaines limites à la liberté d'une dame. Ou peut-être s'agit-il simplement de faire preuve d'un peu de prudence.

Comment ai-je pu être aussi idiote ? Je hâte le pas, scrutant l'obscurité qui se referme autour de moi, à l'affût de la moindre menace potentielle. Lorsque j'enfonce enfin ma clé dans la serrure, c'est pantelante et ruisselante de sueur. Je me précipite à l'intérieur et referme la porte à double tour. Me déshabillant aussitôt, je mets l'air conditionné en route – merci, Wes – et file me glisser sous une divine douche glacée.

Comme il est agréable d'être propre, fraîche, et de se sentir en sécurité dans son propre appartement ! Ayant terminé, et fort apprécié, mon film, je décide de passer le reste de la soirée plongée dans *Mansfield Park* (jamais je n'avais été autant tenue en haleine par un roman), après quoi j'entamerai *L'Abbaye de Northanger*. La splendeur des images du film m'ont en quelque sorte retransportée chez moi pour la soirée – si l'on fait abstraction du fait que Miss Elizabeth Bennet n'hésite pas à exposer sa gorge, et ce, en pleine journée, ce qui m'a paru fort étrange (le plus curieux étant sans doute que personne autour d'elle ne semble le remarquer), et que Mr Darcy ait oublié ses gants pour danser. Je suppose que je peux pardonner ces quelques écarts d'étiquette à une telle œuvre, surtout quand je sais que celle-ci est le produit d'un siècle où de minuscules bandes d'étoffe sont considérées comme un équipement approprié pour les bains de mer et où personne ne porte de gants.

Comme en réponse à mes réflexions, la mélodie d'*Orgueil et Préjugés* s'élève de mon téléphone. Wes ! Je tâche de calmer mes nerfs avant de répondre. Comme il est bon d'entendre sa voix !

— Alors, tout s'est bien passé au café ? s'enquiert-il. Ça n'a pas été trop dur ?

— En vérité, je suis plutôt satisfaite. Ce fut une expérience très agréable.

— C'est vrai ?

— Je te le promets.

Son soulagement est perceptible.

— Bien, au moins, je n'aurai pas à m'inquiéter pour toi pendant que je ne serai pas là. Je vais devoir m'absenter quelques jours. Pour le travail.

— Oh.

L'idée de ne pas voir Wes, même l'espace de quelques jours seulement, me serre le cœur.

Quelle petite dinde je fais !

— Rassure-moi, je n'ai aucune raison de m'inquiéter, n'est-ce pas ?

Il vaut certainement mieux que j'évite de mentionner ma petite mésaventure de ce soir…

— En cas de besoin, j'ai mon portable, reprend-il. Et tu peux aussi me contacter par mail.

— Aucun problème ! m'écrié-je avec autant d'enthousiasme que possible. Je te souhaite un agréable voyage.

— Je crains que ce ne soit pas franchement plaisant ; si je bosse moins de seize heures par jour, j'aurai de la chance. Mais merci quand même.

À peine ai-je raccroché qu'un nouveau numéro s'affiche à l'écran, sans nom, cette fois. Lorsque je réponds, c'est une autre voix familière qui s'adresse à moi.

— Ce n'est pas trop tôt. Un peu plus et je venais frapper à ta porte.

Il s'agit de Frank.

— Je n'arrête pas de repenser à l'autre soir, au *Bonne Fortune*. Quand nous nous sommes embrassés. Le goût de tes lèvres sur les miennes…

Ses mots sont comme des caresses, et je sens une drôle de sensation naître au creux de mon ventre.

— Tu n'as pas idée à quel point j'en avais encore envie, l'autre soir, poursuit-il. Mais tu t'es enfuie.

Mon cœur s'emballe. Pourquoi cet homme me fait-il autant d'effet ?

— Courtney, tu es toujours là ?

— Oui, je… je suis là.

— Tu me manques.

— Que veux-tu, Frank ?

— Tu sais très bien ce que je veux. Et je crois que tu en as très envie toi aussi.

— Je ne vois pas de quoi tu parles.

— Courtney, j'ai besoin de toi.

Pourquoi une partie de moi frissonne-t-elle à ces mots ?

— Et ?

— Pourquoi ne me laisserais-tu pas passer chez toi ? Je saurai te montrer à quel point je suis sincère.

Autant que l'autre soir. Tout ce qu'il veut, c'est m'attirer au lit.

— Qu'est-ce qui te fait croire que j'ai si peu d'estime pour moi-même ?

— C'est Wes, c'est ça ? C'est à cause de lui que tu me résistes ?

Il devient alors clair que son insistance a beaucoup moins à voir avec son affection pour moi qu'avec sa rivalité avec Wes.

Et c'est cette prise de conscience qui me permet de m'affranchir complètement de lui.

— Parce que si c'est le cas, insiste-t-il, je pense que tu es en droit de savoir que ton homme parfait joue sur deux tableaux.

— Qu'est-ce que cela signifie ?

— Pourquoi tu ne le lui demanderais pas toi-même ? À moins que tu n'aies trop peur de découvrir la vérité.

— Je ne souffrirais pas un tel ton de la part de mon père, et encore moins d'une personne qui n'est rien pour moi !

— Depuis quand est-ce que tu parles à ton père ? Et, « rien pour toi » ? C'est bas, Courtney.

— Adieu, Frank.

— Tu n'es pas sérieuse. Tu as adoré notre baiser.

Cet homme est incroyable d'arrogance.

— Ne m'appelle plus jamais.

Sur quoi, je raccroche.

Si j'ai réellement une mission à accomplir dans la vie de Courtney, je ne puis lui rendre plus grand service que d'en bannir Frank une bonne fois pour toutes. Il me faut néanmoins un certain temps pour retrouver assez de calme pour reprendre ma lecture, sans parler de me débarrasser du malaise provoqué par la mystérieuse allusion de Frank, dont je préfère sans doute ignorer la véritable signification.

Chapitre 23

— Tu n'es quand même pas sérieuse, crache la voix de Paula dans le téléphone coincé entre mon oreille et mon épaule.

Je m'active dans l'appartement, me préparant pour mon deuxième jour de travail au café.

— Comment cela ?

Je fouille dans mes vêtements, à la recherche d'une tenue adéquate, de préférence quelque chose qui ne craigne pas les taches.

— Faire du café ? Tu parles d'un plan de carrière…

Qu'entend-elle par « plan de carrière » ? Il faudra que je fasse des recherches. Elle continue de s'insurger un moment. J'appuie sur « haut-parleur », une autre invention de génie, et place l'appareil sur le lit tandis que j'enfile mon pantalon.

— Bien sûr, c'est une idée de Wes, souffle-t-elle avec dédain. Sa famille roule sur l'or, il n'a pas à s'inquiéter de ce qu'il gagne. Mais toi, comment comptes-tu payer tes factures avec un salaire de serveuse ?

Wes ? Sa famille serait fortunée ? Et dire que je l'avais d'abord pris pour un domestique !

— Courtney ? Tu m'écoutes ?

— Je me débrouillerai, Paula. Cela me permettra de survivre en attendant de trouver un meilleur emploi.

— Mais enfin, Courtney, sois réaliste ! J'ai du mal à te voir servir un café sans le renverser sur les genoux du client, glousse-t-elle. Et par là j'entends : volontairement. Ce n'est pas ton genre de faire des courbettes serviles.

— Il ne s'agit pas de faire des courbettes. D'ailleurs, Sharon est sans doute la personne la moins servile qui soit.

Je m'en tiens là, de peur de laisser échapper quelque chose que je pourrais regretter par la suite.

— Qui est Sharon ?

— La jeune femme qui me forme. Pardonne-moi, Paula, mais je dois finir de me préparer.

Je n'en reviens pas d'une telle impertinence… Oh, et puis au diable l'avis de Paula ! Que m'importe son opinion ? Deepa, qui m'a appelée peu avant, ne m'a-t-elle pas félicitée pour mon nouveau travail ? D'elle je n'ai reçu que paroles bienveillantes et encouragements. Apportant les dernières touches à ma toilette, je cours dans tout l'appartement, puis, me rappelant la promesse faite à Vladimir, je m'efforce d'adopter un pas plus léger.

Ce n'est qu'en marchant d'un pas vif dans l'air heureusement plus frais du matin que je parviens à laisser retomber ma colère. Je ne suis pas encore prête à m'essayer à la conduite ; pour l'instant, je décide de compter sur Sharon et sa gentillesse pour me ramener chez moi le soir, espérant être aussi en sécurité en plein jour que je le crois pour le trajet du matin. À l'affût du moindre danger, je prends le chemin du café, mais les mots de Paula me hantent.

Bien entendu, je me suis sentie forcée de rechercher « plan de carrière » dans Google avant de quitter la maison. La vérité est que je ne me soucie guère d'obtenir de l'avancement ; quelle drôle d'idée ! Avant de me réveiller dans ce monde moderne, je n'avais eu le choix qu'entre le « métier » d'épouse et celui de vieille tante célibataire ; cette seconde option aurait bien sûr représenté une grande déception pour ma famille, mais n'aurait certainement pas été aussi dégradante que de devoir chercher une place de gouvernante, comme il advenait à d'autres jeunes femmes qui avaient la malchance d'être bien nées mais point fortunées.

Alors l'avancement est bien la dernière chose qui m'importe dans cette nouvelle carrière qui s'offre à moi.

Mais « servile » ? Ce terme désobligeant est sans doute celui que j'ai le plus de peine à bannir de mes pensées. Certes Paula s'est montrée quelque peu cavalière, mais elle est mon amie. Et, en tant que femme, elle partage sans doute mon ressenti. N'a-t-elle fait qu'exprimer tout haut mes propres doutes ? Ai-je finalement eu tort d'accepter ce travail ?

Non, j'ai pris la bonne décision. C'était l'idée de Wes. Wes, la bonté même, en dépit de ce que j'avais pu lire dans le journal de Courtney, en dépit de ce qu'avaient dit Anna et Paula, et malgré les insinuations de Frank…

Deepa qui est aussi mon amie semble l'aimer beaucoup, non ?

S'il m'a recommandé de saisir cette chance, je ne puis douter qu'il s'agissait de la bonne décision. Pourtant désireux de m'employer, ne m'a-t-il pas, par égard pour mes sentiments, déniché un autre travail ? Ne m'a-t-il pas prodigué toute sa générosité, sa gentillesse, son attention et son réconfort chaque fois que j'en ai eu besoin ? Et, si j'en crois Deepa, n'a-t-il pas pour moi des sentiments plus… Le rouge me monte aux joues. J'aurais tant de questions à lui poser, non seulement à propos de son rôle dans la trahison de Frank, mais aussi sur ce qu'il sait de la nature exacte des relations entre Frank et Courtn…, entre Frank et moi. Mais je n'ose pas ; il s'agit d'un sujet beaucoup trop gênant.

Mon Dieu ! Je ne peux pas me rendre au travail avec l'esprit aussi éparpillé. Il me faut penser à autre chose. Par bonheur, les rues de cette ville fournissent mille sources de distraction tant pour les yeux que pour l'esprit : voitures fumantes, bribes de mélodies qui s'échappent des fenêtres, passants de diverses origines aux tenues toutes plus étranges les unes que les autres, échoppes vendant on ne sait trop quoi… Ainsi, lorsque je parviens enfin au *Home Sweet Home* – comme j'aime le nom de ce café ! –, je suis de nouveau maîtresse de moi-même.

Sans doute suis-je un peu comme Catherine Morland, dans *L'Abbaye de Northanger*, une jeune fille de la campagne, sans expérience, faisant ses premiers pas dans la grande ville de Bath. Sans doute ne sais-je pas toujours comment réagir face aux situations auxquelles je me trouve confrontée dans ce monde qui m'est étranger, mais je ne laisserai pas Paula me persuader de faire ce que je sais être le mauvais choix. Ainsi que Fanny Price le dit avec tant d'éloquence dans *Mansfield Park* : « Nous avons tous en nous un meilleur juge, qui, si nous le consultons, nous conseille mieux que tout autre. »

De plus, j'ai donné ma parole à Wes et promis de donner ma démission avec suffisamment d'avance le jour où je déciderai de quitter cet emploi. Je ne reviendrai pas sur ces promesses. Et je n'ai de toute façon aucun désir de démissionner. Pour le moment, ce travail me convient.

Malgré l'affluence de clients, Sharon me rappelle qu'il est temps pour moi de prendre ma pause. Je ne puis croire que quatre heures se sont déjà écoulées, et de manière plus agréable que je n'aurais jamais imaginé.

Alors que je m'apprête à gagner un confortable fauteuil jaune et rouge près de la fenêtre avec mon café, j'ai soudain l'impression que l'on m'observe. Levant la tête, j'aperçois une jeune femme plantée dans l'entrée, comme paralysée, les yeux rivés sur moi. Je ne puis tout d'abord croire que ce regard m'est destiné. Mais, jetant un rapide coup d'œil dans mon dos, je constate que Sharon se tient à l'extrémité opposée du comptoir et qu'il n'y a personne d'autre derrière moi. Face à mon air interrogateur, la demoiselle semble cependant se ressaisir et prend la direction du comptoir.

Étrangement troublée – par son regard insistant d'une part, mais aussi car j'ai brusquement la bizarre impression de la connaître –, je m'ôte aussi vite que possible de son chemin. Une fois dans mon fauteuil, près de la fenêtre, je tâche de m'occuper à autre chose afin de ne pas la dévisager plus longtemps. Cependant la curiosité a bientôt raison de moi.

C'est alors que je me rappelle où je l'ai déjà vue : il s'agit de la jeune femme qui m'observait de loin à *L'Éveil*, tandis que je causais avec Wes et Deepa en haut du balcon. Je prends le temps d'étudier son visage pendant qu'elle commande son café. D'un genre de beauté singulier, elle est plutôt jolie. Son visage est en forme de cœur. La pointe de ses grands yeux en amande est légèrement étirée vers le haut. Elle a également un nez minuscule, les joues creusées de fossettes ainsi qu'une grande bouche enfantine.

Redressant la tête, elle croise mon regard et ne me quitte plus des yeux. Si elle et moi nous connaissons – ce qui est certainement le cas, sinon, pour quelle raison me détaillerait-elle de la sorte ? – pourquoi ne pas me saluer de manière civilisée ? La situation est extrêmement embarrassante... Je feins de m'intéresser à Sharon qui s'approche de la table voisine à la mienne avec son plateau et entreprend de la débarrasser des verres et des assiettes vides.

Lorsque ma collègue s'en va, je décide de me plonger dans le journal qui traîne sur ma table, tout en buvant mon café. Et je suis bien récompensée, car une chose infiniment plus intéressante que la jeune femme attire mon attention : un article à propos du premier Afro-Américain à devenir président des États-Unis. Même les plus fervents partisans de l'abolition de l'esclavage, tels William Wilberforce et Thomas Clarkson, n'auraient certainement jamais rêvé qu'une telle chose fût possible, et voilà que je suis en vie pour le voir !

— Tu crois qu'elle en pince pour toi, elle aussi ? lance derrière moi une voix à l'accent bien connu.

Je me lève et embrasse Deepa sur chaque joue.

— Quelle bonne surprise !

— Je voulais passer voir où tu travaillais, répond-elle en souriant, mais la première chose que j'ai remarquée, c'est cette fille.

D'un mouvement discret de la tête, elle désigne la mystérieuse femme qui, appuyée au comptoir en attendant sa boisson, n'a toujours pas détaché les yeux de ma personne.

— Je l'ai déjà vue au club, poursuit-elle, mais j'ignore comment elle s'appelle. Je suppose que sa maman ne lui a jamais dit qu'il était impoli de dévisager les gens.

Entendant probablement Deepa insister d'une voix forte sur le mot « dévisager », la demoiselle semble reprendre ses esprits et baisse les yeux sur ses chaussures.

Je me contente de hausser les épaules.

— Alors, poursuit Deepa, dis-moi : quoi de neuf, mis à part une nouvelle admiratrice parmi les rangs ?

Je lui parle donc de mon travail, de la suspension provisoire du courant ainsi que de son rétablissement, puis de mes conversations téléphoniques avec Wes et Frank ; elle m'abreuve de tant de sympathie, de tant de louanges pour avoir su rabrouer ce dernier, et je suis si absorbée par notre conversation, que j'en oublie la mystérieuse étrangère. Lorsque, à regret, je dis au revoir à Deepa pour reprendre mon service derrière le comptoir, la jeune femme a quitté le café.

Sharon décide que je suis maintenant capable de m'occuper de tout toute seule et qu'elle se contentera désormais de m'observer, ne m'assistant que si cela se révèle nécessaire. Ainsi, les heures défilent, et je m'affaire à la préparation des boissons, échange quelques civilités avec les invités, leur sers parts de gâteaux et muffins, et distribue des bouteilles d'une eau minérale étonnamment agréable au palais ; un autre progrès, quand on sait que, d'où je viens, le goût des eaux minérales évoque davantage l'intérieur d'un pot de fer, voire les égouts.

À la fin de la journée, je rayonne de fierté, car Sharon n'a pas eu à intervenir une seule fois : j'ai su faire face au flot de commandes et n'ai eu aucun problème avec la caisse, en dépit de mes appréhensions concernant cet aspect du travail, n'ayant jamais ne serait-ce qu'entendu parler d'un ordinateur avant de me réveiller dans ce monde. Cela me rappelle évidemment l'aisance avec laquelle j'ai appris à maîtriser mon propre ordinateur ainsi que mon téléphone ; comme si ces mains se souvenaient ce que l'esprit avait oublié. Je soupçonne la même part d'intellect responsable des mots jusqu'alors inconnus qui me viennent depuis peu aux lèvres d'être à l'œuvre.

Je suis fière d'avoir fait quelque chose d'utile de ma journée, d'avoir un travail qui me permettra de subvenir à mes besoins et, à terme, de rembourser mes dettes. Fière d'avoir donné le sourire à tant de gens, simplement en leur apportant un café et des gâteaux.

Certes, ma nouvelle situation est loin d'être privilégiée, mais en aucun cas on ne me demande de me montrer servile. En réalité, j'ai même pour instruction de ne tolérer aucun manque de respect, Sharon m'ayant donné pour consigne de ne pas servir les rares clients qui pourraient se montrer grossiers et incorrects. Quant à comparer cet emploi à celui de servante, je me rends à présent compte combien cette simple notion est insultante au vu de la rude besogne qui est le lot quotidien des domestiques, qui sont de surcroît contraints de vivre chez leur maître, ne reçoivent en gages qu'une infime partie de mon salaire, souvent en échange de plus de seize heures de labeur, et demeurent strictement cantonnés à leur sphère sociale, derrière l'infranchissable barrière des classes. Barrière que j'avais, à ma grande honte, franchie en embrassant James dans un moment d'égarement, à la suite de la découverte de la trahison d'Edgeworth. Si quiconque nous avait surpris, James aurait perdu sa place de valet, et j'aurais été déshonorée.

Ma mère me verrait là, dans ce café, nul doute qu'elle se trouverait mal. Et je dois reconnaître que cette idée me fait sourire. Il faut dire que jamais je n'avais été à la hauteur de ses attentes. Maman avait toujours clamé que j'étais une enfant des fées, substituée à sa véritable fille à la naissance, et peut-être avait-elle raison. Peut-être trouvera-t-elle en Courtney sa « vraie » fille, celle qu'elle avait toujours voulue.

« Trouvera » ? Je m'aperçois que je songe à ce qui est nécessairement un passé lointain et disparu comme s'il se déroulait en ce moment même, ne parvenant pas à admettre, en dépit des larmes que j'avais versées pour elles à mon arrivée, que toutes ces personnes qui m'étaient chères ne sont plus. Pourtant, lorsque je pense maintenant à la vie que je mène sous l'identité de Courtney, j'ai la certitude que celle-ci vit à présent la mienne. Et si mon esprit, mon essence, perdure deux cents ans dans le futur, le sien subsiste certainement deux cents ans dans le passé. J'ai conscience que rien de tout cela n'est rationnel, mais peut-il en être autrement ? Si j'ai hérité de sa vie, elle a forcément hérité de la mienne. Et cela se passe sans doute en ce moment même. Mais comment est-ce possible ? Le temps n'est-il pas linéaire, constitué d'un passé déjà mort ainsi que d'un futur à naître ?

Grand Dieu ! Ces réflexions me donnent mal à la tête… ou peut-être suis-je bien en train de devenir folle. Ma situation – s'endormir dans la peau d'une personne et se réveiller dans la peau d'une autre – n'est-elle pas la définition même de la folie ? Je n'ai pourtant pas l'impression d'avoir perdu la tête. Et je me sens on ne peut plus vivante. Plus vivante que je ne m'étais sentie depuis longtemps. Depuis deux siècles, en réalité. Je souris, puis remarque que Sharon me dévisage d'un air perplexe. Ayant proposé de me ramener chez moi – offre que je ne fus que trop heureuse d'accepter, aucunement désireuse de revivre ma mésaventure de la veille –, elle m'attend à la porte du café.

Quelques minutes plus tard, je pousse une fois de plus la porte de mon appartement. Tandis que je me verse un verre de thé glacé, impatiente de me replonger dans *L'Abbaye de Northanger*, pour ensuite commencer *Persuasion*, je songe qu'il siérait peut-être de relever mes mails ; plus d'une fois, mes nouveaux amis m'ont reproché de surseoir à ma correspondance. Non qu'ils aient usé d'un tel langage.

Et peut-être ai-je reçu un message de Wes.

Je parcours la liste du regard. L'un est de Paula, me présentant des excuses plus ou moins convaincantes, oscillant entre humour et tentative de justification, pour ces paroles de la matinée. Un autre me provient d'Anna, qui espère que je me porte bien et m'explique combien sa semaine est chargée, mais que, bien sûr, si j'ai besoin d'elle… Plusieurs messages m'ont été envoyés par des personnes dont je ne reconnais pas le nom, et je n'ai pas la moindre idée de la manière dont il convient de leur répondre ; c'est un peu comme se réveiller au milieu d'un groupe d'inconnus persuadés que vous êtes parfaitement au fait des tenants et aboutissants de la conversation.

Rien de la part de Wes. Bien entendu. Il est en voyage, occupé par son travail, il n'a certainement pas le temps pour cela.

Ah, en revanche, voici un message de Sharon. « Sharon souhaite vous ajouter à sa liste d'amis », lis-je. Il m'est ensuite demandé de cliquer sur une ligne précise si je souhaite accepter la requête.

Si j'accepte ? Bien sûr, je serais ravie d'être son amie !

Je trouve intéressant qu'elle ait jugé bon de m'écrire pour me faire cette proposition ; est-ce la coutume à présent ? Pourtant, Deepa s'est proclamée mon amie sans m'en demander la permission. Peut-être le protocole est-il différent selon que l'on rencontre la personne sur son lieu de travail ou… dans les toilettes pour dames d'un bar ?

Je ris d'une telle absurdité. De toute évidence, je ne suis pas près d'assimiler toutes ces règles.

Peu m'importe. Je suis honorée que Sharon ait choisi de devenir mon amie et clique donc sur la ligne indiquée afin de signifier mon consentement. Cette simple action m'envoie à un endroit de l'ordinateur où je ne m'étais encore jamais rendue.

« Votre profil », indique la page qui s'affiche. « À propos ». « Photos ». « Pages ». J'appuie sur « À propos », et apparaissent sous mes yeux une photo de mon visage d'emprunt ainsi que le nom associé : Courtney Stone.

« Date et lieu de naissance ». « Université ». « Livres et films favoris ». Sans grande surprise, ces deux dernières listes commencent par les œuvres de Jane Austen.

« Intéressée par : les hommes »

Dieu du ciel. J'ose espérer que personne ne voit ces informations !

« Profil ouvert au public »

J'ai beau me trouver seule dans l'appartement, mes joues s'empourprent.

« Statut : Rêve d'écraser mon ex-fiancé sous les roues de ma voiture. Ou un rouleau compresseur. »

Je laisse échapper un petit gloussement, qui se transforme en grand éclat de rire lorsque, grâce au dictionnaire en ligne, j'apprends ce qu'est un « rouleau compresseur ». Car le monde a bien évidemment besoin de savoir que j'aimerais non seulement rencontrer des hommes, mais aussi les voir mourir de ma main. Quelle femme non mariée ne voudrait pas rendre ce type d'informations publiques, voyons ?

Mon Dieu ! Je devrais être horrifiée, mais tout cela est trop grotesque. Et, après tout, n'avais-je pas nourri des sentiments comparables après avoir découvert la trahison d'Edgeworth ? Aurais-je en mon temps eu connaissance de tels engins, il ne fait aucun doute qu'ils auraient trouvé leur place dans mes fantasmes de vengeance.

Je reporte mon attention sur l'écran. « Date de naissance ». Un rapide calcul m'indique que j'ai… Ciel ! Trente-deux ans ! C'est deux ans de plus qu'il y a une semaine.

Deux ans ? Certes, je devrais en réalité être âgée de cent quatre-vingt-seize ans ; aussi, trente-deux ans ne semble pas si vieux.

Cependant… trente-deux ans, et toujours pas de mari. Même si je ne suis finalement pas à plaindre.

J'ai peut-être trente-deux ans, mais je gagne mon pain, j'ai mon propre appartement et suis seule maîtresse de mon temps. Je possède même mon propre équipage… enfin, ma propre voiture. Que je compte bien apprendre à conduire.

Ma situation est loin, très loin, d'être mauvaise.

Et tous ces amis… Je jette un coup d'œil à leurs images de profil… « 292 amis », est-il vraiment possible d'en avoir autant ? Parmi les photos, je repère le sourire de Wes. Cliquant sur l'image, je suis transportée sur son profil.

« Profession : Développeur Web

À propos de moi : Quand je ne suis pas glué à mon ordinateur à créer des sites Web, je suis avachi devant ma télé à regarder des films, sauf s'il me prend l'envie de cuisiner ou de grimper Mount Wilson à vélo et de méditer sur le sens de la vie. »

Il crée des sites Web. Deepa avait donc raison, son travail a bien un lien avec les ordinateurs. Et il cuisine. Un homme riche qui fait la cuisine. Pour son plaisir, semblerait-il. Voilà qui est très inhabituel. Et fort charmant.

« Aspirations : De bonnes intentions, qui nous tirent vers le haut plutôt que de nous décevoir. »

Encore quelque chose qui me plaît bien.

« Citations favorites :

“Ce n’est pas de l’amour que l’amour qui change quand il voit un changement.” — William Shakespeare

“S’aimer soi-même, c’est l’assurance d’une longue histoire d’amour.” — Oscar Wilde

“La vie est un monument de solitude, de misère, de souffrances, de malheurs… et en plus il faut bien dire que ça passe comme un déjeuner de soleil.” — Woody Allen »

Je ris. Profond, spirituel, et amateur de Shakespeare.

Je laisse courir mon regard sur sa collection d’amis. Soudain, je bondis en reconnaissant… oui, c’est bien elle : la demoiselle du café et de *L’Éveil*. Son nom est Morgan LeDonne.

Qui est donc cette femme ?

Je clique sur son profil, mais n’y trouve pas grand-chose, sinon quelques messages d’amis qui ne me concernent guère. J’appuie alors sur le mot « Photos », et là, tout en haut de la page, s’affiche une photo d’elle et de Wes, accompagnés d’un autre couple ; assis à une table, ils lèvent leurs verres dans ma direction en souriant. J’ai beau étudier l’image de longues minutes, je ne parviens pas à déterminer si c’est là l’attitude d’un couple amoureux ou de simples amis.

Wes ne l’avait-il pas vue tandis qu’elle levait la tête vers nous, ce soir-là, à *L’Éveil* ? Pourquoi ne l’avait-il pas saluée, même de loin ?

Je brûle de lui demander qui elle est, mais comment m’y prendre ?

Chapitre 24

Le lendemain, face au miroir, je me débats contre une chevelure récalcitrante, regrettant que Barnes ne soit pas là pour y mettre bon ordre – oh, comme elle me manque, et que n'ai-je su apprécier son aide de tous les instants quand il était encore temps –, lorsqu'une adorable pince à cheveux à paillettes m'échappe des doigts et tombe derrière la bibliothèque. M'accroupissant au pied de l'étagère, je glisse le bras dans le mince interstice qui la sépare du mur et, comme je touche l'extrémité de l'épingle, je sens sous mes doigts le contour d'un livre si épais que les plus gros folios de la bibliothèque de mon père paraîtraient ridiculement petits en comparaison.

Je tire à moi l'épingle et le volumineux ouvrage. Après l'avoir dépoussiéré dans la cuisine, j'ouvre ce qui se révèle être un carnet de dessins et de croquis. Celui-ci appartient visiblement à un artiste accompli.

Je tourne les pages une à une, admirant les études de mains, de paysages et de personnes, quand, soudain, j'étouffe un hoquet de surprise : sous mes yeux, le portrait d'une dame vêtue à la mode de mon époque, une dame dont le visage et la silhouette sont indéniablement les miens. Pas ceux de Courtney. Les miens.

Un frisson glacé court le long de mes bras. Comment cela est-il possible ?

Les pages suivantes présentent des variations du même sujet, et la ressemblance est aussi frappante que sur le premier croquis.

D'où Courtney me connaissait-elle pour ainsi me représenter aussi fidèlement ?

C'est tout simplement impossible. Elle était ici, et j'étais en Angleterre, à mon époque, et jamais nos chemins ne s'étaient croisés.

Jusqu'à ce que je me réveille à sa place, dans le futur, dans sa peau et dans sa vie.

Ces dessins ayant été faits avant mon arrivée, ils ne peuvent être que le fruit de son imagination. C'est la seule explication possible.

Mais je ne suis le fruit d'aucune imagination. Je suis réelle. Bien sûr que je suis réelle. J'ai des pensées, des sentiments, des souvenirs, et toute une vie derrière moi.

Pourtant, ici, personne ne sait qui je suis.

Personne, sinon moi-même. Et la diseuse de bonne aventure. Et elle aussi est tout ce qu'il y a de plus réel.

Cette prise de conscience déclenche en moi une vague de soulagement.

Tout en étudiant les croquis, je me demande si Courtney trouvera chez moi quelque chose qui lui fera un aussi grand choc…

Enfin, je suis forcée de reposer le carnet. Si je ne finis pas de me coiffer à temps, je serai en retard pour prendre mon service. Je décide en revanche d'emporter le livre avec moi, impatiente de pouvoir continuer de le feuilleter durant ma pause.

Après le trajet jusqu'au café et ma première série de *latte* et autres cappuccinos, l'idée de ces dessins si ressemblants ne m'effraie plus autant.

Comme la journée progresse, je parviens à ne plus y penser constamment. Je suis même capable de les regarder de nouveau pendant ma pause sans remettre une seule fois mon existence en cause. Et, avant même que je m'en aperçoive, l'horloge m'indique qu'il ne me reste plus que deux heures de travail.

Alors que je m'essuie les mains sur un torchon et m'apprête à ranger quelques tasses propres, Sharon s'approche, bras grands ouverts.

— Courtney, ç'a été un vrai plaisir de bosser avec toi.

Je suis si abasourdie que j'en perds un moment l'usage de la parole.

— Ne fais pas cette tête, poursuit la jeune femme en souriant. Tu savais que ta formation ne durerait que quelques jours.

— Certes, mais j'ignorais que c'était ton dernier jour ! m'écrié-je en me raccrochant au comptoir, à la limite du vertige.

— Ne t'inquiète pas ; Sam fera l'ouverture tous les jours. Et il a demandé à Keith de venir te prêter main-forte aux heures de rush. Tes arrières sont couverts, tu ne crains rien. Et tu vas aimer Keith. Qui sera là dans deux heures, d'ailleurs. Deux petites heures toute seule, ce n'est pas la mer à boire, tu verras.

Je tente un sourire, mais, en dépit de mes efforts, ma vue se trouble de larmes. Sharon me serre dans ses bras, et je lui rends son étreinte. Une larme roule sur ma joue. La jeune femme s'écarte et me tamponne les yeux à l'aide de mon torchon.

— Tout va bien se passer. Je te le promets. On s'appelle, OK ?

Je hoche la tête, redoutant de verser de nouvelles larmes si je viens à ouvrir la bouche. Je peine à croire à quel point je me suis attachée à Sharon en si peu de temps. Ou peut-être ai-je simplement peur de me retrouver à travailler seule ici. Même pour deux heures seulement. Avec Sharon à mes côtés, j'avais en quelque sorte l'impression de ne plus rien avoir à craindre.

J'arrive à esquisser un sourire, agitant la main dans sa direction tandis qu'elle quitte le café pour la dernière fois. Par chance, l'heure qui suit voit défiler si peu de clients que je regagne progressivement confiance. J'ai même le temps de sortir l'épais carnet de croquis et de l'ouvrir sur le comptoir afin de continuer à l'étudier.

Le choc de voir mes propres traits couchés sur le papier passé, je peux de nouveau me concentrer sur le coup de crayon de l'artiste. Cela me rappelle mon amour pour le dessin, lorsque j'étais enfant, et en particulier les rares occasions où mon père me permettait de l'accompagner dans son atelier. Installée à l'une de ses tables de travail avec mes crayons et mon papier, je m'attachais à être le plus sage et silencieuse possible. Je dessinais un peu, baignée des effluves entêtants des peintures, mais, surtout, je le regardais peindre. Je n'étais cependant pas tant intéressée par ses toiles que par la transformation qui s'opérait en lui quand la joie et la passion de la création l'emportaient. Mais il n'aimait guère être observé, aussi étais-je vite renvoyée au salon, où ma mère venait critiquer le sujet de mes dessins, qu'elle jugeait curieux : quel enfant choisissait de croquer les bonnes et les jardiniers au travail plutôt que les belles dames et les gentilshommes, ou encore des bouquets et des coupes de fruits ?

Le meilleur moment pour dessiner était la nuit, dans ma chambre à coucher, à la lumière de la bougie, tandis que le reste de la maisonnée dormait à poings fermés. Bien au chaud sous les couvertures, le feu couvert pour la nuit et les courtines closes m'enveloppant dans ce que je m'imaginais être mon petit monde privé. C'était dans ces moments que mon esprit était enfin apaisé, lorsque j'étais enfin à l'abri du regard inquisiteur de ma mère.

J'avais appris à dissimuler mes portraits de domestiques tout au fond de ma collection de croquis, derrière plusieurs feuilles de papier vierge. Un jour, néanmoins, comme je revenais au salon, j'avais trouvé ma mère en train de fouiller parmi mes dessins. Elle avait découvert ceux que j'avais cachés.

Penchée au-dessus des feuilles étalées sur la table, elle avait alors levé la tête, le visage blême de rage et la voix plus glaciale que l'hiver.

— Je ne veux plus jamais voir de pareilles horreurs, vous m'entendez, Jane ? Si vous êtes incapable de dessiner comme une demoiselle convenable…

Sur ces mots, elle avait jeté l'une de mes esquisses au feu, me toisant d'un air triomphant en m'entendant hoqueter de stupeur.

— … il n'est point la peine de dessiner.

Je l'avais regardée, sans voix, impuissante, tandis qu'elle détruisait un à un mes dessins dans la cheminée.

— Hors de ma vue, m'avait-elle ensuite ordonné en retournant à sa broderie.

C'est alors que j'avais remarqué ma sœur, Clara, assise sur le canapé, à l'autre bout de la pièce ; feignant de lire, elle n'était toutefois pas parvenue à contenir un petit sourire satisfait.

J'avais alors compris que je ne serais jamais l'une d'eux, que je ne le désirais d'ailleurs point. Toutes deux, de même que mon frère, étaient drapées dans leur petit monde de suffisance et d'orgueil. Mon père était le seul qui se soucie réellement de moi, mais lui aussi cherchait à les fuir, se réfugiant la plupart du temps dans son atelier ou sortant régler les affaires du domaine. Comme j'aurais aimé passer mes journées en sa compagnie ! Mais j'étais confinée à la maison, contrainte d'apprendre les manières d'une

« demoiselle convenable », ainsi que le disait toujours ma mère. En vain, cela va sans dire.

Un jour, m'étais-je juré, je m'affranchirai de ce carcan que l'on m'imposait. Et j'avais failli réussir, car je voyais mon mariage avec Edgeworth comme la porte de sortie dont j'avais toujours rêvé. Grâce à lui, je n'aurais pas à me contenter de l'un de ces imbéciles insupportables que ma mère s'obstinait à m'infliger. En lui, j'avais enfin trouvé un compagnon qui me ressemble, que ce soit par son esprit ou ses manières.

Et tout avait volé en éclats. Même si je suis à présent plus libre que je ne l'aurais jamais imaginé.

Je tourne les pages du carnet jusqu'à trouver une page blanche. Puis, à l'aide d'un crayon déniché dans les profondeurs de mon sac à main, j'entame un croquis. Il y a des années que je n'ai pas tenu un crayon entre mes doigts, ma mère ayant oblitéré en moi tout désir de dessiner en moquant et en brûlant mes esquisses. J'avais presque oublié comme j'aimais cet exercice. Jusqu'à ce que je trouve ce volume.

Un visage apparaît sous mon crayon. Un visage de femme. Je trace le contour de ses yeux en amande étirés vers le haut, ses traits qui combinent beauté enfantine et gravité féminine. J'ignore pourquoi, mais je me surprends à dessiner la femme qui me dévisageait hier avec une telle intensité qu'elle a bien failli me faire perdre contenance et, par conséquent, a particulièrement marqué ma mémoire.

Je peux difficilement juger de la ressemblance de mon portrait ; toutefois dessiner de nouveau est presque un soulagement, qu'importe le sujet. Une libération en quelque sorte. Il est étrange de voir ces mains qui ne sont pas les miennes, plus potelées, plus larges et plus fortes, tenir le crayon. Pourtant celui-ci trouve parfaitement sa place entre les doigts de Courtney, peut-être même avec plus de naturel encore qu'entre les miens. Peut-être aurais-je un plus grand talent pour cet art si je n'avais abandonné si jeune. Ah ! En tout cas, je suis heureuse que Courtney ait visiblement persévéré.

Absorbée par mon dessin, c'est à peine si je perçois le tintement de la clochette annonçant l'arrivée d'un nouveau client, dans un coin de mon esprit. Ce n'est que lorsqu'il se plante devant le comptoir que je relève la tête et découvre Wes. Ses yeux brillent derrière ses lunettes ; ses boucles sont humides, comme s'il venait de sortir de la douche. Le col ouvert de sa chemise blanche impeccablement repassée laisse entrevoir le haut de son torse.

Mon cœur bondit dans ma poitrine. Priant pour que mon trouble passe inaperçu, je referme vivement le carnet.

— Sam m'a dit que tu avais officiellement terminé ta période de formation, alors je me suis dit que j'allais passer te faire un petit coucou. Et t'emmener fêter ça. À moins que tu ne sois occupée, bien sûr.

— Je ne m'attendais pas à te voir avant demain.

— J'ai travaillé toute la nuit, ou presque, pour pouvoir rentrer aujourd'hui.

Collé au comptoir, il tend le cou en direction du carnet de croquis, et l'odeur familière de cédrat m'étourdit les sens.

— Alors, tu serais libre à dîner ?

J'ai soudain la bouche sèche, les paumes moites.

— Un dîner, pourquoi pas ? finis-je par murmurer.

Mon Dieu ! « Pourquoi pas » : une expression tout aussi dénuée de sens à cette époque qu'à la mienne, tant on en abuse.

— Je ne savais pas que tu dessinais, dit-il en tendant la main vers le carnet. Je peux ?

Comme je pousse l'épais volume vers lui, la clochette de la porte tinte une nouvelle fois, et un jeune homme grand et musclé, habillé d'un pantalon coupé aux genoux et d'un haut sans manches, s'approche à grands pas, son visage hâlé fendu d'un large sourire.

— Mec, s'exclame-t-il à l'adresse de Wes en lui offrant son poing fermé, que le jeune homme vient frapper du sien dans une sorte de curieux salut rituel. Le trafic de mon site a explosé depuis que tu as bidouillé mes mots-clés.

Puis il tourne vers moi son sourire éblouissant.

— Courtney, c'est ça ? Je suis Keith.

Il repousse une mèche délavée par le soleil de son front.

— Si tu as envie de filer un peu plus tôt, reprend-il en jetant un coup d'œil entendu en direction de Wes, aucun problème, cool.

Ah. Il doit donc s'agir du Keith dont Sharon m'a parlé avant de s'en aller.

— Enchantée, Keith, dis-je, ayant finalement appris que « Vous me voyez charmée de faire votre connaissance » me valait invariablement un haussement de sourcils. C'est très gentil à toi.

Je suis en effet très impatiente de passer un peu de temps avec Wes. Il me faut cependant d'abord me rafraîchir le visage et me recoiffer. Je dois faire peur à voir après tant d'heures passées à préparer des cafés et à faire mousser du lait.

— Peux-tu me donner quelques minutes ? lui demandé-je.

— Prends ton temps, j'ai de quoi m'occuper, me répond-il en tapotant la couverture du carnet de dessins.

Enfermée dans le petit cabinet de toilette du café, j'observe mon reflet dans le miroir. Ce visage qui n'est pas le mien me semble un peu plus familier chaque jour. Je suis également de plus en plus à l'aise dans cette nouvelle peau, qui me facilite grandement la tâche quand il s'agit de dire ou de faire des choses que je n'aurais jamais osé faire dans la mienne.

Comme peindre mes lèvres à l'aide d'un bâton de couleur rose scintillant trouvé au fond de mon sac. Ayant enfin surmonté mon appréhension de braver les interdits qui m'étaient imposés depuis toujours, j'ai appris à apprécier l'arsenal de cosmétiques dont dispose Courtney. Ma mère faisait au quotidien un usage libéral de fard, mais mettait un point d'honneur à assurer à ses amis que ses joues roses étaient un don de la nature. Dans le monde moderne, en revanche, les produits cosmétiques font l'objet de publicité et se portent ouvertement. Je ne compte plus les fois où j'ai vu des femmes de tous âges tirer un petit miroir de leur sac afin d'appliquer une touche de fard à lèvres ou de poudre à leur visage, que ce soit à table, en public, ou dans leur voiture tout en conduisant.

J'asperge le reste de mon visage d'eau fraîche, puis me sèche à l'aide de quelques serviettes de papier. À l'inverse de mes joues autrefois si pâles et ternes, celles-ci sont pleines de vie. Il ne me reste plus qu'à passer une brosse dans mes cheveux.

Oh, et pourquoi pas une touche de parfum ? Prise d'une quinte de toux, j'ouvre la minuscule fenêtre. Je lance un dernier regard à mon reflet dans le miroir et espère ne pas avoir abusé de la fragrance. Mon but est d'avoir l'air frais et de sentir bon, pas de me dissimuler sous un tas d'artifices. Je rejoins Wes, assis à une petite table près de la fenêtre. À mon approche, il redresse la tête, un grand sourire aux lèvres.

— Court'. C'est magnifique ! s'exclame-t-il en feuilletant les pages du livre. Tu m'avais caché ce talent !

N'étant pas l'auteure du croquis qu'il admire, je me contente de sourire et de baisser la tête. Quelle parfaite menteuse je suis devenue !

Soudain, Wes pousse un juron. Il a sans le faire exprès renversé sa bouteille d'eau minérale, mouillant le bas du livre, ouvert à la page de mon dessin de la jeune inconnue. Wes bondit de sa chaise afin d'esquiver l'eau qui ruisselle du bord de la table.

— Ce n'est rien, dis-je en courant chercher sur le comptoir un tas de serviettes en papier, avec lesquelles j'éponge le gros du liquide. Ce n'est que de l'eau, cela séchera vite.

Je sèche ensuite l'esquisse, le regard plongé dans celui de la jeune femme que j'ai voulu représenter.

— Courtney, je suis désolé…, gémit Wes.

« Courtney, je suis désolé… » Ces mots… Les mots exacts qu'il avait prononcés dans cette boutique sur Vermont Avenue. Il s'agit d'un autre souvenir, cette fois encore, ce n'est pas le mien, mais je le ressens pourtant comme tel. Elle est là, elle aussi, la femme de mon dessin ; là, plantée non loin. C'est la première fois que je la vois, mais elle me dévisage de la même manière qu'elle m'a dévisagée au café ainsi qu'au club. Elle me dévisage parce que Wes lui a brusquement lâché la main en m'apercevant. Il l'a laissée en plan pour me rejoindre, comme s'il avait oublié jusqu'à son existence.

— Courtney, répète-t-il d'un ton plaintif, je suis désolé…

— Laisse tomber, dis-je en me précipitant vers la porte de sortie.

Comment ose-t-il encore m'adresser la parole ? Il avait eu sa chance lorsqu'il avait appris que Frank voyait une autre femme. Wes, mon ami le plus proche, m'a trahie. Et, à voir la tête de la jeune femme qu'il vient d'abandonner sur place, je ne suis pas la seule à qui il ait fait du mal.

— Courtney ?

Sa voix me ramène dans le présent. Je presse le tampon de serviettes de papier sur la partie basse de mon dessin, mais le visage demeure intact, et ses yeux me toisent avec la même intensité glaciale que le modèle original du croquis la veille.

À cet instant, je comprends que je me suis voilé la face depuis le début à propos de Wes. Je voulais croire qu'il y avait eu une méprise quelque part, une bonne raison qui l'ait poussé à garder le secret.

Mais j'avais tort.

Comment ai-je pu être aussi naïve ? Pourquoi n'ai-je pas voulu écouter Anna et Paula ? Pourquoi ai-je cru ne serait-ce qu'un instant pouvoir être attirée par un homme qui ne soit pas fourbe et menteur ? Non seulement il m'avait menti – enfin, à Courtney – à propos de Frank, mais il avait fait preuve d'un comportement des plus irrespectueux envers une jeune dame sous mes yeux ; cette femme dont il tenait la main, qui était avec lui sur la photo, et qui était probablement sa… fiancée ? Petite amie ? Oh, comme je hais ce mot absurde ! Il ne fait aucun doute que celle-ci m'en veut beaucoup, à voir les regards dont elle m'a gratifiée hier au café. Et l'autre soir au club. Je comprends mieux pourquoi elle nous observait.

Il avait dû la rejoindre dès que Deepa et moi avions tourné le dos.

— Courtney ?

Il me suit, me crie de revenir, mais je ne veux rien entendre ; il me faut m'éloigner le plus possible de cet homme.

— Courtney, je t'en prie !

Et dire que je commençais à développer un certain attachement envers cet homme. Les échoppes et les immeubles se fondent en un mur trouble alors que je fuis à toutes jambes, le bruit de ma respiration laborieuse résonnant à mes tympans. Je suis presque aveugle à tout ce qui m'entoure. Je ne vois plus que Wes, ses yeux, le regard bleu-gris humide de larmes qu'il avait posé sur moi dans la boutique ce jour-là ; et je m'étais enfuie, j'avais fui la peine dans ses yeux, me forçant à penser à autre chose, n'importe quoi, sur le trajet du retour, puis dans la cuisine, où je m'étais mise en quête de quelque chose à manger, de quelque chose pour me distraire. Mais mes pensées revenaient toujours à ces yeux, à la souffrance qu'ils exprimaient, au contact de sa main sur mon épaule, au parfum de cédrat sur sa peau… Soudain, prise de vertiges, j'avais dû m'agripper à la table de la cuisine.

Car ce n'était pas Frank que j'aimais. C'était Wes.

Je le vois, à présent, comme une évidence, même si Courtney elle-même en avait été incapable. Je comprends alors ce qu'elle noyait dans la vodka et le chagrin, ce qu'elle enfouissait dans les pages d'*Orgueil et Préjugés*.

Et, de nouveau, le souvenir me submerge. Je suis dans l'appartement, le lendemain matin, et je suis malade d'avoir trop bu, ma tête est lourde tandis que je descends dans la rue. Les images se mélangent, floues : je conduis, le soleil me fait mal aux yeux, je me traîne au travail, puis entre dans un immense bain public – une « piscine ». Je nage, mes bras fendent l'eau fraîche et claire, je bats frénétiquement des jambes. Puis je me tiens debout au bord du bassin, grelottante d'épuisement, et plonge. Soudain, je suis allongée sur le sol, à quelques pas de la piscine. D'autres nageurs m'encerclent, la mine inquiète. Le ruban du bonnet ajusté de la plus vieille d'entre eux, une femme squelettique, goutte sur ma joue droite à un rythme régulier. Le « plic-ploc » de l'eau est hypnotique et me berce tel un métronome ; je ferme les yeux et me laisse aller à la musique des gouttes. J'entends alors sa voix, comme pour la première fois. La voix de Wes, qui m'cxplique que je me suis cogné la tête au fond du bassin en plongeant, mais que tout va bien, je peux ouvrir les yeux. Comme il est étrange que Wes soit à mes côtés sur le bord de la piscine pour me réconforter. Sauf que je ne suis plus sur le bord de la piscine.

— Tu es aux urgences, poursuit-il en me prenant la main. Mais tout va bien, ne t'inquiète pas.

— Courtney ?

La voix de Wes résonne dans le présent. J'ai arrêté de courir ; je suis à présent appuyée contre le muret devant chez moi, la respiration hachée après l'effort fourni.

— Que se passe-t-il ? Pourquoi t'es-tu enfuie ?

Il tient entre les mains le carnet de croquis, ouvert au portrait de la femme.

Je laisse mes yeux courir un instant sur le dessin, puis relève la tête et croise le regard de Wes.

— Je me suis souvenue. Je voulais vraiment croire que tu avais une bonne raison de ne rien me dire à propos de Frank. D'aller jusqu'à accepter de mentir pour lui. Mais désormais je sais qu'il n'y a aucune excuse à ce que tu as fait.

Fermant les yeux un court moment, il laisse échapper un soupir tremblotant.

— Je n'ai jamais voulu te faire de mal, Courtney.

Je désigne l'esquisse.

— Et elle, Wes ? Que lui as-tu fait ? Lui as-tu menti comme tu m'as menti à moi ?

— Je lui ai dit que je ne voulais rien de sérieux. Elle m'a répondu que je n'étais de toute façon pas le genre de type dont elle pourrait tomber amoureuse. Trop gentil. Elle voulait seulement s'amuser un peu.

Je revois le visage de la jeune femme, la peine dans ses yeux quand il lui a lâché la main et l'a abandonnée au milieu du magasin.

— Elle n'avait pas l'air de s'amuser beaucoup, ce jour-là. Pas plus qu'hier, au café.

Une lueur qui ressemble fort à de la crainte traverse ses prunelles.

—Tu as vu Morgan ?

—Je n'arrivais pas à me rappeler où je l'avais déjà vue, mis à part à *L'Éveil*, et puis j'ai fini par m'en souvenir…

—Courtney, peut-être pouvons-nous au moins aller discuter de cela à l'intérieur ?

—Non, je n'ai rien de plus à te dire.

—Moi, il faut que je te parle.

Ces mots se répercutent à l'infini dans ma tête : « Il faut que je te parle. » C'étaient précisément les mots qu'il avait employés ce jour-là, alors que je tentais de mettre le plus de distance possible entre lui et moi. Comme ce soir.

—Je n'ai aucun désir de t'entendre me raconter le mal que tu as infligé à cette jeune demoiselle.

Il continue de me suivre dans l'escalier.

—Courtney, est-ce que tu pourrais me laisser m'expliquer, pour une fois ?

Faisant halte, je me retourne pour lui faire face.

—Cette pauvre jeune fille. Les gens de votre sexe n'ont-ils donc aucune constance ?

Mes propres mots me font rougir jusqu'aux cheveux.

—Tu es injuste. Comment étais-je censé savoir qu'elle voudrait…

Il baisse les yeux sur ses chaussures, comme trop gêné pour continuer.

La souffrance sur son visage au club, puis au café… Alors que Wes avait passé tout son temps libre auprès de moi et avait même dormi sur mon canapé.

— Alors tu l'as abandonnée. Il n'y a rien de plus impardonnable.

— Si tu veux tout savoir, elle était tellement en colère après l'épisode du magasin qu'elle m'a dit qu'elle ne voulait plus jamais me voir.

— Quel autre choix avait-elle, après la manière exécrable dont tu l'as traitée ?

Wes ne vaut-il donc pas mieux que Willoughby qui ose humilier Marianne en public dans *Raison et Sentiments* ?

— Tu devrais faire ce qu'il convient envers cette dame… Morgan.

— C'est-à-dire ?

— Tu ne comprends donc rien ? Pense au capitaine Wentworth.

Wes me dévisage d'un air ahuri.

— *Persuasion* ! De Jane Austen ? Si j'en juge par le regard de cette pauvre fille, ce qui lui est arrivé n'est pas si différent du sort de Louisa. Vois-tu, dans le roman, le capitaine Wentworth doit épouser Louisa Musgrove. Après toute l'attention qu'il lui a portée, c'est ce que la famille de la jeune femme attend de lui. Car, s'il la rejette, le monde pensera que lui ou quelqu'un d'autre a compromis son honneur. Et, même si tu n'as peut-être rien fait pour souiller la réputation de cette demoiselle, conclus-je, rouge comme une pivoine, d'autres pourraient penser que c'est le cas, ce qui ruinerait ses chances de mariage à jamais.

Bouche bée, comme privé de parole, Wes m'observe avec des yeux ronds, puis il finit par secouer la tête.

— Tu crois réellement qu'un homme irait penser qu'une femme est souillée parce que lui, ou quelqu'un d'autre, a couché avec elle ? C'est complètement préhistorique comme point de vue !

Ainsi, il s'avère qu'il est bien comme Willoughby. Ainsi qu'Edgeworth. Et que Frank.

— Si j'ai tort, peux-tu m'expliquer pourquoi des femmes produisent des manuels de convenances – pardon, des « ouvrages de développement personnel » – dans lesquels elles se lamentent du comportement des hommes, qui se contentent généralement de les séduire puis de les abandonner ? Si cela n'est pas la preuve que rien n'a beaucoup changé depuis mon époque…

— Ton époque ?

— Oublie, cela n'a aucune importance.

— Ça a de l'importance pour moi, figure-toi. Parce qu'aussi fort que tu te sois cogné la tête et aussi souvent que tu aimes à te plonger dans ces bouquins que tu adores, tu ne viens pas d'un autre temps, Courtney. Et aucun homme n'attend de sa future épouse qu'elle soit immaculée. À l'époque de nos grands-parents, peut-être, mais même ça, j'en doute ! La contraception a totalement changé la donne.

— Ce n'est pas l'impression que j'en ai.

— Oh, donc je suppose qu'on n'a qu'à oublier que les mouvements d'émancipation des femmes ont jamais existé.

— L'émancipation de quoi ? Du respect de soi ?

— C'est la première fois que je t'entends tenir de tels propos, Courtney. Moi qui te croyais féministe…

— Si cela signifie que je défends mon sexe contre les intrigants de ton espèce, alors, oui, je suppose que je suis féministe.

— Courtney…, s'adoucit-il, essayant de me prendre la main. C'est du grand n'importe quoi. Tu ne veux pas qu'on entre pour en discuter au calme ?

Je retire vivement ma main.

— J'aimerais être seule.

Il m'emboîte cependant le pas tandis que je me retourne et gravis les dernières marches conduisant à mon appartement. Mes mains tremblent si fort que je ne parviens d'abord pas à enfiler la clé dans la serrure.

— Tu sais pourquoi j'ai dit à Morgan que je ne voulais pas m'engager dans une relation sérieuse ?

Je fais volte-face et croise son regard, si intense. Il fait mine de tendre la main vers ma joue, mais je recule promptement.

— Non. Je refuse de croire un mot qui sorte de ta bouche.

— C'est à cause de toi, crache-t-il avec peine.

— Je ne veux rien entendre. Ce ne sont que des mensonges.

Oh, cette fichue serrure ! Il faut absolument que je lui échappe.

—Je te saurais gré de t'enlever de mon chemin, merci.

—Je me fiche de savoir combien d'hommes a connus une femme dans sa vie. Mais aucun homme digne de ce nom ne supporterait de voir la femme qu'il aime ramper aux pieds d'un type comme Frank. Qu'elle ait si peu d'estime pour elle-même au point d'envisager de passer le reste de son existence avec lui, pensant qu'elle ne mérite pas mieux. Alors qu'il n'y a rien de plus faux.

—Tu n'as aucun droit de…

—Courtney, quand j'ai rencontré Morgan, tu ne me parlais déjà plus. Tu refusais de me voir. Tu ne daignais même pas rappeler.

—Tout ce que je sais, c'est que les hommes désirent toujours ce qu'on leur refuse. Et, dès qu'ils l'obtiennent, l'objet de leur désir perd soudain toute sa valeur.

—Tu ne sais même pas de quoi tu parles.

—Veux-tu bien t'écarter, je te prie, ou as-tu une bonne fois pour toutes oublié tes manières ?

—Courtney, je…

Il se presse contre le mur de l'escalier afin de me laisser redescendre les marches quatre à quatre.

—Laisse-moi te raccompagner au café pour que tu puisses récupérer ta voiture, me crie-t-il dans la rue.

Ma voiture.

Clés à la main, je me précipite alors en direction du véhicule marron qui m'appartient, referme la porte afin d'empêcher Wes de monter, mets le contact et engage sans effort l'engin dans la rue. Aux feux je tourne à droite, puis roule sans bruit le long de la rue illuminée, en compagnie de dizaines d'autres voitures. Je conduis toute seule, simplement et sans problème, mes mains et mes pieds effectuant tous les mouvements nécessaires sans que j'aie à y penser. Une sensation de calme et de paix m'envahit alors, et je poursuis ma route dans une rue qui m'est à la fois étrangère et familière. Je n'arrive plus à réfléchir, je n'arrive plus à m'interroger, je n'arrive plus à m'arrêter. Je roule.

Chapitre 25

Je finis par échouer sur une route sinueuse et vallonnée qu'il me semble connaître. Je m'en souviens instinctivement, comme je me suis souvenue des rues de la ville en contrebas. À mesure que je grimpe dans les collines, je sens la tension se relâcher dans mes épaules. Je m'élève doucement au-dessus de mes soucis, je les laisse derrière moi. Bientôt, je quitte la route pour aller me garer sur un petit promontoire aménagé au sommet d'une falaise surplombant la ville. Mon corps et mes sens perçoivent ce lieu comme un lieu de refuge. Et je sais aussitôt que j'y suis venue de nombreuses fois. Je sors dans la nuit immobile et vais m'asseoir sur le capot pour admirer la ville parée de mille lumières, étincelant de promesses et de secrets à mes pieds.

Mais ces promesses ne me concernent pas. Et ces secrets demeureront pour moi impénétrables.

Car je n'appartiens pas à ce monde. Je ne puis faire partie d'un monde qui ne respecte aucune règle, mais en comporte néanmoins trop pour que je m'y retrouve. Je ne puis faire partie d'un monde où la personne qui m'était la plus chère se révèle être tout sauf ce que je croyais.

Wes avait choisi de protéger Frank plutôt que de me protéger moi. Il avait attiré une jeune femme dans sa couche, pour ensuite l'abandonner. Et il avait une opinion affreusement basse de ma personne.

« Aucun homme digne de ce nom, a-t-il proclamé, ne supporterait de voir une femme ramper aux pieds d'un type comme Frank. »

Rarement me suis-je sentie aussi humiliée. Car il me pense en effet aussi compromise que je ne le craignais. Et moi qui avais commencé à croire qu'il avait de réels sentiments pour moi…

« Il y a fort à faire, ici, avait expliqué la diseuse de bonne aventure. Regardez l'état de l'existence dont vous avez hérité. »

Si je me suis trouvée projetée dans cette vie pour y réparer ce qui n'allait pas, j'ai lamentablement échoué. Car je suis aussi maudite en amour ici qu'en mon temps.

Comment pourrais-je de nouveau lui faire face ?

Je sais alors où je souhaite plus que tout aller. Et je prie pour que quelqu'un puisse m'y amener.

Vingt minutes plus tard, je suis devant *L'Éveil*.

Je gare la voiture – je suis étonnamment douée pour manœuvrer le véhicule, tant que je ne réfléchis pas à ce que je fais –, puis, comme je m'élance dans la cohue de jeunes hommes et femmes à l'enthousiasme débordant, je ne peux m'empêcher de comparer ma réaction initiale à leurs coiffure, bijoux et manière de s'habiller, au détachement que cela m'inspire à présent. Je donne mon nom à l'homme massif qui garde la porte ; il porte un haut ajusté noir, sa chevelure blonde coupée court est zébrée de mauve, et son air concentré tandis qu'il parcourt la liste se transforme bientôt en un sourire poli.

— Je ferai savoir à Deepa que vous êtes arrivée, dit-il en me faisant signe d'entrer.

Je me fraie un passage jusqu'au bar ; je meurs de soif, il me faut un verre. Le volume assourdissant de la musique oblitère mes sens, quand, soudain, les paroles du chanteur attirent mon attention : … *Autrefois, ils étaient tout l'un pour l'autre : maintenant plus rien ! Des étrangers l'un pour l'autre…*

Ces mots ne me sont pas inconnus… Mais bien sûr : je les ai lus hier soir même. Ils sont tirés de *Persuasion*.

Tandis que je m'émerveille du fait qu'un chanteur tire ses paroles d'un roman que je suis en train de lire, une tape sur l'épaule m'incite à me retourner, et derrière moi se trouve Deepa.

— Ma chérie !

Elle m'embrasse sur chaque joue, puis hurle à mon oreille, par-dessus la musique :

— Je crois que seuls les vrais Janeites sont à même de vraiment comprendre cette chanson !

Janeite… Quel nom charmant.

Je suis si heureuse de la revoir que je la serre dans mes bras. Mon amie Janeite me retourne l'étreinte, puis s'écarte et m'étudie un moment.

— Qu'y a-t-il ? Tu as une sale tête.

Je sens alors les larmes me monter aux yeux et, incapable de former le moindre mot, je secoue la tête.

— Viens.

Elle m'attrape la main et me guide à travers la foule. Nous passons devant l'orchestre, puis gagnons un petit passage conduisant aux toilettes pour dames. Là, les sons nous parviennent comme étouffés.

— Un peu d'eau fraîche sur le visage devrait te faire du bien.

Je contemple le reflet de ce visage qui est devenu le mien, et il est vrai que je fais peur à voir. Mes cheveux ne ressemblent plus à rien après ma course effrénée dans les rues moites et mon trajet en voiture toutes vitres ouvertes. Mes joues sont luisantes et marbrées de rouge tant j'ai chaud. Le dos de ma chemise est trempé de sueur, et j'imagine qu'il doit également sentir.

— J'ai un tee-shirt de rechange dans mon sac, déclare Deepa. J'en prévois toujours un, au cas où je me renverserais quelque chose dessus. Ou des fois que quelqu'un s'en chargerait pour moi. Ce qui n'est pas rare, dit-elle en souriant. Si tu veux, je peux aller te le chercher. Avec un cocktail dont j'ai le secret en prime. Qu'est-ce que tu en dis ?

Je hoche la tête, les yeux emplis de larmes.

— Ne t'inquiète pas, reprend-elle. Pleure un bon coup, ça ira mieux après, d'accord ? Ensuite, tu pourras me dire ce qui t'a mise dans cet état, si tu en as envie.

Une fois seule, j'entreprends de me laver le visage, le cou et les aisselles au lavabo. Cela ne vaut pas une bonne douche à la maison, mais c'est tout de même plus pratique que le broc et la cuvette du manoir Mansfield.

Lorsque enfin Deepa est de retour avec un tee-shirt blanc immaculé, une petite serviette blanche et un breuvage rosé, j'ai retrouvé figure humaine et me sens déjà mille fois mieux. La remerciant, je me sèche à l'aide de la serviette, puis troque mon vêtement souillé contre celui qu'elle m'a apporté, qui me va comme un gant et est tout à fait ravissant. Je goûte le breuvage framboise-citron, qui me semble également contenir de la vodka, me passe un peigne dans les cheveux, puis fouille dans mon sac à la recherche d'un peu de maquillage. Enfin, je me sens de nouveau un peu plus présentable.

Appuyée contre le mur, Deepa m'observe dans le miroir.

— Tu veux me raconter ?

Je soupire.

— Je ne saurais pas par où commencer.

— Je comprends. Peut-être y a-t-il quelqu'un d'autre à qui tu aimerais parler ?

Mon cœur bondit dans ma poitrine.

— Est-elle là ?

— Aucune idée, répond Deepa avec un haussement d'épaules. Mais il n'y a qu'un seul moyen de le découvrir.

Je réponds à son regard interrogateur par un hochement de tête, et elle me reprend la main. Après être de nouveau passées devant l'orchestre, nous pénétrons dans un autre couloir. Franchissant une dernière porte, je reconnais le passage mal éclairé où elle m'avait menée la première fois, et mon cœur s'emballe.

— Je suis là si tu as besoin de moi, plus tard.

Après m'avoir déposé un baiser sur la joue, elle fait demi-tour, mais je la rattrape et l'attire conte mon cœur.

— Merci pour tout, Deepa. Ton amitié m'aura été très précieuse.

Elle me regarde, sourcils froncés.

— « T'aura été » ? Je ne suis pas certaine d'aimer cette formule. Tu es sûre que ça va aller ?

— Elle m'est très précieuse, corrigé-je, les yeux baissés, incapable de soutenir son regard perplexe.

Elle me considère encore quelques instants de ses grands yeux marron, puis esquisse un petit sourire.

— N'oublie pas de passer me dire au revoir avant de partir.

Sur quoi elle disparaît, me laissant seule et frissonnante. Car mon futur dépend de la mystérieuse dame, de sa présence au club, ce soir, et j'ignore totalement si je la trouverai derrière la porte au bout du corridor, ou non.

Et si elle est là ? Tout reposera sur sa capacité, ou sa volonté, à m'aider.

Pas un bruit ne filtre de l'intérieur, le mince espace sous la porte ne laisse entrevoir aucune lumière. J'applique mon oreille contre le battant, mais ne distingue toujours aucun son ; tout ce que j'entends, c'est la musique étouffée du club.

Je frappe doucement à la porte ; pas de réponse. J'appuie ma joue contre le battant, m'efforçant de calmer ma respiration anarchique, puis frappe de nouveau.

Lorsque je tourne la poignée, la porte ne résiste pas. Le réduit est plongé dans le noir ; je n'y vois rien.

— Il y a quelqu'un ?

Je me retourne, mais ne retrouve plus la porte, que je pensais avoir laissée ouverte ; il n'y a que les ténèbres. Je tends les mains devant moi, mais je ne rencontre aucun obstacle, je suis seule dans le noir et le néant.

— Hé ho, il y a quelqu'un ?

Tout à coup, mes doigts frôlent un rideau de toile grossière ; tâtonnant tout du long, je finis par découvrir une ouverture, par laquelle je me glisse. Soudain, l'obscurité laisse place à une lumière blanche aveuglante.

Je ne distingue rien d'autre que le blanc éclatant.

— Hé ho, que se passe-t-il ? Êtes-vous là ?

Petit à petit, des silhouettes indistinctes apparaissent, ainsi qu'une odeur familière de terre, de cheval et d'habits méritant d'être lavés, mélangée à des effluves de parfums, de bière et de pain d'épices. Les formes se précisent peu à peu, révélant des gens, des animaux de trait, des tentes, des marchands ambulants, ainsi que des gentilshommes et des dames, des fermiers, des ouvriers et des enfants, tous se promenant, flânant ou courant en tous sens avec bonheur.

J'ai quitté ce monde étrange où je m'étais réveillée, ce corps, cette époque qui n'étaient pas les miens.

Je suis de nouveau moi-même, à la fête du village. La fameuse fête du village, celle où j'avais rencontré la diseuse de bonne aventure... Dieu merci, je suis de retour !

Chapitre 26

Je sens le bras de Mary enroulé autour du mien et souris à mon amie. Les bords de tout ce qui nous entoure semblent scintiller et osciller curieusement, comme si j'observais le reflet de la scène dans une mare. Comme dans un rêve, j'anticipe chaque mot que s'apprête à prononcer Mary de sa voix grave et rauque, que j'aime tant.

— Et si nous essayions, Jane ? me dit-elle. Oh, comme il serait amusant de nous faire prédire notre avenir !

Nous nous dirigeons vers la tente de toile brune de la diseuse de bonne aventure, cette tente où je m'étais assise ce jour-là, il y a une éternité, me semble-t-il.

— Voulez-vous que je vous accompagne ou préférez-vous que je vous attende ici ? me demande-t-elle.

Je lui fais alors la même réponse que la première fois :

— Verriez-vous un inconvénient à me laisser y entrer seule ?

Elle rit, me gratifiant d'un petit coup d'éventail joueur.

— Bien sûr que non, nigaude !

Soulevant le rabat, je pénètre à l'intérieur de la tente et suis assaillie par le même parfum de rose. La vieille femme est bien là, vêtue d'une robe noire simple mais à la coupe élégante, un châle à franges jeté sur les épaules. Elle m'accueille d'un bref signe de tête et m'invite à m'asseoir d'un geste de la main.

— En quoi puis-je vous aider, aujourd'hui ? s'enquiert-elle.

Je voudrais répondre, mais pas de la même manière que la première fois, car je ne désire aucunement revivre cette expérience. Et, bien que je sois de retour chez moi, à mon époque – ce pour quoi j'avais prié de tout mon cœur, assise sur le capot de ma voiture, en haut de la colline –, je ne souhaite pas retracer le moindre de mes pas. J'ai bien l'intention d'aller de l'avant. J'ouvre la bouche pour l'affirmer tout haut, mais les mots ne sortent pas.

Je souhaite demeurer ici, à l'époque et dans le pays qui m'ont vue grandir, dis-je alors en esprit, comme si la vieille femme au visage impassible pouvait m'entendre. *Néanmoins, je ne veux pas reproduire les mêmes erreurs.*

J'ai alors la surprise d'entendre la voix de la diseuse de bonne aventure résonner à son tour dans ma tête.

—*Ah, mais c'est pourtant le prix à payer.*

—*Ne pourrais-je donc pas m'éveiller dans mon propre lit, dans le Somerset, à la suite de ma chute ?*

— *Cela fut le privilège de Courtney Stone. En revenant en arrière, tout ce qui vous serait possible serait de revivre une nouvelle fois tout ce qui s'est passé.*

—Mais, sachant ce que je sais à présent, je ne souhaiterais jamais connaître une autre vie. Je ne prendrais pas Belle, ce jour-là. Je ferais les choses différemment !

—Mais ne voyez-vous pas que si vous n'étiez pas partie à cheval, vous ne seriez jamais tombée, et tout ce que vous avez vu, fait et appris de l'avenir, toutes les personnes que vous avez rencontrées, à qui vous vous êtes attachée, seraient ainsi effacées de votre mémoire…

Je flâne de nouveau au milieu des attractions de la fête, au bras de Mary, et sens soudain comme de lourds rideaux se refermer dans mon esprit. Derrière, disparaissant un à un jusqu'à ce qu'il ne reste plus que les ténèbres poussiéreuses et le vide, je vois Deepa, Paula, Anna, Frank, les rues de cette ville extraordinaire, les hauts palmiers et les avions, les films, tout ce que j'ai vu, que j'ai connu, et même Wes. Oui, Wes. Tous s'évanouissent tels des spectres de poussière dans le néant, tandis qu'à mes côtés Mary poursuit la discussion de sa voix profonde. Ma propre voix résonne dans mon esprit : *Non ! Non ! Je veux me souvenir !* Mais cela aussi se fond graduellement dans le brouhaha étouffé de la foule, la mélodie de la flûte et les rires des enfants, jusqu'à ne plus représenter qu'une vague préoccupation au fin fond de mon esprit, comme quelque chose que l'on sait avoir oublié de faire, mais dont on ne se souvient plus. Puis même ce sentiment disparaît tout à fait…

—Et, s'il n'y a aucun souvenir, rien ne change…

Je suis de retour dans la tente, face au regard plein de compassion de l'extralucide.

— *Mais je n'ai pas ma place dans cet étrange monde du futur*, lui réponds-je en esprit.

— Dans ce cas, dites-moi. Si je possédais le pouvoir de vous ramener à ce que vous appelez votre époque et que vous ayez la possibilité de faire des choix différents, dit-elle, à haute voix cette fois, alors que la fête du village s'évapore et que je me trouve de nouveau dans le noir absolu, quitteriez-vous ce monde avant d'avoir terminé ce que vous avez commencé ?

— Je ne comprends pas.

— Dois-je vous l'expliquer moi-même ?

— Pourriez-vous d'abord vous montrer, je vous prie ?

— Où souhaitez-vous me voir ?

— Dans la réserve du club de Deepa, si vous n'y voyez aucun inconvénient. J'aimerais pouvoir vous parler sans être entravée par le poids du passé.

Me voilà donc de retour avec elle dans le réduit, mais c'est sous la forme de la jeune femme à la robe de mousseline et aux boucles brunes encadrant son joli visage qu'elle m'apparaît. Assise à sa petite table, elle m'offre le thé, ses yeux dorés pleins de gentillesse.

— Cela vous fera du bien, Miss Mansfield, déclare-t-elle.

Un feu brûle joyeusement dans la cheminée de marbre derrière elle, en dépit du fait que l'été batte son plein.

— Sommes-nous réellement de retour au club ?

— Quelle importance, chère demoiselle ? De plus, je suis d'avis qu'il n'y a pas plus réconfortant qu'un feu de bois.

— Que vouliez-vous dire par « terminer ce que j'ai commencé » ?

— Rappelez-vous tous les changements positifs que vous avez apportés à la vie de Courtney. Par exemple, elle n'aurait sans doute jamais quitté son emploi d'assistante auprès de David, ainsi que vous l'avez fait. Il est aussi très probable qu'elle se serait laissé aisément attendrir par les excuses de Frank et serait en ce moment même en train de se préparer à emménager avec lui.

— Mais qu'en est-il de ma vie ?

— Oh, vous avez laissé derrière vous un sacré désordre, jugeant à tort et à travers, comme à votre habitude, agissant avec la certitude de détenir la vérité alors que vous ne savez rien à rien, décidant d'aller à l'encontre de mes avertissements et de faire une sortie à cheval, causant un chagrin indicible par vos penchants autodestructeurs… Sans parler de votre tendance à nourrir vos propres illusions en matière de patience, de fidélité et de confiance. Pauvre Courtney, elle a certainement du pain sur la planche.

Muette de stupéfaction pendant un instant, je finis par balbutier :

— Vous voulez parler d'Edgeworth, c'est cela ? C'est moi qui ai été injustement traitée dans cette histoire, et non lui !

— Vraiment ?

La jeune femme me regarde avec calme, ne laissant paraître aucune émotion.

— Vous entendez donc laisser Courtney aux commandes de mon existence. Combien de temps croyez-vous donc qu'il lui faudra pour se laisser séduire par le charme et les manigances d'Edgeworth ? En particulier si elle s'est éveillée avec aussi peu de souvenirs de ma vie que je n'en avais de la sienne ?

— Serait-ce si grave ?

— Il ne mérite en rien sa bonne considération !

— Et de quel droit décidez-vous de ce qu'il mérite ou non ?

— Sous-entendriez-vous qu'il n'était pas aussi coupable qu'il en avait l'air, le jour où je l'ai surpris avec sa propre servante ? Je sais ce que j'ai vu !

— La vérité sera peut-être dévoilée un jour, mais, pour le moment, le passé n'a que peu d'importance. En attendant, vous seriez bien avisée de vous remémorer les paroles de votre héroïne favorite : « Ceux qui ne changent jamais d'opinion doivent naturellement veiller à juger du premier coup sans se tromper. » Même si un homme ayant l'air d'un voleur se révèle en être un, ce n'est pas là toute l'histoire. Il n'y a qu'en se mettant à sa place que l'on pourra comprendre ce qui l'a amené à voler, et découvrir qui il est, pas seulement un voleur. Car nous ne sommes pas qu'un seul trait de notre personnalité, nous sommes des êtres complexes. Vous devriez savoir cela mieux que quiconque.

Elle se met alors à rire, d'un rire haut et clair, mélodieux.

—Allons, allons, reprend-elle. Ne faites pas cette mine triste. Et buvez donc votre thé, cela vous fera du bien, j'en suis sûre.

Je voudrais refuser. Arrêter de me laisser faire, et lutter comme si céder était le pire des déshonneurs. Mais je ne puis résister à son amabilité et à toute la bienveillance qu'elle dégage.

—Alors, très chère, déclare-t-elle en reposant sa tasse. Nous savons toutes deux qu'Edgeworth n'est pas la raison de votre brusque désir de revenir dans le passé.

Je voudrais me défendre, mais mon visage brûle déjà de honte.

—Le mieux est de tout déballer d'un coup, insiste-t-elle avec gentillesse.

—La vérité est que ma réputation est entachée, dis-je. Et aucun homme respectable ne voudra jamais plus me courtiser.

—En êtes-vous bien sûre ?

—Je ne suis plus sûre de rien.

—Voilà la chose la plus sage que vous ayez dite jusqu'ici, rétorque-t-elle en souriant.

Malgré mes efforts, je ne puis m'empêcher de lui sourire en retour. Cependant ce que j'ai à lui avouer ensuite n'invite guère à la plaisanterie.

— Je me suis d'abord dit que c'était Courtney, et non moi, mais je n'en suis à présent plus si certaine… Voyez-vous, je…

Les mots ne veulent pas sortir.

— Prenez votre temps, rien ne presse, très chère.

— Je ressens ces… choses… dans mon corps. Ces… souvenirs, en quelque sorte. Et je trouve cela fort dégradant.

Elle sait ; je le vois dans son regard. Pourtant, je ne ressens aucun jugement, aucune révulsion de sa part.

— Il ne faut pas hésiter, même si c'est difficile, il faut que le pire sorte. Comme pour un arrachage de dent. Plus vite c'est fini, mieux c'est ! dit-elle en souriant de nouveau, m'inondant de sa bienveillance.

— Le pire… Eh bien, ces sensations, ou souvenirs, ou qu'importe, impliquaient Frank, un homme pour qui je n'ai aucun respect. En en faisant l'expérience, j'avais l'impression de ne plus être maîtresse de moi-même. Mais, comme si cette perte de contrôle n'était pas assez humiliante, il m'est arrivé de ressentir la même chose à propos de quelqu'un d'autre. Quelqu'un pour qui j'ai… ou, du moins, avais beaucoup d'estime, jusqu'à ce que je découvre ses… liens intimes avec une autre femme. Une femme qu'il a par la suite abandonnée. Et c'est loin d'être son seul tort : il m'a également menti afin de protéger Frank, alors qu'il savait que celui-ci voyait une autre femme. J'ai d'abord voulu croire que Wes avait une bonne excuse, mais… Oh, Dieu du ciel, je ne sais plus que penser. Je croyais le connaître. Je croyais me connaître moi. J'ai conscience que les choses sont censées avoir changé depuis mon époque, mais je commence à me dire qu'elles ne sont pas aussi différentes que cela.

Elle se penche sur la petite table et me tapote la main d'un geste rassurant.

— Là, là… C'était très courageux de votre part. Et, en récompense, laissez-moi vous dire quelque chose qui devrait grandement vous aider : ces… appelons-les « élans d'attirance » pour Frank sont simplement ce que l'on nomme la « mémoire cellulaire ».

Je médite quelques instants sur le sens de ces mots.

— Comme dans le poème de Cowper, *La Tâche* : « Elle ouvre les cellules où sommeillait la Mémoire » ?

Elle sourit, clairement ravie.

— Excellent, très chère. Toutefois, il y a dans le corps humain bien d'autres cellules que celles qu'évoquait Cowper. Car, lui et ceux de son temps ne soupçonnaient pas combien ces cellules sont minuscules et nombreuses, et pas seulement dans notre cerveau, mais dans tout notre corps. Celui-ci est constitué de milliards de cellules infiniment petites. La science a fait de spectaculaires découvertes depuis cette époque, et l'on sait maintenant que le corps est une prodigieuse machine.

» Ainsi, outre la mémoire de notre cerveau, grâce à laquelle on peut revivre en esprit des scènes de sa vie passée – ou, dans ce cas précis, de la vie passée de Courtney –, il existe une autre mémoire, moins aisément identifiable : celle des cellules, qui se souviennent des expériences du corps, que ce soient les douleurs, les goûts, les odeurs, mais aussi les joies et les peines, les envies et les désirs. C'est pour cette raison que l'on peut s'éveiller d'excellente humeur un jour, puis accablé de tristesse le suivant. Notre corps se rappelle qu'il y a un ou dix ans de cela, nous étions de belle ou de mauvaise humeur. Et il revit cette expérience.

» La clé est d'être conscient que cette mémoire existe, et de savoir que le choix de laisser ces souvenirs derrière nous ou de leur permettre de régir notre présent nous appartient. Lorsque l'on a compris cela, on est à même de se concentrer sur le moment présent et de voir ce que celui-ci a à nous offrir.

Je tente d'intégrer ce nouveau savoir, mais je suis encore un peu perdue.

— Vous voulez dire que j'ai le choix ?

— Bien sûr ! C'est toute la beauté du libre arbitre. Ce n'est pas parce que notre corps éprouve une vague de désir passagère que notre esprit est forcé de suivre.

Je repense aux paroles de Wes.

— Il m'a expliqué que cette demoiselle, Morgan, lui avait dit qu'elle voulait seulement s'amuser.

La diseuse de bonne aventure m'examine avec attention.

— De même que Courtney. Et vous-même, d'ailleurs.

Je me sens de nouveau rougir en repensant aux souvenirs que je conservais de Frank, ainsi qu'au désir que j'avais éprouvé pour Edgeworth.

— Mais j'aimais Edgeworth. Et Courtney aimait Frank.

— Et cela vous élève donc au-dessus de Morgan ? Ne soyez pas si prompte au jugement. Tout comme elle, vous recherchiez le plaisir, et quel mal y a-t-il à cela ? Après tout, le plaisir est l'opposé de la souffrance. Et chacun ne fait-il pas généralement son possible pour éviter de souffrir ?

Je songe alors à James, notre valet, et à la manière dont, folle de chagrin à propos d'Edgeworth, je l'ai embrassé ce soir-là. La jeune dame a parfaitement raison. Pas une seconde je n'ai pensé aux conséquences qu'un tel acte pourrait engendrer pour James. Ou moi-même. Mon unique préoccupation était d'oublier ma peine.

Tout en sirotant son thé, la jeune femme m'observe d'un regard compatissant.

— Les femmes d'aujourd'hui sont tout aussi désireuses de trouver l'homme idéal et de faire un mariage d'amour qu'à notre époque. Mais, comme tant d'autres avant elles, elles craignent que ce ne soit qu'un rêve hors d'atteinte. Aussi se contentent-elles des plaisirs fugaces qu'elles trouvent en chemin et se retrouvent-elles piégées dans un éternel cercle vicieux alternant euphorie et désespoir. La nature humaine n'a guère évolué en deux cents ans. La seule différence entre le monde d'aujourd'hui et le vôtre est que les gens ont désormais beaucoup plus de liberté et d'options. Buvez votre thé, très chère.

Je porte la tasse à mes lèvres et, tandis que je contemple la joyeuse danse des flammes dans l'âtre, je songe que, durant la courte période que j'ai passée au XXIe siècle, j'ai en effet eu la possibilité de faire plus de choix en une journée que dans toute ma vie de fille de gentilhomme. Que cela concerne ma toilette, ce que je faisais de mes journées ou la manière dont je gagnais ma vie. Pourtant, la seule chose que j'avais désormais conscience de désirer plus que tout au monde semblait plus inaccessible que jamais.

Je prends une grande inspiration.

— Vous dites que je n'ai pas fini ce que j'ai commencé, mais que puis-je faire de plus ? J'étais convaincue que Wes était un homme respectable, et il est vrai que j'avais commencé à m'attacher à sa personne.

— C'est indéniable, renchérit mon interlocutrice en souriant.

— Mais que puis-je y faire ? Certes, il dit qu'il avait prévenu cette Morgan qu'il ne désirait pas s'engager, arguant de ses sentiments pour moi, mais n'est-il pas tenu par l'honneur de faire ce qui est juste envers elle ? Et si d'aventure il ne l'était pas, ce qu'il m'a dit ensuite annule nécessairement tout sentiment qu'il ait pu avoir envers moi.

— Vraiment ?

Elle me verse une deuxième tasse de thé et m'encourage à boire. J'obéis et trempe les lèvres dans le breuvage.

— Pourquoi ne pas me confier ce qu'il vous a dit. Précisément.

— Il clame qu'il n'a cure du nombre d'hommes avec lesquels une femme a partagé la couche. Mais qu'aucun homme ne souffrirait de voir une femme ramper aux pieds de quelqu'un comme Frank. Vous voyez ? À ses yeux, je suis pire qu'une moins que rien !

— Êtes-vous certaine que ce sont les termes qu'il a employés ?

— Puisque je vous le dis !

— Buvez votre thé…

J'obtempère. J'ai aussitôt l'impression que mon esprit ralentit.

L'extralucide incline la tête de côté et me lance un sourire aimable.

— Êtes-vous sûre que ce sont ses mots exacts ?

— Eh bien, je…

Soudain, avoir le dernier mot ne me paraît plus si important.

— Il a dit…

Je ferme les yeux afin de me remémorer la scène.

— « Je me fiche de savoir combien d'hommes a connus une femme dans sa vie. Mais aucun homme digne de ce nom ne supporterait de voir la femme qu'il aime ramper aux pieds d'un type comme Frank ! »

Elle hausse les sourcils.

— Quelle femme ?

J'étouffe un hoquet de surprise.

— La femme qu'il aime…

— Qu'a-t-il dit d'autre ?

Je tâche de répéter ses paroles telles qu'il les a prononcées lui-même :

— « Qu'elle ait si peu d'estime pour elle-même au point d'envisager de passer le reste de son existence avec lui, pensant qu'elle ne mérite pas mieux. Alors qu'il n'y a rien de plus faux. »

— Très bien. Et que faut-il retenir de cette phrase ?

— Le peu d'estime de soi ? J'ai cru comprendre au fil de mes lectures que le mot a revêtu un sens quelque peu différent au fil du temps.

— En effet, il ne s'agit plus simplement d'avoir une bonne opinion de soi, mais de respecter ses valeurs et ses convictions profondes, au-delà du visage que l'on présente au monde. Et il est certain qu'une dame choisissant une vie auprès de Frank, ou de quelqu'un comme lui, n'a sans doute que bien peu d'estime pour sa personne. Pour Wes, c'était un déchirement à voir. Donc, oui, c'est une part importante du message, mais pas la plus importante. Soudain, tout se met en place.

— Cela lui faisait du mal qu'elle pense ne pas pouvoir trouver mieux que Frank.

— Et qui est cette mystérieuse « elle » ?

Je souris, débordant d'une indicible joie.

— Moi !

— Vous voyez ? Il y a encore fort à faire.

En effet, il y a à faire. Car je peux trouver mieux que Frank. Pour moi-même. Pour Courtney. Après tout, n'ai-je pas les rênes de sa vie en son absence ? Son bonheur futur, ainsi que le mien, repose entre mes mains. Sauf que…

— Qu'adviendra-t-il de cette demoiselle ? Morgan. Devons-nous l'abandonner à son propre sort ?

— La demoiselle, comme toutes les créatures de son temps, bénéficie d'un libre arbitre bien plus important que si elle avait vécu au XIXe siècle. Et ce libre arbitre implique une certaine responsabilité. Wes l'avait avertie des limites de leur arrangement, et elle a choisi d'accepter. Si elle souffre aujourd'hui, elle mérite toute notre compassion, mais certainement pas que Wes lui sacrifie sa liberté. Sa conduite n'a en rien été déshonorante.

Lorsque je songe à Wes, libre de toutes entraves, le même soulagement qu'Anne dut ressentir en apprenant que le capitaine Wentworth n'était finalement pas contraint d'épouser Louisa Musgrove me submerge.

Toutefois, il reste un point à éclaircir, et non des moindres :

— Que penser de ses mensonges afin de protéger Frank ?

— C'est à lui qu'il faudra poser la question... Bienvenue à l'ère de la communication, très chère. Il n'y a plus à attendre d'être fiancés pour aborder les sujets qui fâchent.

Et s'il parvient à se laver de tout soupçon ? Que se passera-t-il ensuite ? Redeviendrai-je à mon tour pure et sans tâche à ses yeux ? Posant sur moi son regard bienveillant, la jeune femme répond à ces questionnements comme si je les avais formulés tout haut.

— Lorsque vous trouverez l'amour véritable, il vous verra comme son premier, et il en ira de même pour vous. L'amour ne se soucie pas du passé.

Mes yeux s'emplissent de larmes de joie. Tout me serait pardonné. Tout serait effacé.

— Allez de l'avant, dit-elle. Choisissez le présent.

Chapitre 27

Se levant, elle me tend la main.

— J'espère que nos chemins se croiseront de nouveau, Miss Stone.

Miss Stone !

Elle esquisse un sourire malicieux et saisit mes deux mains entre les siennes.

— C'est bien votre nom, n'est-ce pas ?

Je m'esclaffe.

— Oui. J'imagine que ça l'est à présent.

— « Une rose, sous tout autre nom n'en serait pas moins rose », etc., ajoute-t-elle en riant, l'œil étincelant. Allez, maintenant, et menez cette vie au mieux, car c'est la seule qui compte. Personne ne saurait vivre deux vies à la fois ; aussi, ne vous souciez point de celle que vous laissez derrière vous. Allez, filez !

Comme elle me tapote les mains, j'esquisse une révérence.

— Je vous suis redevable à jamais pour cette chance que vous m'offrez.

— Mais oui, mais oui. À présent, voyons ce que vous en faites.

Elle me chasse vers la porte, qui s'est rouverte d'elle-même, semble-t-il. Lorsque je me retourne, la diseuse de bonne aventure a disparu, ainsi que le gai salon, la table, les chaises et l'âtre. Comme lors de notre première rencontre, la pièce est redevenue une sombre remise.

Si je frissonne en regagnant le couloir et en refermant la porte derrière moi, ce n'est pas de froid.

« Voyons ce que vous en faites. » Elle m'avait fait don d'un cadeau inestimable, et c'était à moi de choisir ce que je voulais en faire. « Ce libre arbitre implique une certaine responsabilité », m'a-t-elle prévenue. « Allez de l'avant. Choisissez le présent. »

Que m'avait dit Anna, le premier jour ? « Il ne tient qu'à nous de créer notre propre paradis ici-bas. » Et c'est bien ce que je compte accomplir.

Je me précipite dans le club et me fraie un passage parmi la foule et la musique assourdissante. Deepa est là, accoudée au bar.

— Deepa ! m'écrié-je en l'étreignant de toutes mes forces.

— J'ai cru que tu allais m'étouffer, s'exclame-t-elle en riant quand je la relâche enfin.

Elle me considère quelques instants avant de me décocher un sourire ravi.

— Tu m'as tout l'air d'une femme nouvelle.

Je ris.

— En effet : je suis une femme nouvelle ! Et c'est sans le moindre doute la meilleure chose qui me soit jamais arrivée ! Je dois filer... Merci pour tout, Deepa !

Je quitte le club à toute vitesse et rejoins ma voiture. Je tire mon portable de mon sac et appelle Wes.

La sonnerie résonne à l'autre bout du fil. Grand Dieu, que vais-je lui dire ? Je n'ai encore jamais été dans une telle situation. *Tout va bien se passer. Rappelle-toi ce que la dame t'a dit à propos de l'ère de la communication.*

La sonnerie s'interrompt brusquement.

— Courtney ? fait la voix de Wes à mon oreille. Courtney, c'est toi ?

— Oui, je... Wes, j'aimerais te parler et... verrais-tu un inconvénient à...

— Dieu merci, souffle-t-il, soulagé. Je serai là dans cinq minutes.

— Non, je préfère venir chez toi.

Le trajet à emprunter m'apparaît soudain en esprit, avec, au bout, sa demeure, dont je me souviens en détail, bien que je n'y sois jamais allée moi-même. La mémoire cellulaire.

— Ce soir ?

— Tout de suite, si ça ne t'ennuie pas.

Quelle petite effrontée ! Proposer à un homme non marié de venir le voir chez lui, seule, le soir...

— Aucun problème.

— Parfait. Je serai là bientôt.

Différents mondes, différentes règles. De plus, j'aime mieux l'idée de pouvoir prendre ma voiture et de partir si j'en ressens l'envie plutôt que de me retrouver coincée, comme plus tôt dans la journée, où je m'étais même trouvée incapable de me réfugier chez moi. Je saurais faire preuve de davantage de volonté hors de mon appartement, où la lumière et tous ces autres appareils indispensables désormais fonctionnels me rappelleraient combien je lui étais obligée.

Assez réfléchi. Je dois me mettre en route.

Ma carte mentale ne me déçoit pas – pourvu que je me concentre sur la route uniquement, et non sur la conversation à venir –, et, à peine cinq minutes plus tard, je me gare à l'opposé de la maison que j'avais vue en esprit : un cube bas, partiellement dissimulé par de hauts arbustes.

Approchant de la porte, je prends une grande inspiration et frappe. Le battant s'ouvre aussitôt, comme si Wes avait attendu mon arrivée derrière lui. Les joues rouges, il arbore une expression grave.

— Je suis si heureux que tu sois venue, déclare-t-il, m'invitant à entrer avec un sourire presque timide.

La grande pièce ouverte est à la fois nouvelle et familière. C'est la première fois que j'y entre, mais l'impression de déjà-vu a quelque chose de réconfortant ; et, en effet, quelques images me reviennent, de repas entre amis à la longue table et de soirées allongés sur le canapé crème.

— Je t'offre un verre ?

— Je veux bien, merci.

Je contemple un moment le jardin baigné d'une lumière tamisée par-delà le mur de vitres. Il est principalement constitué de hautes fleurs sauvages, d'arbrisseaux et de bancs de pierre bordant un petit chemin de gravier sinueux.

— Tiens, dit-il en me tendant un haut verre. Je t'en prie, assieds-toi.

Comme il m'invite à prendre place sur le canapé, mon attention est attirée par le livre posé sur la table basse : *L'Abbaye de Northanger*.

— L'as-tu lu ?

Il sourit.

— N'aie pas l'air aussi étonnée. Je l'ai même beaucoup aimé.

Je ne peux m'empêcher de me demander…

— Wes, est-ce moi qui t'ai… ? T'ai-je demandé de lire ce livre ?

Il me dévisage, l'air étonné.

— Non. C'est ma nièce Emma qui me l'a conseillé.

Puis, avec un petit rire :

— Il me semble que ses mots exacts étaient : « Un bon roman d'apprentissage qui parodie habilement le genre gothique, le tout sur fond de féminisme. » Elle a treize ans.

— Quelle assurance à un si jeune âge !

Mais, avant de me laisser distraire par la précocité des membres de la famille de Wes, il me faut régler ce pour quoi je suis venue. Je bois une gorgée de mon cocktail pour me donner du courage, mais n'en trouve aucun, malgré la forte dose de vodka. Si seulement j'avais un peu du thé de cette diseuse de bonne aventure…

Je jette un nouveau coup d'œil au jardin ; j'ai l'impression de ne pas m'être promenée au milieu de véritables végétaux depuis une éternité.

— Wes, pourrions-nous sortir dans le jardin ?

Il se hâte de faire glisser l'un des panneaux qui constituent le mur de verre et me fait signe de passer.

Le son de mes pas sur le gravier ravive instantanément des souvenirs. J'arpente ce chemin, les cailloux crissant sous mes chaussures, inquiète que Frank ne soit pas déjà là. Wes n'est pas arrivé non plus, et je n'arrive à joindre aucun d'entre eux ; je suis persuadée qu'il est arrivé quelque chose et…

— Courtney ?

La voix de Wes me ramène au moment présent. « Choisissez le présent », m'avait soufflé la dame du club. Un drôle de credo pour quelqu'un qui prédit l'avenir, maintenant que j'y pense. Et un conseil des plus sages.

— Wes, j'ai une question à te poser…

Mon Dieu, il n'y a aucune manière polie de demander une telle chose.

— Tu m'as menti alors que tu savais que Frank était avec une autre femme, et j'aimerais savoir pourquoi.

Voilà. C'est sorti. Ce fut plus simple que je ne l'aurais cru, même si, en vérité, mon cœur tambourine si fort dans ma poitrine que je peine à respirer.

Wes prend alors une grande inspiration hachée, puis, croisant mon regard, baisse les yeux un instant.

— Je savais qu'il était là-bas, répond-il en plongeant de nouveau le regard dans le mien. Il aurait dû être là depuis quarante-cinq minutes quand il m'a appelé pour me prévenir de son retard, et j'ai entendu une voix de femme en fond, elle répondait à un appel pour la pâtisserie. Je me doutais qu'il y avait anguille sous roche, mais je n'avais aucune preuve. Lorsque j'ai essayé de lui faire avouer, il m'a assuré que je me faisais des idées. Il était sur le point de quitter la boutique et m'expliquerait plus tard. « Ne va pas faire d'histoires là où il n'y en a pas », voilà ce qu'il m'a dit. Alors, quand il m'a demandé de te dire que sa réunion avait pris du retard si jamais tu appelais, j'ai accepté. Dieu sait si je m'en mords les doigts.

— Mais pourquoi ne pas me faire part de tes soupçons ?

— Je n'avais aucune preuve concrète. Et, pour être franc, je n'étais pas certain que mes motivations pour t'en parler soient parfaitement honorables.

Il baisse de nouveau les yeux un instant.

— Je n'avais aucune envie de voir la femme que j'aimais – la femme que j'aime – épouser ce type. Mais qui étais-je pour décider de ce qui la rendrait ou non heureuse ?

« La femme que j'aime. » C'est tout ce que j'entends. « La femme que j'aime. » Il m'aime. Il m'aime, moi.

— Accepter de lui servir d'alibi fut sans aucun doute la pire erreur de ma vie, Courtney. Je ne t'en voudrai pas si tu décides de ne pas me pardonner.

Ses yeux sont emplis de larmes ; l'une d'elles s'échappe et vient rouler sur sa joue.

Alors que je tends la main pour l'essuyer, il porte mes doigts à ses lèvres.

— Je crois que nous avons tous les deux fait des erreurs, dis-je.

Durant un moment, je suis incapable d'affronter son regard. Puis, en trouvant enfin le courage, je plante les yeux dans les siens.

— Et toi, sauras-tu me pardonner ?

Sans me quitter un instant du regard, il me prend le menton dans ses mains.

— Je n'ai rien à te pardonner, souffle-t-il. Rien du tout. Je t'aime, Courtney. Je t'ai toujours aimée.

Il m'enveloppe alors de ses bras et me serre contre lui à m'en couper le souffle. J'enroule à mon tour les bras autour de son cou, et il approche son visage du mien et dépose sur mes lèvres le plus doux, le plus délicat des baisers. À mesure que nos lèvres se font plus pressantes, il m'étreint plus fort encore. La tête me tourne de ses baisers, de son parfum, du son de sa respiration et des gémissements qui m'échappent malgré moi. Je n'ai jamais désiré personne comme je désire Wes à cet instant. Je frémis de passion, et, lorsque enfin nous nous détachons l'un de l'autre, je remarque qu'il tremble lui aussi. Reposant la tête contre son torse, j'écoute son cœur battre et me rends compte que ce qui m'anime n'est pas uniquement le désir : j'aime cet homme, plus que je n'aurais jamais osé imaginer aimer quiconque.

C'est pourquoi je me dois d'être parfaitement honnête envers lui.

Rassemblant tout mon courage, je reprends la parole :

— J'ai une confession à te faire.

Je prends alors une longue, longue inspiration, car Deepa m'a avertie qu'il y avait des choses que l'on ne pouvait pas partager avec n'importe qui. Mais Wes n'est pas n'importe qui, et il est la dernière personne au monde à qui je voudrais mentir ou cacher quoi que ce soit. Ma respiration s'accélère, et le contact de son corps contre le mien me distrait au point que je crains de ne pouvoir continuer si je ne m'écarte pas en douceur.

— Wes, si tu veux vraiment de moi à tes côtés, tu dois comprendre que je ne suis pas celle que tu crois.

— Je ne comprends pas.

— Je t'en prie, laisse-moi m'expliquer jusqu'au bout, ou je n'aurai pas le courage d'aller plus loin. J'accepte de reconnaître Courtney comme mon nom, ainsi que le fait d'avoir endossé à la fois son corps et sa vie. Mais c'est quelque chose qu'il m'est impossible de taire plus longtemps. Je ne puis faire semblant d'être quelqu'un que je ne suis pas devant toi. Je ne pourrai pas te cacher indéfiniment que j'ignore pratiquement tout de ce que Courtney a fait, vécu, ressenti et pensé par le passé, car je n'ai pas vécu sa vie. Je m'efforcerai, car je sais que je n'ai pas d'autre choix, de jouer mon rôle auprès du reste du monde. Mais pas avec toi. Par pitié. Pas avec toi.

— Courtney, ce que tu dis n'a aucun sens. Comment veux-tu que je comprenne quoi que ce soit ?

— Tu me crois folle.

— Bien sûr que non. Mais comment pourrais-je penser une seconde que tu n'es pas celle que je crois ? Tu es là, devant moi.

— Ne me trouves-tu pas changée ?

— Tu as pris un mauvais coup sur la tête, et ta mémoire…

— Wes, tu sais aussi bien que moi que cela n'est pas le résultat d'une commotion cérébrale. Et si quelques souvenirs resurgissent parfois, je n'en saurai peut-être jamais plus de Courtney. Ce que l'on est n'est-il pas la somme de ce dont nous avons fait l'expérience, de ce que nous nous rappelons ?

— Non, parce que, si l'on me donnait le choix, je préférerais oublier chaque minute de la souffrance que j'ai ressentie à te voir dans les bras de Frank, puis à savoir que tu n'étais pas loin, mais refusais de me voir ou de me parler.

Je ne puis m'empêcher de sourire.

— Pourtant, tu sais que je ne suis pas la femme que tu crois que je suis.

— Et que dis-tu de ça : je me fiche de qui tu es ou n'es pas.

Il m'enveloppe de nouveau de ses bras. Je sens son souffle chaud sur mon front, et l'inimitable parfum de sa peau me submerge.

— Tout ce qui m'importe, poursuit-il, c'est que tu es là, dans mes bras.

Je m'enivre de son odeur et le serre davantage contre moi, avant de lever les yeux vers son visage.

— Te fiches-tu vraiment que je ne me rappelle de toi que ces derniers jours, depuis mon réveil, à l'exception de quelques souvenirs de l'hôpital, de l'épisode de la boutique et du jour où je suis venue chercher Frank ici ? Et quelques images fugaces de bons moments passés dans cette maison ? Tu te fiches d'être – toi que je suis censée si bien connaître – un parfait étranger à mes yeux ?

— Tu plaisantes, j'espère ! me répond-il en plantant un baiser sur mon front, avant de venir frôler mes lèvres. Qui n'aimerait pas faire table rase du passé dans les bras de la personne qu'il aime le plus au monde ?

Nos lèvres se trouvent, et je peux à présent accepter ses baisers sans crainte ni retenue. Je suis libre. Complètement, absolument libre. Du passé. De Jane. De Courtney. Aucun n'existe plus. Il n'y a plus que cette femme – qui qu'elle soit –, partageant un divin baiser avec cet homme.

Soudain, il s'approche de mon oreille et murmure :

— Je veux passer le restant de mes jours à tes côtés, Courtney.

Je pousse une exclamation de surprise involontaire.

— Je t'ai fait peur ?

— Es-tu en train de me demander en mariage ?

Je perçois la vulnérabilité dans ses yeux.

— Je vais trop vite, c'est ça ?

— Non… enfin, oui… Je n'en sais rien.

— Tu n'es pas sûre de ce que tu éprouves pour moi.

— Non ! Je veux dire : bien sûr que si !

— Et… ? insiste-t-il, le regard plein d'espoir.

— Je t'aime. Bien sûr que je t'aime.

— Ce n'était pas si dur à dire, si ?

M'attirant contre son cœur, il m'embrasse alors longuement, langoureusement.

— Non, parviens-je enfin à souffler. Pas dur du tout. Seulement, je…

J'entends son cœur battre près de mon oreille. Je ne puis mettre des mots sur mes émotions. En venant ici, je voulais plus que tout sentir son amour, m'assurer que ce n'était pas le fruit de mon imagination, mais quelque chose de vrai, de concret et de réel. Mais suis-je prête à abandonner toute l'indépendance que j'ai gagnée en me réveillant en ce siècle ? Sans parler de toutes les libertés dont j'ignore encore l'existence ?

— Qu'y a-t-il ? s'inquiète Wes. Tu sais que tu peux tout me dire.

Il me contemple un long moment.

— S'il est vrai que je t'aime, dis-je, plus que je ne puis l'exprimer, je ne suis pas certaine d'être prête à… Je crois qu'il me faut…

— Un peu de temps, complète-t-il simplement. Il te faut du temps.

Ce n'est pas une accusation ni même l'expression d'une quelconque déception, simplement un fait.

Je l'étreins un peu plus fort, reconnaissante.

— C'est exactement cela. J'ai besoin de prendre mes repères dans ce monde étrange et nouveau pour moi. J'ai besoin d'apprendre à mieux connaître cette personne que je suis devenue. Et j'ai besoin… Avant toute chose, j'aimerais prendre le temps d'augmenter mon avoir.

Mes joues s'empourprent. Il est très étrange de formuler un tel souhait, encore plus à un homme qui vient tout juste de vous demander votre main.

Il me regarde, perplexe.

— Ton avoir ?

— Tu ne peux pas passer ta vie à m'éviter les ennuis, tu sais.

Il ne semble toujours pas comprendre.

— Je te parle d'argent, Wes.

Il devient impératif que je m'emploie à apprendre la langue vernaculaire.

— Je ne veux plus que tu te soucies de l'argent, Courtney.

— Tu es un homme bon et généreux, mais je désire apprendre ce qu'est la véritable indépendance. La vivre.

— Je comprends, dit-il en hochant la tête. Je comprends parfaitement. Et je te soutiendrai. Aussi longtemps qu'il te faudra.

Je me niche au creux de ses bras tandis qu'il resserre son étreinte.

Il dépose un baiser au sommet de mon crâne, puis souffle :

— Je ne te laisserai pas tomber, Courtney.

Chapitre 28

Penchée sur mon carnet de croquis, ouvert sur le comptoir du café, je songe soudain que, si je ne suis pas plus près de me constituer un avoir que deux semaines auparavant, lorsque Wes m'avait parlé de mariage, j'ai considérablement développé mes talents d'artiste. Peut-être est-ce là le résultat de la mémoire cellulaire alliée à la pratique quotidienne. En fait, le dessin auquel je suis en train d'apporter les dernières touches méritera peut-être même que je le fasse encadrer. Mon sujet, un gentilhomme vêtu d'habits de mon époque – comme le reste de mes sujets, d'ailleurs – descend d'une voiture. J'aime à penser qu'il est ébloui par la vue de sa destination, mais n'ose laisser paraître son émerveillement, de crainte d'être jugé par ceux de ses compagnons qui ont davantage l'expérience de ce monde. Je doute que tout autre que moi perçoive ses émotions dans son expression et son maintien, mais je me plais à les y voir.

C'est d'ailleurs devenu un motif récurrent dans mes esquisses. Mes sujets entrent ou sortent toujours d'une pièce ou d'un carrosse, tous sur le point de vivre une nouvelle expérience exaltante.

C'est le sentiment qui m'assaille chaque matin, une sensation que je retrouve tout au long de la journée. Car non contente de vivre la vie d'une personne entièrement différente, au cœur d'une civilisation et d'une époque entièrement différentes, avec tous les bouleversements que cela implique, je fais à présent l'expérience, pour la première fois de ma vie, de la véritable indépendance.

Grâce aux indemnisations tant espérées de la part de David, j'ai pu rembourser Wes et réapprovisionner un peu mon compte. Je n'ai pas encore trouvé le moyen de faire en sorte que mon salaire du café couvre l'intégralité de mes dépenses et me vois contrainte de piocher un peu dans ce fonds, mais je continue d'élaborer des plans de budget et de chercher divers moyens d'augmenter mon revenu afin de ne plus avoir à toucher à ces économies, que je réserverai aux cas d'extrême urgence.

Dans le but de réduire mes dépenses, j'avais par exemple récemment décidé de me passer de mon abonnement au câble. Cette mesure avait été inspirée par une soirée mémorable passée rivée à mon écran, à observer les efforts d'une femme au sourire aveuglant pour me vendre un collier de fausses améthystes ; j'avais eu toutes les peines du monde à résister au besoin irraisonné d'appeler le numéro affiché à l'écran afin d'en faire l'achat – à l'aide de l'une de mes cartes de crédit, bien entendu. J'avais ensuite passé plusieurs heures à regarder quantité d'émissions d'information, dont les reportages sur de monstrueuses guerres sanglantes étaient entrecoupés de films publicitaires vantant les mérites d'un déodorant ou d'un site de rencontres. J'avais la nette impression que l'on voulait me priver de ma liberté de choisir et, lorsque j'étais enfin parvenue à m'arracher à la télévision, l'œil hagard, je m'étais juré de ne plus jamais payer pour un service aussi détestable, en particulier quand j'avais découvert le prix que cela me coûtait.

De toute façon, j'ai assez de DVD pour m'occuper, dont une belle collection de films tirés des romans de Jane Austen. Certains sont bien sûr ridicules avec leurs toilettes indécentes et leurs effusions publiques, mais néanmoins agréables à regarder. Et ils me rappellent un peu mon chez-moi, ou, du moins, ce dont je veux bien me souvenir de mon époque, car ces films mettent rarement en scène la saleté ou la pauvreté, et occultent totalement des choses comme les assises et les pendaisons publiques. Mais qui voudrait voir cela ?

Ainsi le dessin est-il devenu une réelle source de réconfort pour moi en cette période de découverte d'un monde nouveau, à la fois merveilleux et déconcertant. Du bout de mon crayon, je peux revisiter les plus beaux aspects de mon passé avec un sain détachement, plutôt que des regrets. Et puis pourquoi mon passé me manquerait-il quand j'ai Wes à mes côtés ; Wes, dont la présence m'est plus chère chaque jour. D'ailleurs, j'ai le plaisir de le voir ce soir. Comme je suis heureuse que son mensonge n'ait pas été motivé par l'obéissance aveugle à un strict code de l'honneur l'empêchant de trahir la confiance de Frank ou d'en dire du mal à sa promise, moi en l'occurrence. Après tout, combien de mariages malheureux auraient pu être arrêtés à temps si la bonne société s'autorisait à parler librement ?

Non, je n'ai rien à lui reprocher, car il n'est pas le seul à avoir fait preuve de faiblesse. En effet, si j'accepte de prendre les rênes de la vie de Courtney, il me faut également admettre la responsabilité de toutes ses actions, passées comme présentes. Toutefois, cela ne signifie pas que je doive laisser le passé me contrôler. Je suis une toute nouvelle femme.

Wes se montre d'une grande patience tandis que je prends mes marques dans ma nouvelle vie. Et, quand enfin je m'unirai à lui, ce sera comme s'il était mon premier amour et moi le sien. Je brûle d'envie de m'offrir à lui tout entière ; pourtant, j'ai peine à imaginer que quoi que ce soit puisse être plus divin que de l'embrasser ; entre ses bras, j'oublie où finit mon corps et où commence le sien. L'abandon est total, absolu. Une seule de ses caresses le long de ma nuque suffit à me faire…

Bien entendu, de telles pensées me distraient de mon travail. Je ferais mieux de m'occuper de la jeune femme étudiant le menu de boissons affiché derrière moi.

— Bonjour, puis-je vous aider ? dis-je en repoussant mon carnet.

La jeune femme ouvre de grands yeux.

— Ce croquis ! s'exclame-t-elle, soudain plus intéressée par le dessin que par le menu.

Elle ne dit mot durant au moins cinq minutes. Je me demande ce qui la fascine à ce point. Je ne puis m'empêcher de remarquer que c'est la seconde fois que l'une de mes œuvres a un tel effet sur quelqu'un au café. Fort heureusement, les réactions ne sont pas toujours aussi extrêmes, car j'apporte tous les jours mon carnet au travail, ainsi que Sam m'y a encouragée en me voyant dessiner lors d'une pause. D'après lui, il était « cool » pour le café d'avoir une *barista* qui soit aussi artiste. J'ai beau être loin de me considérer comme une artiste, j'avais énormément apprécié le compliment. Employeur déjà des plus gentils et ouverts, il disait que je devrais profiter du moindre creux dans la clientèle pour dessiner, et c'est avec joie que j'applique son conseil.

Enfin, la jeune femme blonde arrache son regard de la page et s'adresse à moi :

— Est-ce vous qui l'avez dessiné ?

— En effet.

— C'est tout simplement incroyable : il se trouve que je suis en pleine préparation d'un film d'époque, se déroulant sous la régence anglaise, et, croyez-le ou non, je faisais justement aujourd'hui des recherches sur ce type exact de bottines d'homme, m'explique-t-elle en désignant les chaussures de mon sujet.

» Ce petit détail, là, au-dessus des glands, poursuit-elle en me montrant la marque circulaire estampillée dans le cuir, comment se fait-il que vous ayez connaissance de cette griffe obscure ? Un seul bottier de Londres l'utilisait…

J'imagine qu'il vaut mieux que je ne lui dise pas que mon frère possédait une paire de ces bottines, fabriquées par le bottier en question.

— Je… j'ai dessiné ce que je voyais.

— Ce que vous voyiez ? Où avez-vous donc vu de telles chaussures ?

Je toussote. Si ses manières paraissent impertinentes au premier abord, le véritable enthousiasme que je lis dans ses yeux me rend plus indulgente quant à son manque de retenue. Je lui souris.

— En esprit, bien sûr.

La jeune femme me dévisage d'un air tout à fait sérieux par-dessus ses lunettes.

— Je m'intéresse à la mode et à la décoration de l'époque dans leurs moindres détails depuis très longtemps, maintenant. Découvrir l'existence de ces chaussures aujourd'hui même, puis pousser la porte d'un café où je ne suis jamais entrée et voir ce dessin, vous rencontrer sont pour le moins inattendus. Et providentiels. Puis-je vous demander où vous avez vu ce modèle de bottines ou lu leur description ?

Que lui répondre ?

— Je ne saurais vous le dire. Cependant, j'ai étudié le style et l'étiquette de cette période toute ma vie.

Ce qui est la stricte vérité.

Elle reporte son regard sur le dessin et commence à tourner la page.

— Vous permettez ? me demande-t-elle, trépignant presque d'excitation.

Je consens alors à la laisser feuilleter le carnet et à examiner tous les dessins que j'ai faits de mon époque.

— Ces dessins sont extraordinaires, marmonne-t-elle. Tous ces détails sont d'une authenticité...

» Bon, reprend-elle haut et clair, un large sourire aux lèvres, je ne peux pas laisser passer une occasion pareille : j'aurais besoin de quelqu'un comme vous dans mon équipe. Que diriez-vous de nous rencontrer, mon coproducteur et moi, pour discuter d'un éventuel rôle de recherche pour le film ? Ou de consultante ?

Un film... Participer à l'élaboration de l'une des choses qui m'avait le plus émerveillée depuis mon arrivée. Cette offre était peut-être l'occasion que j'attendais tant. Jamais je n'aurais cru qu'une chance pareille puisse venir frapper à ma porte...

— À votre sourire, je crois deviner que l'idée est loin de vous déplaire !

Je m'aperçois alors que je souris jusqu'aux oreilles.

Mais... et Sam ? Le café ? Je me suis indéniablement attachée à ce travail, mais mon avenir est ailleurs, je le sais. Cependant, je devais lui soumettre un préavis de deux semaines, et...

— Bien entendu, nous n'attendrions pas de vous que vous commenciez demain, reprend-elle, comme si elle lisait dans mes pensées. Mais seriez-vous intéressée ?

— Grandement.

— Parfait ! Je m'appelle Imogen ; voici ma carte. Vous avez une carte ? Sinon, vous pouvez simplement noter votre numéro à l'arrière de celle-ci.

Elle promet de m'appeler le lendemain, et, durant tout le reste de ma journée de travail, je suis sur un petit nuage. Dire que mes connaissances concernant mon propre siècle pourraient me valoir un fantastique nouvel emploi. Sur un film, rien que cela.

Je suis si excitée en rentrant chez moi que j'entreprends aussitôt un grand ménage et range l'appartement, allant jusqu'à fouiller dans le fond de ma garde-robe, où je retrouve la robe blanche que j'avais enfilée le premier jour. La robe blanche qui devait être ma robe de mariage. Celle qui avait donné à mes amis l'impression que j'avais perdu l'esprit, ce qui n'est guère étonnant.

Que fait-elle encore dans mon placard ? Lorsque enfin je dirai oui à mon très cher Wes, il est hors de question que je porte autre chose qu'une robe choisie à son intention, et non à celle d'un autre.

Je tire également de là deux boîtes aplaties. L'une, une fois assemblée, est de la taille exacte de la robe. Je la laisserai pour l'instant près de la porte, à côté de la buanderie. Je sais que c'est idiot, mais je ne puis supporter de la conserver une seconde de plus chez moi.

Je suis si contente de me débarrasser de la robe, mais aussi de m'être vu offrir du travail, que je décide de me servir un petit verre de vodka avant de me changer. Car Anna, Paula, Wes et Deepa seront là dans une heure tout au plus pour dîner.

C'est la première fois qu'Anna et Paula viennent passer une soirée avec Wes et moi, et je m'aperçois que je suis un peu nerveuse. Toutes deux avaient d'abord été sous le choc quand je leur avais annoncé la nouvelle. Paula avait eu plus de mal à l'accepter qu'Anna, qui avait vite vu combien j'étais heureuse, mais elle semblait à présent s'être un peu mieux faite à l'idée. Nos relations étaient toutefois encore un peu tendues. Quant à Deepa, elle était ravie, et nous étions déjà sortis boire un verre tous les trois. Wes et elle étaient en train de devenir bons amis, et j'étais soulagée qu'elle soit là ce soir, de manière à équilibrer un peu les choses.

Les trois femmes arrivent presque en même temps ; bon dernier, Wes balbutie quelques excuses, gêné et rouge d'embarras face à Anna et à Paula. Celles-ci le saluent poliment mais sans grandes effusions. Deepa, en revanche, se lève du canapé et l'embrasse chaleureusement sur les deux joues, ce qui semble le détendre un peu. Anna se décide alors à imiter la jeune femme en allant elle aussi déposer un baiser amical sur sa joue.

Paula, elle, ne bouge pas.

— Je ne suis pas encore tout à fait prête à ça, grommelle-t-elle, déclenchant l'hilarité générale.

C'est le moment que je choisis pour leur annoncer qu'Imogen m'a proposé un emploi, et tous se montrent absolument ravis. Deepa s'occupe de mixer les cocktails, puis nous trinquons à ma réussite. Wes m'assure que Sam sera très content pour moi. Anna essaie d'estimer à combien s'élèvera mon salaire, me conseillant d'attendre qu'ils me fassent une offre avant de parler d'argent, afin d'éviter de vendre mes services pour une somme trop modique.

— Et s'ils essaient de négocier un chiffre trop bas, déclare-t-elle, rappelle-leur qu'en t'engageant c'est comme s'ils s'offraient les services d'une femme de l'époque.

Si elle savait ! Lorsque le dîner arrive, livré à la porte et payé par Wes, qui insiste pour nous faire ce cadeau afin de célébrer la nouvelle, je suis pleine d'une confiance renouvelée. Non seulement j'ai un talent unique et précieux à offrir, mais Imogen et ses collègues n'ont pas à savoir d'où je tire toute mon expertise.

Alors que je m'apprête à goûter mon poulet mole, un coup de feu déchire la nuit.

Anna pousse un petit cri, sa fourchette retombant avec fracas dans son assiette.

— Mon Dieu, quelle horreur !

Je lui tapote la main pour la rassurer.

— Ce n'est rien, seulement un coup de fusil.

Elle me regarde, effarée.

— Tu plaisantes ?

— En tout cas, il m'a semblé que c'en était un.

— Ça faisait longtemps que je n'avais plus entendu de coup de feu, murmure-t-elle, pâle comme une morte.

— J'imagine qu'il n'y a pas grand-chose à chasser en pleine ville.

Deepa s'esclaffe.

Paula laisse échapper un éclat de rire amusé, mais se couvre aussitôt la bouche en voyant le regard noir que lui lance son amie.

— Allons, Anna, dit-elle finalement. Tu as habité le quartier. C'est Los Angeles, bon sang ! Les coups de feu font partie de la bande-son.

Deepa s'étrangle de rire, s'attirant elle aussi un regard assassin de la part d'Anna.

— Pardon, s'excuse-t-elle.

— Je crains de ne pas voir l'humour de la situation, dis-je, car il n'y a vraiment aucune raison de sortir avec une arme dans le voisinage, et encore moins de tirer.

— Courtney, rétorque Anna, visiblement encore un peu sous le choc, tu parles de déménager d'ici depuis que je te connais. Tu ne crois pas qu'il est temps de changer d'air ?

— Je me plais assez ici, en réalité. Bien que je regrette qu'il n'y ait pas davantage de verdure. Et les barreaux aux fenêtres ne sont pas du plus bel effet. Même si je ne les remarque plus autant que quand je suis… qu'avant.

— Je ne peux qu'admirer ton courage ! dit Paula en riant et en levant son verre. À Courtney. On n'en fait pas deux comme toi.

Moi, courageuse ? Je ne suis pas certaine d'avoir mérité le compliment, mais je ne vais pas m'en plaindre.

Paula s'approche pour me donner l'accolade, et j'ai l'impression de retrouver une amie après un long froid, ce qui est en fait plus ou moins le cas. Je l'attire contre mon cœur, et elle me serre dans ses bras en retour.

Puis elle lève de nouveau son verre.

— Et à Wes ! proclame-t-elle.

Je jette un coup d'œil en direction de l'intéressé qui, aussi surpris que moi, s'est immobilisé en plein milieu de son geste, alors qu'il se servait à boire.

— Parce que je n'ai jamais vu Courtney aussi heureuse, achève Paula.

— À la santé de Wes et de Courtney, déclare Deepa.

— À la santé de Wes et de Courtney, répètent Anna et Paula.

Du regard, je fais le tour de la pièce, et le spectacle de l'homme que j'aime ainsi que de ces trois femmes adorables, mes fidèles amies, m'emplit de gratitude.

Une fois que les dames ont pris congé, Wes, resté derrière afin de m'aider à tout ramasser et à faire la vaisselle – Dieu que j'aime l'empressement de l'homme moderne à s'atteler aux tâches domestiques –, me prend dans ses bras et plante un baiser sur le sommet de mon crâne.

— Bon. On dirait que tu vas finir par réussir à te le constituer, cet avoir.

Je souris, heureuse.

— On dirait bien.

— Tu sais ce que tu disais à propos de la verdure ?

— Oui ?

— Eh bien, je me disais. Pourquoi ne viendrais-tu pas profiter de la verdure de mon domaine ? demande-t-il en souriant d'un air espiègle. En fait, pourquoi n'en ferais-tu pas ton domaine ?

Lorsque je lève les yeux vers lui, son regard est si plein de tendresse et d'amour que je peux à peine parler.

— Je m'offre à toi, reprend-il, avec un cœur qui t'appartient encore plus que lorsque tu l'as presque brisé, il y a onze semaines.

Il me demande une nouvelle fois en mariage, citant les mots du capitaine Wentworth !

— Oui, dit-il, comme lisant dans mes pensées. J'ai encore plus aimé *Persuasion* que *L'Abbaye de Northanger*.

— Oh, Wes…

— Je sais que je t'ai promis de te laisser du temps, mais tu ne m'en voudras pas de tenter encore une fois ma chance, n'est-ce pas ?

Je souris.

— Non, je ne t'en voudrai pas.

Alors il s'agenouille devant moi et tire de sa poche une petite boîte tapissée de velours.

Ouvrant la boîte, il dévoile une bague étincelante, parfaite : un saphir cerclé de diamants.

— Courtney, veux-tu m'épouser ? Veux-tu être ma femme et faire de moi… le plus heureux des hommes, dit-il en souriant.

Mes yeux s'emplissent de larmes, et je tends la main vers son merveilleux visage d'ange. Aurais-je un jour cru qu'un tel bonheur puisse exister ?

— Oui, je le veux, Wes. Je veux être ta femme.

Il passe l'anneau à mon doigt.

— Elle appartenait à ma grand-mère. Elle te plaît ?

— Je l'adore.

Un sourire extatique aux lèvres, il se lève et se penche pour m'embrasser. Bientôt, nos respirations s'accélèrent, et nos corps se fondent l'un contre l'autre.

Et, à cet instant, je comprends qu'Anna avait raison. Chacun est capable de créer son propre paradis ici-bas.

Chapitre 29

Le lendemain de notre mariage, à demi éveillée et blottie contre Wes, qui a l'air d'un ange quand il dort, je remercie le ciel de m'avoir permis de goûter une telle joie en endossant la vie de Courtney. Je prie pour qu'elle aussi ait trouvé le bonheur dans la mienne.

Me réveillerai-je un jour à mon époque, et Courtney dans la sienne ? Impossible de le dire. Aussi, je décide de chérir chaque instant, chaque matin, chaque jour et chaque nuit, car ils pourraient être les derniers.

Le temps file, et peu d'entre nous se rendent compte qu'il y a toujours une chance de trouver le bonheur. J'ai trouvé le mien auprès de Wes, et je souhaite à Courtney de trouver le sien.

Je me surprends à me remémorer ce moment magnifique dans *Persuasion*, lorsque Anne lit la lettre que lui a adressée le capitaine Wentworth. « Je puis avoir été injuste, j'ai été faible et vindicatif, mais jamais inconstant. C'est pour vous seule que je suis venu à Bath, c'est à vous seule que je pense. »

Je me vois alors danser avec Edgeworth, à Bath. Le souvenir est clair et vif ; pourtant, je suis sûre de n'avoir jamais dansé avec lui là-bas. Tandis que mon partenaire suivant me fait tourner, Edgeworth m'observe. Sachant qu'il m'admire, j'accentue davantage les mouvements de mon corps. Je le dévore moi-même des yeux alors qu'il fait pivoter sa partenaire en diagonale ; elle aussi lui sourit.

La scène se fond dans la suivante, et je me vois, des années plus tard, dans une maison londonienne. Je suis auprès d'Edgeworth, et la demeure est la nôtre. Je ne l'avais encore jamais vue ; pourtant, je sais qu'elle m'appartient. Nous appartient. Car je suis à présent mariée à Edgeworth. Il me lit *Persuasion* : « Je puis avoir été injuste, j'ai été faible et vindicatif, mais jamais inconstant. » Ces mots ont une résonance particulière pour nous, et j'ai conscience de vivre pleinement cette vie, de la vivre avec Edgeworth, mon époux, et d'être heureuse. Il n'y a plus de distinction entre Courtney et moi. Ma vie est la sienne, et sa vie est la mienne.

Mon cœur est transporté de joie. Je suis heureuse pour moi, pour Jane, pour Edgeworth, pour Wes… Et je n'ai pas besoin que l'on me le dise pour comprendre qu'en prenant ma place ou, du moins, la place de celle que j'étais, Courtney a dû laisser derrière elle les souvenirs de sa vie passée afin de mieux s'adapter à mon époque, contrairement à moi qui puis conserver ma mémoire du passé sans que cela affecte les joies du présent.

Quant à ce que me réserve l'avenir, je n'en ai pas la moindre idée, et je m'en réjouis. Je suis bien où je suis. Le passé n'est plus. Seul compte le présent, l'éternelle et perpétuelle éclosion de l'instant.

Découvrez également les aventures
de Courtney Stone au XIXe siècle, dans :

Confessions d'une fan de Jane Austen
(version non corrigée)

Disponible chez Milady Pemberley

Traduit de l'anglais (États-Unis)
par Marie Dubourg

Chapitre premier

Pourquoi fait-il si sombre ici ? Et quelle est cette odeur ? On dirait un mélange de lavande séchée et d'ammoniac.

Une porte s'ouvre à la volée, puis quelqu'un tire bruyamment les rideaux. La lumière aveuglante me fait plisser les yeux. Une femme corpulente dont les cheveux noirs sont ramassés en un chignon négligé ouvre une fenêtre pendant qu'un homme d'un certain âge à l'air peu avenant lance des ordres à voix basse. La femme baisse les yeux et rentre la tête dans ses épaules, comme si elle voulait devenir invisible.

Qui sont ces gens ? Et pourquoi ces accoutrements ?

La femme porte une robe insipide qui lui descend jusqu'aux pieds ainsi qu'un grand tablier blanc. Quant à l'homme, son costume et son gilet ressemblent à des vieilles nippes dénichées sorties tout droit d'un film de James Ivory. Même ses lunettes sont vintage.

Mais il y a autre chose. Ce n'est de toute évidence pas ma chambre.

Je grimace en percevant l'odeur âcre d'un corps non lavé et je remarque alors que l'homme et la femme se tiennent au pied de mon lit, les yeux rivés sur moi. Suis-je la source de cette odeur ? Est-ce la raison pour laquelle ils me regardent ainsi ?

Il me paraît évident que je suis au beau milieu d'un rêve, et un du genre particulièrement odorant. Mais il y a quelque chose qui cloche. Je ne me souviens pas d'avoir déjà eu conscience de rêver pendant le rêve lui-même. « Un rêve lucide », comme dirait Frank. Il prétend qu'il en faisait sans arrêt quand il voyait son thérapeute jungien.

Qu'est-ce qu'ils ont à me dévisager comme ça ?

— Miss Mansfield ? Êtes-vous réveillée ? demande l'homme en s'approchant de mon lit.

Je crois que j'ai trouvé d'où vient cette odeur nauséabonde. Avec yeux globuleux, il me fait penser à une truite surprise de se retrouver accrochée à un hameçon. J'essaie de ne pas éclater de rire.

— Miss Mansfield, répète-t-il. Vous m'entendez ?

« Miss Mansfield » ! Elle est bien bonne, celle-là ! Et son accent britannique, trop fort ! C'est ce qu'on récolte à ne jurer que par Jane Austen. Rien d'étonnant à ce qu'une espèce de truite sur pattes débarque dans un de mes rêves et m'appelle par un nom tout droit sorti d'un de ses romans – pourtant, la nuit dernière, je me suis endormie en lisant Orgueil et Préjugés, pas Mansfield Park.

— Miss Mansfield ?

Dois-je répondre ? Pas besoin d'être polie : après tout, c'est mon rêve, non ? Cet homme n'est qu'un symbole à la signification obscure. Laquelle ? Je n'en ai pas la moindre idée. Le malheureux a vraiment l'air inquiet, cela dit. Il représente peut-être mon désir inconscient d'être plus tolérante envers les gens à l'hygiène corporelle douteuse.

— Miss Mansfield, est-ce que vous m'entendez ?

— Pourquoi m'appelez-vous comme ça ?

Il émet un hoquet de surprise, ses yeux paraissant encore plus exorbités derrière ses lunettes. Peut-être que je devrais jouer le jeu. Après tout, il ne peut pas savoir qu'il n'est qu'une invention de mon subconscient. Est-ce à moi de lui annoncer la nouvelle ?

Il s'écarte du lit, tire un mouchoir de sa poche et essuie sa lèvre supérieure perlée de gouttes de sueur.

— Barnes, lance-t-il à la femme en tablier. Veuillez informer votre maîtresse que Miss Mansfield a ouvert les yeux. Faites-lui savoir que je viens la voir dès que possible.

— Très bien, monsieur, acquiesce-t-elle, visiblement soulagée, avant de sortir en refermant la porte derrière elle.

Je ne bouge pas du lit et j'observe l'homme – un médecin, de toute évidence – pendant qu'il prend mon pouls puis tâte ma joue et mon front, les sourcils froncés. Il ouvre ensuite une sacoche de cuir marron d'où il sort un bol en porcelaine qui ressemble vaguement à une assiette à soupe, à cela près qu'on a l'impression que quelqu'un a croqué dedans et mangé le bord. Il ouvre alors un petit étui de cuir contenant des instruments tranchants, puis m'adresse une esquisse de sourire en étirant ses grosses lèvres de poisson.

— Je reviens d'ici à quelques minutes, Miss Mansfield. Une petite saignée suffira.

Frank m'a dit une fois que les rêves lucides ont un avantage incontestable sur les rêves normaux : si la situation devient désagréable, il suffit de dire à voix haute ce qu'on veut ou d'engager une action décisive afin de prendre le contrôle du rêve. Alors, comme par magie, un rat menaçant peut se transformer en adorable chiot, et un médecin puant armé d'un bistouri en… voyons voir, pourquoi pas un vase de roses ?

— Ça suffit ! crié-je. Je vous déclare vase de roses !

Étrange. Ce n'est pas ma voix. Et une fille issue des classes ouvrières et qui a grandi entre Los Angeles et Long Island ne parle certainement pas avec cet accent britannique raffiné.

— Seigneur ! s'exclame le médecin en reculant, les yeux agrandis par la peur.

Puis il quitte la pièce précipitamment.

J'en déduis que Frank n'avait aucune idée de ce dont il parlait quand il se vantait d'être capable de transformer un cauchemar en agréable songe. Quelles sont mes options, à présent ? Je pourrais sûrement me réveiller par la simple force de ma volonté, non ? Concentre-toi, concentre-toi. Allez, réveille-toi !

Je ferme fort les yeux. Réveille-toi !

Je les rouvre. Je suis toujours au même endroit.

Très bien. Pas de panique. Je vais probablement me réveiller avant qu'il revienne pour m'ouvrir les veines. Et puis ce n'est pas comme si j'allais vraiment subir une saignée.

Je m'extirpe du lit et me mets debout en vacillant. Je me sens faible. J'ai beau savoir que c'est un rêve, il n'en est pas moins sacrément réaliste ! Il faut que j'agisse. L'action est le pouvoir, le pouvoir est le contrôle et je veux être maîtresse de la situation au cas où le médecin reviendrait pour finir son sale boulot.

J'ai la chair de poule. Il y a quelqu'un d'autre dans la chambre. Une femme brune vêtue d'une longue robe blanche. J'aperçois son reflet dans le miroir posé dans l'angle de la pièce. Une pousée d'adrénaline m'envahit et je me retourne d'un coup.

Personne.

Je regarde de nouveau le miroir : elle se trouve toujours là. Je m'approche, sans oser me retourner. J'ai mal au crâne. Je pose une main sur mon front et la femme dans le miroir fait de même. Je laisse retomber ma main et, là encore, elle m'imite.

Je pivote sur mes talons, mais il n'y a toujours personne derrière moi. De retour face au miroir, je vois la femme qui continue de me dévisager.

J'en frissonne de peur. Calme-toi, ce n'est qu'un rêve.

J'observe l'étrange reflet qui m'étudie lui aussi. Je sens le poids inhabituel de ma peau et de mes os sur certaines parties de mon corps. Comme un déguisement, un masque. Or, plus je regarde le reflet, plus il semble fusionner avec mon propre corps. Il se referme sur moi, devient moi, et pourtant ce n'est pas moi. Est-ce là l'effet habituellement produit par les rêves lucides ? Comment puis-je le savoir ? Je n'en ai jamais fait avant.

Je pense que ce qui n'est pas familier nous paraît toujours inquiétant au début. Quoi qu'il en soit, je n'ai pas l'intention de me laisser impressionner par un rêve. Surtout quand le reflet que me renvoie le miroir est bien plus attirant que la jeune femme que je suis dans la vraie vie. Elle a de longs cheveux bruns, presque noirs, légèrement ondulés. Son visage pâle et dépourvu de tout artifice est plus joli que le mien ne l'a jamais été sans maquillage. Son corps n'est pas mal non plus : sa silhouette est grande et élancée, avec de jolies courbes. C'est du moins ce que je devine à travers la chemise de nuit de grand-mère blanche à col montant qu'elle porte. Je place mes mains en coupe sur mes seins. Ils sont incontestablement plus petits que les miens mais sont en harmonie avec le reste de ce corps qui n'a décidément rien de commun avec celui de la vraie Courtney Stone : je suis menue, petite, ma poitrine est trop généreuse pour être proportionnée et j'ai tendance à avoir l'air énorme dès que je prends deux kilos. Les gros seins ne vont qu'aux femmes grandes et minces, qui doivent bien souvent recourir à la chirurgie pour obtenir ce résultat étant donné qu'elles sont habituellement équipées d'attributs plus petits.

J'ai de plus en plus la migraine à force de fixer ce miroir. Jetons plutôt un coup d'œil à cette chambre, qui ne ressemble en rien aux pièces dans lesquelles je me suis déjà réveillée. Un lit à baldaquin, le genre de plumard que j'ai toujours rêvé d'avoir. Mais justement, je rêve ! D'épais rideaux en velours bordeaux et une fenêtre donnant sur des pelouses, des arbres, des parterres de fleurs et un jardin d'herbes aromatiques. Une cheminée de marbre rose. Une commode et une armoire magnifiquement sculptées. Un miroir richement orné qui vient s'ajouter à celui de la coiffeuse et à la psyché. Partout où mes yeux se posent, je vois la femme aux cheveux bruns. Tout comme dans la maison de sir Walter Elliot, l'inimitable métrosexuel de Jane Austen, il n'y a aucun moyen d'échapper à moi-même dans cette pièce. Ou plutôt, à ce reflet étranger. Heureusement, il est plutôt agréable à regarder. Pas le moindre cerne de lendemain de fête sous les yeux, pas de marque rouge du coussin sur la joue, pas de cheveux filasses collés sur le visage.

Je m'assois à la coiffeuse et je prends un pinceau en argent, puis j'ouvre un coffret en bois incrusté et j'examine les sublimes bagues, broches et colliers de perles qu'elle renferme. Encore un vœu qui se réalise. Je ne compte plus le nombre de fois où j'ai eu des sueurs froides en sortant mon chéquier, souhaitant ne pas avoir à choisir entre payer ma facture d'électricité ou faire le plein de courses, même si parfois je ne faisais ni l'un ni l'autre et que j'optais pour des mèches chez le coiffeur.

Il me paraît peu probable que la propriétaire de cette chambre et de cette boîte à bijoux bien garnie doive se confronter à ce genre de dilemme. Cela dit, mon rêve semble se dérouler avant l'invention de l'électricité, ce qui enlève un facteur de l'équation.

Quoi qu'il en soit, qui pourrait reprocher à mon inconscient de vouloir s'évader le temps d'un songe dans un décor digne d'un roman de Jane Austen – l'autre fou du scalpel mis à part ? Après tout, ces derniers mois n'ont pas vraiment été une partie de plaisir.

Mais je ne veux pas y penser. Je veux juste retourner me coucher dans ce lit qui est trop confortable.